L'ESPAGNE

SOUS

FERDINAND VII

PAR

le Marquis de Custine.

TOME DEUXIÈME.

PARIS
LADVOCAT,
PLACE DU PALAIS-ROYAL.

M DCCC XXXVIII.

L'ESPAGNE

SOUS

FERDINAND VII.

TOME DEUXIÈME.

LES TOMES III ET IV DE L'ESPAGNE SOUS FERDINAND VII
PARAITRONT LE 20 FÉVRIER PROCHAIN

PARIS. — IMPRIMERIE ET FONDERIE DE FAIN,
Rue Racine, 4. place de l'Odéon

L'ESPAGNE

SOUS

FERDINAND VII,

PAR

LE MARQUIS DE CUSTINE.

TOME DEUXIÈME.

A PARIS,
CHEZ LADVOCAT, LIBRAIRE
DU PRINCE ROYAL,
PLACE DU PALAIS-ROYAL.

M DCCC XXXVIII.

LETTRE XVIII.

SOMMAIRE.

Paresse du voyageur qui jouit mieux de ce qu'il ne décrit pas. — Aranjuez, jardins plantés d'arbres du Nord. — Tout y est factice. — Manière d'arroser les peupliers. — L'étiquette de la cour règne même dans le parc. — Boulingrin d'ormeaux. — Les paysages de la Manche. — Les habitants du pays. — Les mendiants tyrans. — Caractère des Espagnols analogue à la terre qu'ils habitent. — Bergers guerriers. — La diligence volée. — Campements des pâtres. — La mesta. — Les troupeaux nomades. — Origine de cette institution. — Ses conséquences. — Liberté individuelle des Espagnols. — Imprudence des philanthropes à constitutions. — Tout gouvernement se résout en une théocratie avouée ou non. — La paresse est le principe de la philosophie pratique des Espagnols.

A MONSIEUR BERSTECHER.

Andujar, ce 2 mai 1831.

Je veux retracer pour vous quelques scènes de mon voyage : ce ne sont pas les plus intéressantes ; celles-là je les réserve pour les indifférents, gens par nature difficiles à contenter.

Depuis que je vois tout ce que l'Espagne a conservé d'originalité, je suis chaque jour plus déterminé à publier mon voyage. Il ne faudrait, pour amuser et pour étonner, que retracer scrupuleusement ce qui me passe à chaque instant devant les yeux. Mais souvent l'insouciance du vagabond l'emporte sur l'amour-propre du peintre ; je jouis mieux de ce que je ne raconte pas : décrire c'est copier ; et si, dans une galerie, j'étais condamné à copier tous les tableaux que j'admire, je détesterais la peinture. Que de peine je m'épargnerais si je renonçais une fois pour toutes à la prétention de peindre ; mais il y a des âmes si charmées de ce qu'elles éprouvent, que l'âge ni l'expérience ne peut leur persuader de garder le secret de leurs impressions. Cette récapitulation publique de ses sentiments les plus intimes est la tâche du poëte : mais que d'orgueil il faut pour se l'imposer, à quel danger, à quelle fatigue on s'expose en se persuadant qu'on l'accomplira !!..... Et si cet orgueil n'était qu'une vanité, qu'une déception trop forte pour laisser en paix l'esprit, trop faible pour le satisfaire..... Pardon, je fais le contraire de ce qu'il faudrait : il n'est presque plus permis aujourd'hui d'avouer qu'on écrit, afin d'être imprimé ; les livres mêmes ont été jetés sur le papier pour l'auteur seul : et moi, malgré cette mode, qui fait loi, je me prépare à publier jusqu'à mes lettres, et je vous le dis ! ! C'est peut-être gauche ; j'aimerais mieux que ce fût insolent ; mais on est comme on peut, et l'on ne fait jamais ce qu'on veut....

Il est d'usage, sur la route de Madrid à Séville, de s'arrêter vers huit heures du soir, et de repartir à minuit. Sur ce peu d'heures de repos, il me faut encore prendre le temps d'écrire. C'est ce que je fais tous les jours avec un zèle, une opiniâtreté dont il serait peu délicat en ce moment de vous dire le mérite.

J'ai admiré, dans les jardins d'Aranjuez, une végétation qui paraît surprenante quand on arrive de Madrid; quiconque, en traversant lentement le pays, a pu contempler à loisir la nudité des campagnes de la Nouvelle-Castille, se croira transporté bien loin de ce désert en arrivant sur les bords du Tage. Les grands arbres d'Aranjuez et les plantes d'un vert inconnu aux climats brûlants produisent l'effet d'une vision. Le voyageur, qui vient du Nord, croit se retrouver dans sa patrie : c'est pour moi le conte d'Aline *, du moins c'est la décoration de cette jolie scène; il n'y manquait hier que les acteurs...

Le jardin royal est dessiné avec grandeur, et tenu avec une négligence qui ajoute à l'impression que produisent de belles eaux, de beaux ombrages au milieu d'une province entièrement aride et dépouillée..... Voilà ce que tout le monde sait; moi je n'ai guère joui de ces merveilles qui ressemblent à tant d'autres : pourtant les plus vieux ormes datent, à ce qu'on assure, du règne de Charles-Quint. Il y a des allées de platanes comme on n'en voit peut-être nulle part; mais le Tage est débordé.

* Du chevalier de Boufflers.

Cette vilaine rivière limoneuse, ordinairement encaissée dans un lit étroit au milieu d'une plaine qu'elle pourrait fertiliser, si les Espagnols n'aimaient mieux la lui voir désoler, s'est tellement gonflée cette année, à la suite des pluies printanières, qu'Aranjuez est devenu un séjour aussi désagréable qu'on le disait délicieux dans cette saison.

Mon guide me voyait douter de ses récits, et, pour me prouver qu'on avait pensé à préserver les arbres des chaleurs qui, excepté cette année, commencent au mois de mai, il m'a mené dans ce qu'on appelle le jardin du prince : là, j'ai vu de grands tuyaux de terre cuite qui conduisent l'eau dans un trou creusé au pied de chaque peuplier, de chaque orme; ainsi tout arbre a son arrosoir; il n'y a rien que de factice dans ces jardins fameux, et pour y produire l'effet des scènes les plus ordinaires de la nature, il a fallu des prodiges d'art et de dépense; j'ai beau me rappeler ce qu'a coûté cette conquête faite sur le climat, je n'en jouis pas plus que de la forêt de Saint-Germain ou de Fontainebleau, même j'en jouis moins. Les beautés de nos bois sont naturelles, et les millions qu'elles auraient coûtés au roi et au peuple n'ajouteraient rien au prix qu'elles ont à mes yeux.

L'étiquette est la divinité cachée d'Aranjuez;

c'est au point que, par respect pour le roi, on m'a forcé de me dépouiller de mon manteau en entrant dans un jardin où le vent du nord soufflait à me geler. Je n'aurais pas vu cette enceinte si j'avais été plus frileux que curieux.

Nous avons voulu voir aussi la maison dite de Labrador, lieu de plaisance du roi : le gardien de ce palais était à dîner; il aurait fallu attendre deux heures, puisqu'en Espagne le dîner est toujours suivi de la sieste. Nous étions pressés par la diligence qui devait nous prendre à son passage; nous fûmes donc forcés de renoncer à voir les appartements, qui, dit-on, sont beaux et ornés de bonnes peintures. Je n'ai regretté que le cabinet revêtu, m'a-t-on dit, d'une marquetterie toute en platine. Cette espèce de magnificence est du moins peu commune.

Le voyageur qui arrive en ce pays avec les idées qu'il a reçues de ses prédécesseurs rencontre rarement ce qu'il espère; à la vérité il trouve mieux. Il ne faut rien dédaigner sur parole; cependant, ce que je néglige avec le moins de regret, quand je suis forcé de sacrifier quelque chose, ce sont les intérieurs de palais. Les rois sont logés à peu près de même partout... J'ai quitté Aranjuez étonné, mais ennuyé des beautés de ce séjour. Ce qui le désenchante pour moi fait peut-être son plus grand mérite aux yeux des Espagnols : c'est que la végétation n'y a pas le caractère méridional. Pour la première fois, depuis que j'ai traversé les Pyrénées, j'ai pu un instant me croire ailleurs qu'en Espagne. Tous les beaux arbres d'Aranjuez viendraient dans nos jardins de France. Au milieu d'un pays où les orangers poussent dans les bois, on a imaginé de planter devant le château un boulingrin d'ormeaux taillés en boules. Un lieu gâté par ce manque d'intelligence et de goût se quitte sans regret.

En sortant d'Aranjuez, on prend la route de l'Andalousie et on entre dans la Manche. Il n'y a de romantique dans cette province que les souvenirs de don Quichotte. On vous montre très-sérieusement aux venta de Puerto la Piche, à quelques milles du Toboso, l'auberge qui fut le théâtre des aventures les plus fameuses du chevalier de la triste figure. Ce n'est pas la première fois que j'ai vu les romans faire pour les lieux plus que l'histoire.

Voulez-vous savoir quels sont les paysages de la Manche? Voici une description qui peut s'appliquer à presque toute la province. C'est un champ qui s'étend à perte de vue, ou du moins qui n'est borné qu'à une grande distance par quelques mamelons dépouillés et blancs comme le fond de la plaine d'où ils s'élèvent. Ces hauteurs sont pareilles à de petites îles sortant du milieu de la mer. J'ai trouvé ces échantillons de montagnes hideux par leur nudité; les villes et villages très-clair semés dans ces vastes solitudes, ressemblent à des ruines de terre. La ville de Mançanarès l'emporte sur les autres par la saleté, la désolation de ses rues, et par la décrépitude de ses maisons. On est surpris de voir sortir de ces masures de fange où, dans un autre pays, on ne voudrait pas enfermer des pourceaux, un peuple beau, bien vêtu, fort, et qui, par le soin de sa parure, surtout le dimanche, me semble au-dessus de nos paysans, du moins quant à la noblesse des traits, du langage et des attitudes. Sous tous ces rapports je ne saurais comparer la population espagnole à rien de ce que j'ai vu dans le reste de l'Europe. On dit que les Orientaux seuls pourraient lutter d'élégance naturelle avec les Andalous.

En voyant de près ces hommes qui passent chez nous pour malheureux, on est étonné de leur bonne humeur et de leur air satisfait. L'accroissement de la population, que les écrivains du dix-huitième siècle nous représentent toujours comme un avantage, augmente peut-être la force des états, mais il cause le malaise des individus. J'ai remarqué que le petit nombre d'hommes qui habitent des contrées réputées pauvres, parce qu'elles sont à moitié désertes, vivent plus à leur aise que les peuples qui passent pour riches, parce que chez ces peuples, une immense foule de gens s'entassent dans des coins de terre pour y subsister médiocrement les uns à côté des autres, supportant avec peine, avec murmure, le voisinage de leurs semblables, et la gêne que leur impose la concurrence, inévitable inconvénient des sociétés où le législateur favorise l'accroissement de la population, comme le signe le plus certain d'une prospérité progressive.

Ici l'intérêt du voyage ne tient pas à la beauté du pays. En ce genre, on trouve mieux ailleurs; je n'ai encore vu ni Valence ni Grenade, mais je ne crois pas que même ces sites célèbres puissent égaler les belles parties de l'Italie. La véritable supériorité de l'Espagne est due au caractère de ses habitants : l'observer c'est étudier l'histoire vivante, ce qui vaut mieux que lire l'histoire écrite. Ce peuple est aussi original que l'architecture qu'il a inventée; la première fois qu'on a parcouru l'intérieur d'une vieille cité espagnole, on a senti sur la place publique au milieu de la foule, des impressions analogues à celle qu'on éprouvera en entrant dans la cathédrale mauresque dont cette place est presque toujours ornée. Il y a un accord indéfinissable entre le caractère des hommes et le style de leurs monuments : l'architecture est la physionomie des peuples.

On peut dire en général que tous les Espagnols s'habillent de même, parce que le chapeau en pain de sucre et le manteau, qui sont les parties les plus apparentes de leur costume, ne changent presque pas ; mais, dans chaque province, on trouve le moyen de diversifier ce vêtement uniforme et de l'adapter aux besoins particuliers et à l'humeur de chacun. Les manteaux des habitants de la Manche ne sont plus bruns comme ceux des Castillans; ils sont noirs, ainsi que toutes les autres pièces de leur vêtement. Cette couleur donne aux hommes un air imposant : l'ensemble de leur parure ne diffère pas beaucoup de l'habit des paysans de la Castille ; mais il me paraît plus soigné. Le costume des femmes a un caractère moins marqué que celui des hommes ; il est propre et n'annonce nullement la pauvreté. Elles passent en général pour très-jolies ; celles que j'ai rencontrées m'ont peu frappé.

Les mendiants sont hideux et insupportables; on dirait, à voir leur arrogance, qu'ils constituent un des pouvoirs de l'état. Cet abus serait-il inhérent à tout gouvernement fondé sur la religion chrétienne? La charité sans doute est la première des vertus; mais n'y aurait-il pas quelque moyen de concilier mieux qu'en Espagne les devoirs de celui qui donne avec la dignité de celui qui reçoit? Telles sont les questions dont on s'occupe sans cesse en parcourant ce pays. Je me les propose comme tous les voyageurs, parce que je ne puis me distraire de l'importunité des pauvres, mais je ne parviens pas à les résoudre. Murillo seul, par ses admirables portraits de mendiants, me console de cette plaie des sociétés catholiques, dont les abus se perpétuent au midi de l'Europe.

Un mendiant a pourtant trouvé grâce devant nous aujourd'hui : c'était un enfant qui est venu nous demander l'aumône en jouant de la guitare et en récitant des mélodies graves et nobles comme tout ce qui est national en Espagne.

Le fond du caractère espagnol me paraît une tristesse passionnée dont les intervalles sont marqués par des accès de gaité également passionnés. Voilà ce qu'expriment merveilleusement le langage, les arts, et surtout la musique de ce pays. Cette brûlante explosion de la douleur n'a point de rapport avec la mélancolie douce, rêveuse, et un peu affectée des hommes du Nord; elle diffère essentiellement aussi de la grâce italienne et de cet antique sentiment du beau idéal, qui fait que les productions de l'art, à

Rome comme dans la grande Grèce, approchent toujours du sublime.

La manière de vivre des Espagnols contribue à augmenter la gravité naturelle de leurs pensées : ils ont à lutter contre un climat extrême en tout genre, à l'exception de ceux de Valence, qui jouissent, dit-on, d'un printemps perpétuel. Mais je ne crois guère à ces températures de poëte. J'ai beaucoup voyagé sans jamais les trouver. L'hiver m'a paru froid à Naples ; l'été brûlant sur la mer Baltique. Quoi qu'on en dise, le grand nombre des Espagnols cultive une terre difficile et forte comme eux, sous une température en général très-âpre et très-variable. Chez eux la population est à peine policée ; un paysan ne peut aller garder ses moutons à une demi-lieue de son village sans s'armer d'un fusil et se faire accompagner de quelques camarades : une telle société ne peut produire des hommes semblables aux hommes de chez nous.

Ces bergers guerriers plantent leur camp au milieu d'une campagne solitaire. Dans la saison où nous sommes, les plateaux du centre de l'Espagne, dépouillés d'ombrages, se revêtent à raz de terre d'une verdure admirable. Une multitude de fleurs sauvages, de nombreuses familles de plantes les plus parfumées, les plus brillantes, y changent les plaines en parterres délicieux. Ces steppes aromatiques, avec leurs énormes touffes de lavandes, leurs cystes, leurs anémones, leurs luzernes, leurs lupins sauvages, leurs romarins, leurs fraisiers en arbres, leurs thyms, leurs marjolaines, et des milliers d'arbustes fleuris, ressemblent à des tapis de Turquie déroulés sous la coupole azurée d'une mosquée. Ici le temple c'est le ciel; le culte c'est l'harmonie de la nature; le prêtre c'est le pâtre qui fait halte dans la solitude avec ses amis, guerriers comme lui, ses chiens, ses chevaux et ses troupeaux......

La rencontre de ces colonies errantes est plus agréable pour le peintre que pour le prudent voyageur. Il ne faudrait qu'une occasion pour changer ces contre-brigands en voleurs véritables. Plus on voit de monde sur le chemin, plus on risque d'être dévalisé; en un instant cinquante paysans deviennent cinquante bandits. Le passant ne sait jamais si c'est un ennemi ou un défenseur qu'il va trouver dans l'homme qu'il rencontre.

Ceci n'est pas une exagération poétique. Il n'y a pas huit jours qu'un convoi de cent vingt voitures a été pillé sur cette route par vingt-huit brigands qui ont recruté leur armée de réserve parmi les paysans des environs. Sitôt qu'ils ont vu l'escorte du convoi plier, ceux-ci sont accourus pour prendre part au butin. Le conducteur général (le majoral) du convoi attaqué a capitulé; il s'est tiré de ce mauvais pas, lui et tout son bagage, pour la somme de cinq mille francs. Comme le convoi était d'une grande valeur, on vante généralement dans le pays la modération, pourquoi ne pas dire l'honnêteté des brigands qui l'ont laissé passer. Il est certain que l'idée de la propriété n'est pas la même dans la tête d'un paysan de la Sierra-Morena que dans celle des autres Européens.

La voiture qui nous transporte est la diligence; on la regarde comme l'arche de salut des voyageurs. Elle a pourtant été volée il y a trois mois sur cette même route *, parce que le bruit s'était répandu à tort qu'elle portait ce jour-là beaucoup d'argent; ce qu'il y a de sûr, c'est que si l'on arrive sain et sauf au terme d'un voyage en Espagne, les chefs de brigands doivent avoir autant de part que les gens du roi aux actions de grâces de l'étranger. Nul ne fait un pas dans l'Andalousie que par le bon plaisir du prince des voleurs. Encore un gouvernement double! Celui de l'Espagne est romantique; c'est le roi et le brigand : on les paye

* Elle le fut de nouveau huit jours après notre passage.

l'un et l'autre pour vivre en sûreté. Moi je me console du désordre par le sentiment du pittoresque.

Je n'ai pas fini de vous décrire les campements des pâtres de la Sierra-Morena ; le mieux serait de vous renvoyer au dernier des Abencerrages ; il y a là deux ou trois lignes qui vous en diraient plus que mes pages. Mais où le génie moissonne je ne fais que glaner, et ma récolte, quoique moins riche, tient plus de place que les trésors de vérités qu'il renferme dans un mot.

De loin vous apercevez dans la campagne, non des troupeaux, mais des troupes de moutons dont la laine est brune, et qui ont la tête et les pieds noirs et lisses comme l'ébène. Les mérinos sont rares dans cette partie du royaume. A la suite de l'armée des moutons marchent toujours quelques ânes et quelques mulets qui servent de monture aux vagabonds conducteurs de la colonie. Ces pâtres vivent, comme au temps des patriarches, dont les serviteurs menaient paître les chameaux dans les plaines de la Mésopotamie, ou comme vit encore l'Arabe qui fait pâturer dans le désert les cavaliers de son maître.

Ces migrations de bêtes sont un usage bien ancien en Espagne ; l'usage était devenu un privilége inique, et contribuait à la stérilité de la plupart des provinces centrales du royaume. Ce droit de pâturage et de parcourt, réservé aux troupeaux de quelques grands seigneurs, était désigné par le mot de *Mesta*. Il s'exerçait principalement dans une partie de l'Andalousie, dans la Manche, dans les deux Castilles et dans l'Estramadure. La Mesta avait quatre chefs-lieux : c'étaient les villes de Soria, de Cuenca, de Siguerra et de Ségovie; elle était régie par un code particulier, recueil de décrets injustes, arrachés par les grands à la faiblesse des monarques. La Mesta n'a été abolie que depuis peu d'années !...

Un des plus odieux de ces priviléges était le droit que s'arrogeait le propriétaire du troupeau de conserver à perpétuité le pâturage qu'on lui avait une fois affermé, à lui et à ses ancêtres, pourvu cependant que le prix du bail fût payé avec exactitude, ce qui ne manquait guère d'arriver, les maîtres des troupeaux étant ordinairement fort riches. Ces fermages, anciennement fixés, n'étaient qu'une légère redevance. Le pauvre paysan, propriétaire du terrain qui lui rapportait si peu, se décourageait et renonçait à l'agriculture. Le cultivateur, qui ne pouvait ni vendre son champ ni l'affermer à d'autres qu'aux descendants du seigneur auquel son arrière-grand-père l'avait loué à perpétuité, ne s'attachait point à sa propriété, le pays se dépeuplait, et le peu d'habitants demeurés dans ces déserts, faits de mains d'hommes, se créait une industrie antisociale : le brigandage, pour suppléer au légitime profit que lui refusait une constitution vicieuse.

On voit souvent des tribus de douze cents à deux mille animaux conduits par cinq bergers et quelques chiens : ils passent d'une province à l'autre pour chercher la température qui leur convient, selon les saisons. Ces bêtes vivent et voyagent ainsi sur des terres louées pour elles, et laissées incultes à dessein. C'est une espèce de fléau pareil pour le résultat aux sauterelles d'Égypte. Quand un canton était en guerre avec un autre, il jetait sur l'ennemi ses moutons et ses chèvres, et les campagnes, dévastées par la dent des bêtes, attestaient longtemps la fureur de l'homme. L'Estramadure, qui fut souvent en proie à ce genre d'attaque, pourrait contenir deux millions d'habitants; elle n'en a pas cinq cent mille, tant elle a souffert de la guerre des moutons !

Je combattais tout à l'heure le principe des économistes, qui croient la prospérité des pays attachée au grand nombre de leurs habitants; l'état actuel de l'Espagne nous prouve les inconvénients du principe contraire.

Sous Charles-Quint et sous Philippe II le nombre des moutons voyageurs était de sept millions. Ustaritz, qui écrivait au commencement de notre siècle, porte leur nombre à quatre ou cinq millions; si l'on ajoute à ce chiffre celui des moutons stationnaires, qui est de huit millions, on aura un total de douze à treize millions de bêtes à laine. Voilà ce qui explique les vastes plaines en friche et couvertes de broussailles qui forment, dans le centre de l'Espagne, un désert, un pays à part au milieu de la civilisation.

Bien souvent c'est dans la connaissance approfondie des particularités de l'agriculture de chaque canton, et dans l'étude de la jurisprudence locale, qu'il faut aller chercher la cause de l'aspect singulier des divers pays qu'on parcourt, et l'origine des coutumes de leurs habitants.

Un charretier de l'Andalousie n'oserait porter des denrées à deux lieues de chez lui sans se faire escorter. Il est armé contre les brigands auxquels il se joindra un autre jour quand il n'aura rien à défendre. Ces hommes toujours en guerre, soit pour, soit contre la société, ces soldats du caprice, qui tantôt défendent l'ordre, tantôt aident au brigandage, et presque toujours sans savoir pourquoi, ne peuvent ressembler aux paysans d'aucune autre contrée de l'Europe. Un homme ici prend parti pour ce que nous appelons le bien ou le mal, selon sa fantaisie, au gré de sa passion du jour, sans penser à la valeur morale de ce qu'il fait ; et comme parlent les gens du peuple lorsqu'ils emploient des mots dont ils n'ont pas défini le sens, prenant souvent des contraires pour des synonymes. Cette vague existence, ces habitudes véritablement indépendantes, puisqu'elles n'ont d'autre mobile que l'imagination, d'autre but que la satisfaction d'un désir momentané, ces mœurs barbares que l'ignorance sauve de l'immoralité, rendent les hommes plus réellement libres ;..... oserai-je le dire ? plus heureux, peut-être, qu'aucune institution politique !..... Ce n'est pas dans les bois que le génie de Rousseau aurait dû placer la félicité, c'est dans les sociétés à demi barbares, où les sujets trouvent à la fois les avantages des deux états : la liberté de l'état sauvage et la stabilité de la civilisation....

Des hommes qui se voient toujours en présence du danger, qui vivent sur un sol âpre, montueux, qui luttent contre un gouvernement rendu craintif par l'expérience, arbitraire ; mais d'autant plus faible, qu'il voudrait se montrer plus dur ; de tels hommes ne peuvent considérer l'existence que sous son point de vue sérieux; ils passent pour tristes; je les vois contents. Leur condition nous épouvante; c'est pourtant aux circonstances que nous déplorons qu'ils doivent le développement des plus admirables facultés de l'âme. Ils ont été contraints, par les combinaisons de la nature et de la société, à devenir forts, et dès lors ils ont la liberté, non des paroles, des écrits, mais des sentiments; leur jugement, très-aiguisé, est parfaitement sain; ils sont indépendants, non de droit, pompeusement proclamé et niaisement invoqué, mais de fait. Ils manifestent leur puissance par leurs actes; ils la retrouvent dans leur cœur, et ce témoignage secret leur vaut le repos de l'esprit, qui dédommage de tout.

En ce pays, tout homme distingué a deux partis à prendre: se faire moine ou brigand, participer au gouvernement ou vivre en guerre avec le gouvernement. Vous croyez les peuples de l'Espagne privés de représentation nationale: vous ne voyez donc pas qu'ils ont une constitution? Mais chez eux l'opposition s'exerce sur le grand chemin, et leur tribune est dans la caverne.

Ne m'accusez pas de paradoxe: je rougirais de chercher ce moyen facile de montrer de l'esprit; mais je professe l'indifférence en matière de politique, et l'indifférence paraît de la bizarrerie au milieu d'un siècle passionné. Chez moi ce n'est pas de l'immoralité, je l'espère; car je désire voir les hommes parvenir au but de toute société, au perfectionnement de l'âme; mais je soutiens qu'ils y peuvent arriver par des chemins divers. L'accord dans la diversité: l'harmonie, en un mot, voilà ce me semble le plan de la Providence. Tout ce qui le favorise prospère; tout ce qui le contrarie périt. Je voyage sans plan arrêté, et ce n'est pas ma faute si les faits que je recueille inquiètent les réformateurs politiques dans leur intolérante conviction.

Comment ne craignent-ils pas de faire le malheur du genre humain, ces philanthropes, qui partout et de la même manière, prétendent pousser la liberté publique jusqu'à ses dernières conséquences? La manie de gouverner dont ils sont possédés se propage parmi les peuples. Elle gagne les esprits même médiocres, et les tourments de l'ambition, qui ailleurs sont le prix attaché aux priviléges politiques, deviennent le châtiment des nations entières!!! Quelqu'avantages matériels que vous m'apportiez, si vous me troublez le cœur, vous me faites du mal. Dans une société où la fièvre du commandement descend jusqu'aux derniers rangs, la faiblesse n'a plus de dédommagement; l'obscurité, la pauvreté, n'ont plus de consolation; dès que vous condamnez la masse des hommes aux ennuis de l'orgueil, vous prenez l'engagement de la faire participer aux avantages de la richesse et de l'autorité. Donc vous mentez ; car vous promettez l'impossible. Sitôt qu'ils reconnaîtront l'erreur, innocente ou volontaire, qui vous sert à les dominer, où croyez-vous qu'ils placeront vos noms, dans leurs annales? Jouissez vite de la popularité qu'une prompte expérience vous fera perdre. Vous voulez être les premiers dans vos sociétés d'hommes égaux ; ce n'est pas à moi de qualifier la grossière inconséquence d'une telle prétention, ni de vous assigner votre rang dans la république des morts, la seule où règne l'égalité absolue..... La postérité fera justice des hommes qui sont venus exploiter chez nous les principes de l'humanité, comme elle l'a déjà fait des hypocrites qui se partageaient la terre au nom du ciel....

Aujourd'hui, en matière de gouvernement, je vois des problèmes partout et ne trouve de solution nulle part; j'ignore absolument le moyen d'accorder d'une manière durable l'amour de la liberté que l'homme apporte du fond des bois avec le besoin de l'ordre, besoin créé pour et par la société; la religion catholique avait résolu la difficulté; mais l'embarras renaît sur les ruines de la foi. Cette double nécessité d'ordre et de liberté sans croyance me paraît motiver des statuts contradictoires, et je ne vois pas qu'aucun législateur moderne ait formulé la loi supérieure par laquelle ces deux forces contraires conserveront leur action sans se détruire. Je connais d'admirables codes politiques, mais la puissance qui les soutiendra, qui les mettra en vigueur, je ne la connais pas. Je vois seulement que la liberté poussée à l'extrême et elle y tend toujours, est l'abus du droit d'élection, et que cet abus produit une licence capable d'excuser même le despotisme. Je vois d'un autre côté que le principe de la monarchie, s'il n'est mitigé, mène à une tyrannie qui justifie les révolutions, par cela seul qu'elle les nécessite, et je me dis : Loin de les admirer, il faut plaindre des hommes assez aveugles pour croire qu'ils ont trouvé la seule bonne manière de régler les actions des autres. Heureusement que tout gouvernement qui dure se résout en théocratie reconnue ou non. Si je n'avais cette foi, je désespérerais du genre humain.

Je vous ai dit que les Espagnols n'avaient pas les mêmes notions que nous avons sur la propriété. Il faut ajouter qu'ils se font du travail une idée différente de celle que nous nous en faisons dans les contrées les plus civilisées de l'Europe. Chez nous aujourd'hui l'oisiveté est une honte : ici elle est en honneur. Il résulte de cette opposition dans les préjugés, qu'un Espagnol travaille pour parvenir à rester où il est sans rien faire ; tandis qu'en France et en Angleterre, on se donne de la peine pour s'enrichir, ou pour acquérir le moyen de sortir de sa situation. Les Espagnols, quand ils travaillent, ne veulent que se procurer le nécessaire, le nécessaire qu'ils connaissent ; n'ayant pas l'ambition d'étendre la sphère de leurs idées jusqu'au nécessaire des classes supérieures, ils réduisent leurs besoins au sens le plus strict du mot : modération qu'ils doivent uniquement au désir de travailler le moins possible. La paresse est le principe de la philosophie pratique de tout Espagnol : sagesse vicieuse, puisqu'elle permet aux habitants des villes de rester enveloppés dans un manteau pendant des journées entières, à causer ou à rêver sur la place publique, et qu'elle laisse à ceux des campagnes le temps de guetter sur le grand chemin le voyageur désarmé ; et cette espèce de jeu aussi sûr qu'innocent aux yeux d'un peuple de sang arabe.

plus civilisées de l'Europe. Chez nous aujour-d'hui l'ordre est une loi, elle est en hon-neur. Le résultat de cette opposition dans les préju-gés, qu'un Espagnol travaille pour pouvoir se reposer, et sans inquiétude, tandis qu'en France ou en Angleterre, on se donne de la peine pour arriver [illegible] de savoir [illegible]. Les Espagnols, quand ils travaillent, ne veulent que se procurer le néces-saire, les richesses qu'ils consomment; n'ayant pas l'ambition d'étendre la sphère de leurs idées par [illegible] des classes supérieures, ils réduisent leurs besoins au seul le plus strict du nécessaire: constitution qu'elle détermine [illegible] travailler le moins possible. La paresse est le prin-cipe de la philosophie pratique de tout Espagnol: sa grande richesse, puisqu'elle procure aux habitants des villes de passer en conversations [illegible] pendant des journées entières, assis ou à rêver sur la place publique; et qu'elle laisse à ceux des campagnes le temps de [illegible] le voyageur désarmé, errant [illegible] aussi sûr qu'innocent au milieu d'un peuple de sang mêlé.

LETTRE XIX.

SOMMAIRE.

L'Andalousie. — Première impression. — Pourquoi l'on voyage. — Descente de la Sierra-Morena vers le royaume de Jaën. — Désappointement. — Beauté particulière de la végétation. — Arbres du Nord et du Midi rapprochés. — Serre naturelle. — Vallon de Normandie. — Transition brusque. — Les hommes et les plantes, tout est nouveau. — Attelages espagnols. — Manière de mener. — Noms des mules. — Conversation des hommes avec les bêtes. — Beauté de la nuit. — Pluie de printemps. — Parfums de la terre. — Souvenir de la chevalerie. — Les vainqueurs subjugués par les vaincus. — Deux natures, deux opinions rivales : ce qui en est advenu. — Luttes prolongées. — Romance.

A MADAME PAULINE DUCHAMBGE.

Andujar, ville du royaume de Jaën, à 20 lieues d'Espagne de Cordoue, ce 2 mai 1831.

J'AI promis de vous dire la première impression que me causerait la vue de l'Andalousie. L'Andalousie!..... On voyage pour des noms autant que pour des choses!!... Ce seul mot d'Andalousie m'aurait fait courir encore plus loin qu'Andujar; même à présent que je vois les lieux qu'il désigne, je ne puis écrire ce nom sans un battement de cœur. La passion des voyages est pour l'esprit ce que la fontaine de Jouvence était pour le corps: avec cette passion la pensée ne s'use pas; elle se renouvelle comme les objets qui frappent les regards des curieux. La curiosité, c'est la vie, c'est l'état naturel de l'intelligence.

La descente de la Sierra-Morena vers le royaume de Jaën est belle; cependant je la trouve trop fameuse pour l'effet qu'elle a produit sur moi. On dirait que tant de voyageurs, qui sont venus s'extasier devant ce passage, n'ont ouvert les yeux qu'en arrivant à la Carolina. Quiconque a déjà parcouru quelques contrées méridionales ne trouve, sur la frontière de l'Andalousie, que ce qu'il a rencontré dans maints autres défilés. Je m'attendais à planer de très-haut sur le cours du Guadalquivir, que j'espérais voir se dérouler tout entier à mes pieds. Je n'ai trouvé qu'un col assez élevé, mais qui ressemble à tous les sites de montagnes du monde. Cependant, j'ai admiré à travers de beaux rochers un échappé de vue médiocrement étendu sur des vallons creusés entre des collines calcaires, et dont les flancs sont déchirés par des blocs de marbre plus intéressants pour le naturaliste que pour le peintre. Quant au fleuve chevaleresque que je cherchais des yeux depuis longtemps, on ne commence à l'apercevoir qu'à quelques lieues plus loin, lorsqu'on descend dans la vallée principale de l'Andalousie.

Ce qui surprend, même après avoir vu les plus beaux pays de l'Europe, c'est le brusque changement de la végétation. On vient de faire quarante lieues à travers la Manche sans rencontrer un arbre, sans pouvoir boire une goutte d'eau pure * ; tout à coup on se croit au milieu d'un jardin botanique d'une richesse sans pareille : les arbres, les fleurs, les plantes du Midi, sont rangés sur des gradins de rochers, comme dans une serre; ces degrés naturels forment des terrasses, où chaque famille végétale trouve sa place, son élévation, sa température, son terrain; c'est grand et joli tout à la fois; c'est un jardin de fées. Il n'est pas jusqu'aux pierres, qui ne végètent et ne se recouvrent des plus beaux lichens, dont les teintes dorées ajoutent à l'effet magique du paysage. Là tout paraît artificiel; la nature y semble factice, tant elle a de symétrie et d'élégance. L'ocre des rochers et l'émail des fleurs printanières fait ressortir la verdure qui luit d'un éclat sans pareil. Dans deux mois le prestige aura cessé, et la nature sera cachée sous un voile gris : la poussière et le sable sont pour les contrées du Midi ce que la neige est pour les sites du Nord; la canicule est la mauvaise saison des beaux climats.

Passé la Venta-de-Cardeñas, on entre dans une gorge boisée. Là les liéges, aux formes pittores-

* La Manche manque absolument d'eau.

ques, aux branches pendantes comme celles des saules, les caroubiers à la verdure éclatante, se mêlent à des groupes de pâles oliviers, à de longues allées d'aloès bleuâtres, et chaque massif d'arbustes est entouré de touffes de cystes blancs à larges fleurs, assez semblables aux roses de magnolia, mais moins grandes. J'ai vu des montagnes entières couvertes d'une autre espèce de cyste fleuri, les fleurs en sont lilas et inodores; le cyste à petites fleurs blanches et jaunes, dont la gomme aromatique embaume l'air d'un parfum tout méridional, est aussi fort commun dans ces parages. La route passe à travers des champs de lavande fleurie, plus forte et plus odorante que celle de nos jardins. En Espagne, cette fleur est aussi d'une couleur bien plus vive. J'ai remarqué des champs de fraisiers en arbres, entourés de haies d'ormes et de charmes, auxquels se mêlent l'aloès et le nopal, plante bizarre, espèce de corail végétal, qui contraste d'une manière frappante avec les productions de nos climats. La végétation du Nord n'est que fraîche, ici les arbres de nos contrées, malgré leur verd monotone, varient d'une manière pittoresque les teintes bleuâtres des arbustes de la zone torride. Il semble que la nature ait travaillé sous l'inspiration d'un grand botaniste pour réunir sur un seul point de la terre les végétaux du monde entier. On est ébloui de la multitude et de l'éclat des couleurs ; on est enivré de parfums; à chaque instant du jour, à chaque détour de la route, à chaque découverte on se dit : Comme je suis loin de Paris!!.... et l'on jouit de sa liberté.

Je verrai toute ma vie un petit ravin que j'ai aperçu au tournant d'un rocher de marbre couleur de cuivre. Nous descendions la pente d'un chemin bordé de précipices, tout à coup je découvre à mes pieds un vallon de Normandie. Il régnait là une fraîcheur, une verdure que je croyais appartenir uniquement à nos tristes climats; une cascade nourrissait les racines d'un bois de frênes; tandis que des flancs du rocher le pampre s'élançait sur ces arbres du Nord, où la vigne en guirlandes semblait avoir été oubliée après une fête; le balancement des festons de verdure jetés comme des filets sur la cime des arbres, les parfums du thym, du cyste et du baume, les saules, les pommiers en fleurs, les peupliers, les ormes mêlés aux orangers, aux grenadiers, me paraissaient transplantés là de tous les pays, comme pour encenser le pouvoir inconnu qui les avait créés. Les odeurs aromatiques apportées de la plaine augmentaient l'enchantement. Je n'ai rien éprouvé de plus délicieux que l'illusion causée par ce *panorama* de senteurs et de couleurs. J'aurais voulu ne plus quitter ce site de l'Arioste, et je reviendrai sans cesse en souvenirs vers un tableau si gracieux. La découverte d'un lieu pareil, c'est le bonheur pour un poëte et pour un peintre......, c'est comme de la faveur pour un ambitieux, de l'argent pour un avare.

L'ensemble des paysages de cette contrée est grand, les contrastes des montagnes sont nobles, la température s'adoucit sensiblement quand on quitte la Manche, et les lointains des paysages deviennent plus vaporeux ; il y a comme une poussière violette répandue autour des montagnes, surtout à leur pieds, vers la région où finit la lumière de la plaine, où commence l'ombre des rochers. J'ai reconnu là cet air du Midi qu'on voit et qu'on ne sent pas.

Les hommes aussi se ressentent de la métamorphose. Tout à coup leur teint prend une couleur africaine plus sauvage, plus marquée ; ils n'ont plus cet air de bonhomie, cette franchise qui me plaisait dans les vieux Castillans ; ils sont élégants, malins, amusants, et perdent en noblesse ce qu'ils gagnent en vivacité.

Il faut vous dire quelques mots des attelages espagnols, ainsi que de la manière dont on mène les voitures du pays. C'est presque toujours avec des mules qu'on court ici la poste. La diligence, qui n'est pas très-lourde, en prend ordinairement huit, et quelquefois dix. Alors elle paraît traînée par un troupeau. Chaque mule a son nom qu'elle connaît; le principal postillon, qu'on nomme majoral, conduit du siége; le second est sur un cheval, attelé tout en avant, à côté de la dernière mule. La longueur de ces attelages est effrayante; le conducteur, tant que le relais dure, ne cesse d'adresser la parole à chacune de ses bêtes; cette conversation est entremêlée de jurements, d'exclamations, d'interjections, de cris et de gémissements, qui ne laissent pas un moment de tranquillité aux voyageurs. « Allons, la générale!..... la banderiliera, avancez donc; la leona, la colonella, vous ne marchez pas; » et puis des cris de bêtes sauvages pour les faire partir toutes ensemble; puis des compliments, puis des tons lamentables pour varier les impressions. « La capitana, tu perdras ton nom; la valerosa, tu dois donner l'exemple. » Quand l'éloquence ne suffit plus, on supplée à la parole par de petits cailloux, dont le conducteur est toujours muni, et qu'il lance à chaque mule avec une dextérité, une justesse, surprenantes. Cette manière de mener étonnerait un peu les cochers anglais : je ne sais si elle est sûre, mais elle est assez prompte; et je ne crois pas qu'il arrive ici plus d'accidents qu'ailleurs. En général les postillons espagnols, s'ils ne sont adroits, me paraissent prudents.

J'ai passé toute la nuit dernière à rêver au son de leur voix. Favorisé par le vague des ténèbres, je repeuplais la solitude de cette terre chevaleresque devenue si triste aujourd'hui dans son silence et dans sa nudité. Chaque nom de lieu me rappelait l'histoire, la poésie des Maures, leurs guerres, leurs amours, et cette galanterie qui prit sur le sol de l'Espagne un caractère particulier : ce n'était plus l'Orient, ce n'était pas l'Europe. Les inflexibles lois de la jalousie musulmane avaient fléchi devant la liberté chrétienne; et, de cette lutte prolongée entre le Koran et l'Évangile, il est résulté une transaction involontaire, une fusion inaperçue et non avouée de mœurs et de peuples opposés.

Deux nations, comme deux opinions qui se combattent longtemps, finissent par se modifier l'une et l'autre, parce que, sur le théâtre du monde, le pouvoir ne passe jamais tout entier du côté des vainqueurs; de quelque manière qu'une puissance subjugue son antagoniste sur cette scène si vaste et si mobile, ou qu'une idée y remplace une idée, ce qui commence n'est point nouveau; ce qui paraît terminé n'est point anéanti. La terre est un monde où rien n'a son principe ni sa fin. Le temps présent n'est qu'un point idéal, c'est la frontière imaginaire de deux réalités, du passé et de l'avenir, qui toutes deux sont bornées et modifiées l'une par l'autre.

Quand les Maures ont vaincu les Visigoths, la société arabe s'est trouvée implantée sur le sol chrétien dont la vertu l'a modifiée; quand, à la fin, les Espagnols ont repris l'Andalousie, il a passé dans l'âme des vainqueurs quelque chose du génie africain qu'ils croyaient avoir exterminé. Ainsi les Maures, conquérants de l'Espagne, sont devenus un autre peuple que les Maures d'Afrique, tandis que les chrétiens espagnols ont été métamorphosés ou modifiés eux-mêmes par le génie arabe. C'est un phénomène qui restera unique dans l'histoire de l'Europe, que l'espèce de civilisation des Bedouins établis dans l'Andalousie; pour trouver quelque chose de semblable sur la terre, il faudrait traverser la Tartarie et pénétrer jusqu'à la Chine.

Il pleuvait par moment cette nuit, et pourtant il faisait beau; le fond du ciel était pur, l'air calme, la pluie ne tombait que pour attirer les parfums de la terre. Des nuages pittoresques embellissaient la nuit et servaient de cadre aux brillantes constellations d'un ciel méridional. Nous roulions de vallons en vallons, de coteaux en coteaux sur une plaine onduleuse; car les inégalités du terrain étaient peu sensibles : si ce n'est pour nos mules; bien avant dans la nuit, la lune qui est à son déclin s'est levée, elle était coupée par un nuage auquel elle échappait pour s'élancer dans la partie claire du ciel : on croyait voir le front pur d'une vestale dégagée de son voile; vous me pardonnerez ce que la comparaison a de trop classique par le temps qui court, en faveur de ce qu'elle a de vrai; la route luisante de pluie réfléchissait les rayons de la lune, et dans les intervalles des nuages orageux les étoiles brillaient d'un éclat extraordinaire, même sous ce climat lumineux. Toute la nature, rafraîchie par les bienfaisantes ondées du printemps, semblait fêter la lumière qui tombait du haut des astres sur la terre rajeunie et parfumée. Les fanaux du ciel s'allumaient comme pour guider la marche triomphale de quelque dieu inconnu que nous allions voir paraître : tout dans la nature, excepté nos mules et leurs conducteurs, restait dans une attente silencieuse. Nous avons roulé; le jour est venu, les heures solennelles de la nuit ont passé, et passé sans prodiges, sans merveilles nouvelles; mais je n'ai pu m'empêcher de mêler mes chants au concert universel. J'ai fait la romance que je vous envoie, elle est à l'imitation des *romanceros mariscos*. Je n'ai rien traduit, mais je me suis rappelé la couleur des poésies du pays dans le meilleur temps, et je me suis efforcé de reproduire ce mélange de coquetterie, de passion, de délicatesse un peu recherchée qui les caractérise.

LES AMOURS
D'ADHÉMAR LE MAURE AVEC ADALIFA,

FAVORITE D'UN ROI DE GRENADE.

ROMANCE *.

1.

C'est en vain qu'Adhémar le Maure
Dans les plaisirs éteint ses jours;
Il ne peut oublier encore
Ni ses regrets, ni ses amours.
L'espoir de nos jeunes années
Est comme les fleurs du printemps :
Quelques matins les ont fanées,
Mais leur tige languit longtemps.

2.

« La peur, fille de la tendresse,
» Près de toi tourmente mon cœur, »

* Cette romance a été mise en musique par madame Duchambge.

Disait sa perfide maîtresse,
Au premier jour de leur bonheur.
« C'est moi qui t'aimai la première,
» Je t'ai préféré, même au roi;
» Jure-moi que sous ta visière,
» Tes yeux ne regardent que moi.

3.

» Quand ton coursier parcourt l'arène,
» Quand ton fer résiste au taureau,
» Je dis : Si le roi m'eût fait reine,
» Mon sort ne serait pas si beau;
» Mais dans Grenade chaque belle
» Semble en secret me l'envier,
» Me sera-t-il toujours fidèle,
» Lui, qui n'aima pas le premier?»

4.

Comme la lune après l'orage,
Perce son voile de brouillard,
Sous l'épais sourcil qui l'ombrage
Du Maure brille le regard :
« Crainte indigne d'une âme fière,
» Indigne de ton chevalier!.....
» Ta bouche a parlé la première,
» Mon cœur aimera le dernier. »

5.

Il disait vrai!.... Le noble Maure
Dans les plaisirs éteint ses jours,
Sans pouvoir oublier encore
Ni ses regrets, ni ses amours.
L'espoir de nos jeunes années
Est comme les fleurs du printemps :
Quelques matins les ont fanées,
Mais leur tige languit longtemps.

LETTRE XX.

SOMMAIRE.

La cathédrale de Cordoue. — Rapport de l'architecture avec la pensée humaine. — Origine de la mosquée de Cordoue. — Dimension de l'église actuelle. — Sa forme. — Sa ressemblance avec un quinconce. — Cloître donnant sur un bois d'orangers. - Ensemble du monument. — Son effet. — Le chœur. — La chapelle mauresque. — Manuscrit original de l'Alcoran. — Ce que les Maures disent de nous à Tanger. — A quoi tient la civilisation. — Seconde espèce de poésie propre aux temps avancés. — Points de vue pris dans l'intérieur de la mosquée. — Effet pittoresque du monument. — Troupe de mendiants qui l'habitent. — Paysans de Valence venus pour faire la moisson. — Leur costume, leur piété. — Prière du soir. — Le peuple et les chanoines. — Ce que c'est que l'Espagne. — Embarras du voyageur qui veut être vrai avant tout. — Insuffisance de nos langues modernes. — Point de vue des protestants. — Pourquoi on écrit. — L'amour de la vérité fait les martyrs. — Croix gravée sur le marbre par l'ongle d'un prisonnier chrétien. — Extérieur de l'église. — Constitution du clergé espagnol. — Le jardin de l'évêché. — Température. — Effet de l'air sur les affections de l'âme. — L'imagination ne s'accorde guère avec la bonté. — Le poëte. — On a toujours peint en beau ce caractère parce que ce sont les poëtes qui peignent. — L'inquisition. — La police a remplacé le saint-office. — Précautions de l'auteur pour cacher ses lettres. — Aspect de Cordoue. — Le pavé des rues. — Danses nationales. — Permission de porter des armes dans la ville. — Idée que les Espagnols se font de la liberté. — Chapeau à l'espagnole. — Le chapelier chantant. — Le commerce entravé. — Douanes dans l'intérieur du royaume.

A MISS BOWLES.

Cordoue, ce 3 mai 1831.

Quand on partirait de Paris uniquement pour venir admirer la cathédrale de Cordoue, on ferait un voyage très-raisonnable. J'ai vu bien des monuments, aucun ne m'a paru aussi singulier que celui-ci : figurez-vous un parterre de grands arbres plantés en quinconce et sur lequel on a mis un toit. Au milieu de cet obscur jardin de troncs granitiques, s'élèvent de distance en distance des masses d'architecture assez peu régulières, et qui ressemblent à des fabriques dispersées dans un parc. Ces masses sont le dôme, le chœur et les chapelles latérales de l'église.

J'ai considéré la cathédrale de Cordoue sous le rapport historique, plutôt que comme une œuvre d'architecture. Si l'on n'y voulait voir qu'une église, l'édifice ne serait pas assez élevé pour son immense étendue en longueur et en largeur. Cette enceinte sert de promenoir à la ville; on se croit aux Champs-Élysées de Paris, si ce n'est que les arbres sont de marbre, que le ciel est d'or, et que les pierres sont brodées comme une étoffe.

En présence d'un monument si bizarre, il est naturel que l'histoire absorbe la pensée et que l'art soit oublié. Le plaisir qu'on éprouve tient de la réflexion plus encore que de l'imagination. Ce qu'on voit est le résultat d'une confusion de siècles, de religions, de peuples, dont il n'y a pas je crois d'autre exemple dans le monde. La religion catholique a fait à Cordoue pour le mahométisme ce qu'elle avait fait à Rome pour le panthéisme : elle s'est emparée d'une mosquée et l'a sauvée en la baptisant.....

Mais cette mosquée, avant d'avoir été changée en église, était elle-même déjà l'héritière de deux temples : de celui de Janus sous les Romains et d'une cathédrale chrétienne sous les rois goths. Tant de métamorphoses ont produit un monument qu'on décrirait minutieusement, sans pour cela pouvoir donner l'idée de l'effet qu'il produit à l'œil. Il peut y avoir une exactitude insuffisante quoique scrupuleuse; ce n'est pas assez que de dire ce qui est, il faut le faire voir, bien plus, le faire sentir. Voilà pourquoi je crains de ne pouvoir remplir la tâche que je me suis imposée.

Qui croirait que l'architecture, avec ses règles si positives, ses calculs si arrêtés, ses lignes données, ses conditions absolues, peut exprimer mieux qu'aucun autre art le désordre, le mystère des passions? Voilà pourtant ce qui est arrivé ici..... J'ai rêvé à ce problème tout le temps que j'ai passé dans la cathédrale de Cordoue.

La mosquée avait été bâtie par Abderame dans le huitième siècle, et plus tard les Espagnols ont outré le défaut de l'édifice primitif, en en exhaussant le sol, qu'ils ont recouvert d'un pavé de brique sur champ, peu digne de la magnificence du monument. La base des colonnes reste enterrée sous ce pavé moderne; ce qui fait perdre de l'élégance et de la légèreté à leur partie supérieure.

La mosquée d'Abderame était, dit-on, deux fois plus vaste que la cathédrale actuelle, mais rien ne justifie cette exagération des admirateurs exclusifs et maniaques du peuple arabe.

Aujourd'hui l'église a six cent vingt pieds de longueur et quatre cent cinquante de largeur. Le roi Abderame avait voulu faire de cette mosquée le plus magnifique temple de l'islamisme, après celui de la Mecque. Elle a vingt-neuf nefs dans sa longueur et dix-neuf dans sa largeur. Près de mille colonnes (on en compte, je crois, neuf cent soixante) soutiennent le faîte. Toutes sont de marbres précieux, il y a même des colonnes de jaspes; elles ont un pied et demi de diamètre et trente-cinq pieds d'élévation, élévation bien peu considérable pour une cathédrale.

L'édifice entier a la forme d'un carré long, dont un des côtés s'ouvre sur un cloître immense qui ressemble à une cour. Au-dessous du pavé de cette cour est une citerne voûtée.

Avant d'entrer dans l'église, il faut se promener au milieu du cloître, qui sert de parvis à la cathédrale. On voit là des orangers d'une grosseur et d'une antiquité surprenantes: ils sont, dit-on, contemporains des rois maures. De ce bosquet découvert vous entrez dans un bois plus sombre, qui est l'église elle-même, et vous éprouvez une sorte de surprise en voyant que le sanctuaire a un toit. Voilà le seul signe qui, au premier coup d'œil, le fasse distinguer du promenoir que vous quittez. C'est, de tous les temples que j'ai vus et je crois de tous ceux du monde, celui dont l'aspect réveille dans l'âme les impressions les plus analogues à celles de la nature; mais nature de fées, de génies; nature des Mille et une Nuits.

Gardez-vous ici de penser à une cathédrale; s'il y a mystère, c'est un mystère d'amour : le christianisme crée des monuments d'un style plus grave. Ceci est un parterre oriental; au lieu de la maison du Seigneur, c'est le palais de quelque sultane favorite.

De tous ces contrastes, il ressort quelque chose d'inexprimable et qui fait sur l'âme une impression qu'on ne peut éprouver nulle autre part. On attend un spectacle extraordinaire, quelque chose d'étonnant, de merveilleux : quand on a vu qu'il ne ne s'y passe rien, on s'en retourne mécontent. Encore une fois, figurez-vous une esplanade ornée de neuf cent soixante colonnes antiques peu élevées, qui soutiennent un double rang d'arceaux mauresques à jour, et des compartiments de bois précieux servant de plafond à chacune de ces allées de pierre : telle est au premier aspect la cathédrale de Cordoue.

Du milieu de ce labyrinthe sacré s'élève le dôme, élégante coupole qui gâte un peu l'ensemble de l'édifice, parce qu'elle est moderne; mais les arcs de forme mauresque qui la supportent à une grande élévation me paraissent d'une hardiesse merveilleuse. D'ailleurs, ils sont ornés de sculptures très-fines et de curieuses mosaïques. Je ne m'en dédis pas, cela vaut le voyage.

Le maître-autel et le dôme ont été construits du temps de Charles-Quint. Dix-sept portes servent d'entrée à cette cathédrale; elles sont couvertes de sculptures en bronze d'un beau travail.

Près du dôme est le chœur des chanoines, qui renferme un monument précieux: ce sont des stalles sculptées en bois par un artiste de Cordoue, don Pedro Duque Cornejo, qui, dans chaque panneau, a représenté un sujet de l'ancien Testament. Il a mis dix ans à terminer ce chef-d'œuvre. J'ai vu plusieurs ouvrages du même genre, je ne me souviens pas d'en avoir admiré d'aussi parfaits que celui-là; outre la beauté de l'exécution, il a l'avantage de nous faire faire un cours complet de l'Histoire sainte.

A peu de distance du chœur, on voit le tombeau de l'artiste, avec une épitaphe où l'on a rendu hommage à son talent. En face est le sanctuaire avec son maître-autel, dont l'effet ne détruit pas l'harmonie du temple, et c'est un assez grand éloge. Il y a des chapelles en si grand nombre, que je n'ai pu les compter, ni retenir leur nom. Cependant chacune a son caractère, chacune mérite un examen particulier; mais le temps, le temps semble plus court pour le voyageur que pour tous les autres hommes. Le monument que je vous décris est un monde à lui seul; néanmoins Cordoue n'est qu'un point dans la partie de la terre que je veux parcourir cet été : il faut donc abréger.

Cette église renferme de bons tableaux, mais pas un ne m'a paru du premier ordre. Elle est sous l'invocation de saint Cycle et de sainte Vittoria, frères et sœurs, martyrs à Cordoue. Un assez beau tableau représente ce martyre ; il est placé dans une des principales chapelles : mais ce qui m'a causé une surprise que rien n'effacera de ma mémoire, c'est une espèce de cellule purement mauresque, et dont tous les ornements sont conservés dans l'état où les Maures les ont laissés. Les chrétiens n'ont ajouté aux constructions musulmanes qu'un autel et un tombeau. On se croit à Sainte-Sophie ; la forme de l'arc turc, les bizarres dessins des dorures, les dentelles de pierre, les broderies de marbre, tout est purement mahométan. Des inscriptions arabes, en mosaïque, m'ont fait regretter mon ignorance ; pourtant cette ignorance même ajoute un intérêt vague à l'étonnement qu'inspirent ces restes d'édifices profanes, protégés par les vainqueurs des infidèles, et sanctifiés par le signe de notre foi *.

C'est là que les Maures conservaient un des originaux de l'Alcoran. On vous raconte sérieusement à Cordoue qu'ils payent un tribut annuel à l'Espagne, pour empêcher qu'on ne dise la messe dans leur sanctuaire abandonné.

Quand on pense que ce peuple de mécréants dit de nous aujourd'hui à Tanger ce que nous disons de lui ici, que le détroit seul sépare le monde appelé civilisé du monde barbare, et que, malgré leur ignorance actuelle, leur apathie perpétuée par la fatalité.... la fatalité : cet article de foi des peuples paresseux, les Arabes ont fait avancer le genre humain dans les sciences positives : l'esprit se perd à méditer sur des problèmes insolubles. Il faut avouer qu'on ne peut contempler sans trembler le luxe de hasard que la Providence affecte de déployer dans la conduite de l'esprit humain. C'est là que les ravages de notre libre arbitre sont les plus effrayants. La foi chancelle devant cette mer où la tempête dirige seule une navigation entreprise avec des boussoles que les nochers laissent tomber de leurs mains aux

* Lorsque saint Ferdinand conquit la ville de Cordoue sur les Maures en 1236, la première chose qu'il fit fut de purifier la mosquée et de la consacrer à Dieu

premiers coups de vent. Mon Dieu, mon Dieu, ayez pitié de notre science!!...

Comme un ver qui se tord, la pensée se retourne sur elle-même et s'égare dans de vagues méditations: fatigué de recherches, de doutes, d'études, perdu dans les labyrinthes de la philosophie, épouvanté de sa vanité, l'esprit de l'homme se réfugie dans un monde intermédiaire entre le ciel et la terre : dans le monde des arts ;... et la poésie est retrouvée! non la poésie primitive, mais la poésie de la seconde époque des sociétés: la poésie de la science et de la douleur. Là le sens du beau idéal sert encore de guide à l'âme fatiguée; l'inspiration lui fait reconnaître un maître divin; le maître lui promet, lui assure une patrie, et tout est réparé. Tandis que les docteurs achèvent de s'égarer en voulant démontrer ce qu'il faut sentir, le temps des poëtes et des peintres est revenu; les arts: la poésie, et l'éloquence à leur tête, sont les héritiers des religions éteintes, comme ils sont les soutiens des religions naissantes.

Quelque point de vue qu'on choisisse dans l'intérieur de la cathédrale de Cordoue, on est sûr de faire un tableau pittoresque, animé, original et éclairé comme par enchantement. C'est de l'architecture toute poétique *.

Un peuple de pauvres nous suivait en mendiant : ces figures étaient venues là tout exprès pour nous fournir des groupes de Murillo au bout de chacune des nefs, ou plutôt des allées de ce monstrueux mais admirable édifice, moitié bosquet, moitié temple, moitié palais.

Des paysans de Valence, dans leur costume différent de tous les autres, variaient les compositions. Ces hommes viennent pendant l'été dans l'Andalousie pour travailler à la terre ; ils sont chaussés avec des sandales grecques, c'est-à-dire qu'en guise de souliers ils portent des semelles de laine très-dures, de l'épaisseur de deux tiers de pouce, attachées par des bandelettes à la manière antique. D'autres se chaussent avec des peaux de bêtes liées méthodiquement par des cordes autour de la cheville : en général ils ont le haut de la jambe nu ; ils portent des culottes blanches, flottantes et terminées au-dessus du genou, qu'elles laissent à découvert comme les caleçons des pêcheurs napolitains. Cependant elles

* Le jour tombe dans l'église par une foule de petits dômes qui donnent à l'édifice une physionomie orientale. Au haut d'une de ces coupoles on montre la dent de l'un des éléphants qui furent employés à transporter les matériaux nécessaires pour la construction de la mosquée.

ressemblent encore davantage, à cause de leur ampleur, à un jupon écossais ou à la tunique grecque. On les appelle *fustanelle*, d'après le nom grec moderne. Un manteau de plusieurs couleurs tranchantes est jeté sur une veste de velours ronde et courte ; cette veste, ordinairement bleue, est arrêtée autour des reins par une ceinture de soie rouge qui complète le costume : cet habit est léger, singulier, et de plus commode pour le pays.

Ces hommes, plus qu'à demi sauvages, s'agenouillaient avec une dévotion édifiante dans les mystérieux, je dirais presque voluptueux réduits de la mosquée chrétienne. Le soir approchait, ils répondaient des parties les plus reculées de l'église, si sombre et si vaste aux voix des chanoines renfermés dans le chœur où ces vieux prêtres féodaux récitaient l'office divin, ou plutôt seigneurial, devant le peuple prosterné. Que de choses ! que de sens dans ces prières aristocratiques ! que d'histoire, que de philosophie dans cette scène vraiment espagnole ! Pour un témoin oculaire, c'était une explication de l'Espagne : raconté ce n'est plus rien. Un des tourments des voyageurs sincères, c'est de sentir que ce qu'on dit n'est jamais la traduction exacte de ce qu'on a vu. Cela me dégoûte d'écrire et me rend d'une modestie qui ferait plaisir à mes envieux si j'avais l'honneur d'en avoir. J'ai beau me dire que la parole humaine a peu de portée... c'est la mienne surtout qui me paraît faible. Quoi qu'il en soit, nos langues essentiellement métaphysiques ne datent pas de la création primitive : le vrai sublime, celui qui révèle la nature dans ses mystères les plus profonds, est presque toujours hors de la mesure du discours. Aussi les peuples, pour qui les mots deviennent tout, perdent-ils bientôt de vue le but éternel de leur existence ; quand le sens religieux est émoussé dans les nations, la prédication prend la place de tous les autres moyens de manifester la vérité : alors les mystères sont rejetés, alors on dit la religion réformée ; alors, pour croire, on n'a plus besoin d'imagination ni de sentiment. L'esprit humain simplifié, c'est-à-dire orgueilleusement rétréci, ressemble à une table où l'on suppute gravement les chances de l'immortalité, comme on écrirait un problème de mathématique sur une ardoise dans une école d'enseignement mutuel; alors l'art de gouverner n'est plus que celui de discuter des systèmes ; la politique devient bavarde, menteuse et chicanière ; la poésie outrée dans la force, niaise dans la grâce, mesquine toujours; et la société toute matérielle marche progressivement..... vers le néant.

Mais je me rappelle que c'est à vous que j'écris,..... et je renonce à poursuivre ma pensée...... Poursuivre sa pensée!.... Cette expression peint bien l'espèce de guerre qu'on fait à l'idée qui fuit au delà des mots dès qu'on veut la saisir. La vérité est par trop souvent inexprimable!..... L'esprit la comprend, mais le génie seul peut la communiquer. Qui donc osera s'imposer la tâche du génie?

Cet espoir, ce besoin de manifester les vérités que l'on conçoit à ceux qui ne les conçoivent pas, est pourtant ce qui donne la passion d'écrire. Écrire, c'est faire la chasse aux idées; la vérité est un oiseau voyageur, presque toujours plus rapide que le trait lancé pour l'atteindre...... Que d'efforts superflus, que de chutes attendent dans sa carrière l'écrivain consciencieux! Vouer sa vie à connaître et à faire connaître ce qui est, c'est un péril, c'est un tourment: c'est se résigner à perdre le bonheur en ce monde. L'amour de la vérité, quand il est sans bornes, conduit inévitablement au martyre!..... Qu'on ne cite pas ceux des grands génies (ce mot est synonyme d'apôtre de la vérité) qui ont échappé aux malheurs de leurs pareils. Il est plus d'une sorte de supplice, le plus terrible n'est pas toujours celui des chevalets, du feu ou de la ciguë: ce n'est pas sur la croix, c'est au jardin des Oliviers que le type divin de tous les sacrifices, que le martyre de la seule vérité pure communiquée aux hommes, que Jésus-Christ a souffert les plus amères douleurs.

On montre aux voyageurs, sur l'une des colonnes de marbre de la cathédrale, une croix gravée, dite la croix populaire, par un esclave chrétien qui aurait été enchaîné là du temps des Maures; on assure que cette croix a été tracée sans autre instrument que l'ongle du malheureux prisonnier. Il faut se laisser persuader beaucoup de choses avant de s'attendrir ou de s'extasier sur ce fait. D'abord, il faut croire que la chose même soit possible; il faut croire ensuite que les Maures enchaînaient les chrétiens dans les mosquées. Si vous croyez tout cela, vous croirez aux miracles..... et vous serez bien heureuse.

Au sortir de l'église, dont l'extérieur ressemble parfaitement à une forteresse arabe, on nous a conduits à l'évêché. Un majordome, s'avançant avec un air grave et mystérieux dont nous cherchions la cause sans la deviner, nous a introduits dans le palais. Nous avons appris ensuite que le prélat faisait la sieste. Il a quatre cent mille livres de rente. C'est un homme d'une naissance obscure, et que ses talents ont fait avancer dans les dignités de l'église. La constitution du clergé espagnol est tout à fait républicaine. En France, autrefois le haut clergé était moins recommandable pour ses mœurs que les ecclésiastiques d'un rang inférieur; En Espagne, au contraire, les grands dignitaires de l'église sont en général plus respectables que les simples curés. Leur manière de vivre est exemplaire, et ils ont beaucoup de lumières et de science *.

Si l'on ne s'obstine pas à disputer sur les mots, on reconnaîtra que l'Espagne est plus près qu'on ne l'imagine de la forme du gouvernement annoncé depuis si longtemps à la France. Et pourtant elle est bien loin de notre richesse et de notre industrie. C'est que les formes politiques ne sont rien en elles-mêmes, et que leur valeur réelle vient uniquement de l'esprit qui a présidé à leur fondation ainsi que du but que se proposent les hommes qui les perpétuent. Voilà pourquoi les institutions essentiellement libérales du catholicisme n'ont encore servi en Espagne qu'à consolider le despotisme.

Le jardin de l'évêché de Cordoue est un bosquet d'orangers, couvert de fleurs et de fruits; ce lieu

* Ceci a été dit ailleurs; l'auteur de ces lettres écrivant à plusieurs personnes, se répète quelquefois, et son respect, peut-être trop minutieux pour la vérité, lui a fait conserver ces redites: d'ailleurs un voyageur est souvent poursuivi de la même idée dans des lieux différents, et lorsqu'il ne craint pas d'exprimer à plusieurs reprises la même pensée, il se prouve à lui-même qu'elle est juste, parce qu'elle lui revient souvent malgré lui; et les répétitions qu'il n'efface pas attestent au lecteur l'authenticité du texte primitif.

de délices, sans cesse rafraîchi par des jets d'eau qui retombent dans des bassins toujours pleins, est bornée aujourd'hui, d'un côté, par le palais de l'évêque, dont il fait l'ornement; de l'autre, par un château mauresque qui était devenu le tribunal de l'inquisition, mais dont on a fait une prison depuis dix ans. La largeur de la rue seule sépare ce redoutable séjour du lieu ravissant où je me suis promené pendant une partie de la journée, avec une sorte de volupté rêveuse. Sans mon guide, je serais resté là bien plus longtemps, enivré que j'étais par cet air du midi tout chargé de parfums, et que vous ne respirez qu'avec langueur, avec amour: cet air qui perpétue l'orage au fond des cœurs, qui endort la pensée en réveillant les passions, comme la rosée du soir fait monter vers le ciel l'encens de la terre; cet air qui vous accable, qui vous paralyse, mais qui repose l'esprit par la fatigue même du corps!.... L'inquisition me disais-je!..... et mes yeux se tournaient toujours vers les vieilles murailles de la prison mauresque.

Savez-vous que l'imagination est une faculté qui ne s'accorde que rarement avec la bonté?..... peut-être jamais?..... Il faut pour la captiver un mélange de volupté personnelle et de douleurs étrangères. Ces douleurs excitent, il est vrai, une sorte de sympathie dans l'âme ; mais sympathie de curiosité plus que de pitié. Pour que l'imagination se livre tout entière à l'enchantement du présent, elle aime que le passé l'épouvante : les souffrances des autres entrent presque toujours pour quelque chose dans les plaisirs du poëte. Les hommes à imagination se croient trop souvent dispensés de la vertu : elle leur a passé par l'esprit, ils pensent avoir pratiqué tout ce qu'ils ont compris. Ce sont de grands menteurs : ils se trompent eux-mêmes, au moins par moment, avant de nous tromper, et leurs propres illusions assurent notre erreur ; plus mobiles que notre pensée, ils jouent avec la vie ; nous la portons lourdement, ils ne sont ni bons ni méchans ;..... les poëtes ne sont rien, car ils n'ont de sérieux que le talent de peindre ce qui les émeut momentanément. Ce sont des harpes éoliennes, des échos, des miroirs, tout les traverse, rien ne vient d'eux : ils restent vides en remplissant le monde du retentissement de leurs voix ; tout passe par eux, rien ne demeure en eux ; la réalité leur manque et les cœurs qui se prennent à leurs séduisantes paroles, sont comme des enfants qui voudraient saisir le ciel dans un bassin d'eau transparente. Fuyez, fuyez les poëtes, vous les prenez pour des sources jaillissantes : ce sont des canaux où l'art a refait la nature, mais où trop souvent coule une eau corrompue..... Notre idôlatrie leur sert à nous tromper. Nous en faisons des dieux, ils ne sont que des missionnaires, et pour la plupart infidèles; car ils n'ont presque jamais le courage de ne point se laisser adorer; pourtant ils sont dans le secret de leur misère; ils se jugent aussitôt que l'enthousiasme les abandonne; mais alors ils ne se montrent pas. Le talent ne parle que lorsqu'il est inspiré, le monde est pour lui un théâtre sur lequel il ne se produit qu'en costume : malheur au cœur simple qui l'écoute et lui voue son amour!....

Ne m'accusez pas de calomnier le poëte, c'est un caractère qui a toujours été peint en beau, par la raison que le poëte est le premier des peintres, et qu'il se flatte souvent dans les portraits qu'il fait de lui-même.

Mais les hommes ordinaires n'ont-ils pas tous les défauts des hommes supérieurs avec le génie de moins? Aimez donc, adorez un Byron si vous êtes assez infortunée ou assez heureuse pour en rencontrer un, et moi, j'aimerai Sapho ou madame de Staël; car la crainte ne me détachera jamais du culte du génie. J'aurais été le valet de Rousseau, l'esclave de Byron, et je me serais cru assez payé de toutes leurs injures, si je leur avais fait sentir qu'ils étaient compris par moi, comme personne ne les comprend.

Le nom de l'inquisition m'avait donné l'envie de voir les anciens cachots du saint-office. A mon retour dans l'auberge, le maître de la maison m'est venu dire d'un air grave et craintif, que je me rendrais fort suspect si je persistais dans le projet que j'avais manifesté. Il ajouta : que l'ancien palais de l'inquisition renfermait en ce moment beaucoup de libéraux, que mon arrivée à Cordoue avait déjà attiré sur moi l'attention de la police, et que si je parlais encore de la prison, on croirait que je ne venais ici que pour communiquer avec les ennemis du gouvernement. Sur cet avis, j'ai renoncé à visiter les cachots du saint-office, si bien peuplés par les royalistes, et j'ai protesté contre tout projet hostile de ma part; mais quand mon officieux aubergiste se fut retiré, je me demandai pourquoi on disait que l'inquisition avait été supprimée. Si elle l'est, il faut avouer qu'on l'a bien avantageusement remplacée; cette police, moitié pieuse, moitié politique, est devenue, sous quelque nom qu'on la désigne, un des éléments nécessaires de tout gouvernement espagnol.....

Pendant quelque temps, j'avais voulu douter de

cette infirmité de l'état, mais je suis converti et je redoute l'espionnage au point de prendre pour cacher ces lettres si innocentes, autant de précautions que M. Caillé en a prises afin de dérober ses notes aux Maures d'Afrique. Pourtant la vieille Espagne tient son rang, du moins nominalement, parmi les nations civilisées de l'Europe.)

Cordoue, si on la juge comme une ville ordinaire, est un endroit hideux. Le pavé disjoint et mobile vous empêche de marcher. Pour surcroît de désagrément, les rues, toujours encombrées de pierres roulantes, sont dans cette saison livrées aux ânes et aux mulets chargés de bottes de blé vert, qu'on vend dans les carrefours et sur les places. Cette marchandise rustique salit la ville entière, à laquelle elle donne l'apparence d'une grande étable ouverte de tous côtés et qu'on ne balaie jamais.....

Le costume des hommes est souvent très-soigné; c'est le chapeau espagnol comme partout, la veste andalouse de drap ou de velours, avec des broderies et des gances, la culotte de tricot courte et serrée, garnie d'un rang de boutons depuis la ceinture jusqu'à la jarretière; enfin, des guêtres de cuir élégamment brodées. Il n'y a pas de milieu entre ce costume recherché et celui des pauvres, qui n'est qu'un ramas de lambeaux pittoresques, mais dégoûtants; véritables franges de guenilles.

Nous venons de voir danser le bolero sur la place principale; malheureusement cette danse nationale n'est plus guère exécutée en public que par des hommes, excepté au théâtre; mais là elle est trop calculée pour l'effet, ce qui lui ôte de son originalité. Les danseurs que j'ai vus aujourd'hui étaient les mêmes gens qui ce matin portaient les insignes à la procession de la Sainte-Croix du mois de mai, fête que je ne connaissais pas. J'ai trouvé que ces danseurs avaient des mouvements vifs, mais sans grâce; ils s'accompagnent avec des castagnettes, tout en sautant au son d'une musique monotone.

Beaucoup de gens étaient rassemblés sur la place pour assister à ce spectacle vraiment espagnol. J'y ai vu plusieurs prêtres. Le système religieux s'accorde ici parfaitement du mélange des choses réputées profanes chez nous et des choses sacrées. Ce que les prêtres espagnols redouteraient surtout pour la religion, c'est ce respect avec lequel on la met à la porte en France, en lui faisant la révérence. Ici elle est la base de tout, elle se mêle à tout, et, comme elle n'est exclue de rien, elle modifie tout.

En me retirant du milieu d'un groupe et en traversant des flots de peuple, j'ai aperçu plusieurs hommes enveloppés dans des manteaux, sous lesquels on voyait passer le bout d'une carabine, arme obligée de quiconque s'éloigne de la ville, ne fût-ce que de deux cents pas. Grâce à la permission de porter un fusil, les Espagnols se croient plus libres que nous. En France on ne met pas comme ici les gens en prison sur des soupçons, mais on leur défend de se rassembler armés sur la place publique, ce qui paraîtrait à Cordoue le dernier degré du despotisme.

Au moment de retourner à l'auberge, j'ai entendu sonner l'*Angelus*; les danses ont été subitement interrompues; tous les hommes, et même les prêtres, ont ôté leurs chapeaux; chacun a fait à voix basse, d'un air recueilli, une courte prière; puis la vie a recommencé. Pourquoi ces démonstrations publiques de piété m'ont-elles paru singulières? C'est qu'il y a de quoi s'étonner de voir un peuple resté d'accord avec lui-même. Les hommes qui, comme nous, se croient les plus civilisés de l'Europe, sont devenus souverainement inconséquents, ce qui fait qu'ils s'émerveillent quand ils rencontrent quelque part des gens dont les actions sont l'expression sincère et naïve de leurs idées.

J'ai été commander un chapeau à l'espagnole. Le marchand jouait de la guitare et chantait ; il m'a fait attendre sa réponse jusqu'à la fin du bolero ; quiconque n'examine pas les choses très-attentivement, croirait que les Espagnols ne vivent que pour s'amuser. Ce qu'il y a de sûr, c'est qu'ici le travail n'a d'autre but que de procurer à l'homme le moyen de ne rien faire.

On dirait que le gouvernement a pour système de rendre tout difficile. Il laisse subsister des douanes entre les diverses provinces de l'intérieur du royaume : rien de ce qui vient de Madrid n'entre à Cordoue sans être examiné à la poste ; une foule d'objets sont assujettis à payer des droits. C'est ce qu'on appelle ici respecter les libertés locales et s'opposer aux abus de la centralisation. Quant à moi, je me ressens encore plus de l'ennui des douanes que des inconvénients de la police, qui cependant tracasse les étrangers à Cordoue comme dans tout le royaume. Je ne donnerai plus d'autre nom à ce pouvoir que celui de l'inquisition simplifiée. L'ancienne inquisition était en politique ce que la machine de Marly était en mécanique. Quant à la religion, elle n'a depuis longtemps plus rien de commun avec ce pieux tribunal dégénéré en mauvaise machine politique. Chez un peuple à demi africain, et sous un gouvernement qui serait tout à fait oriental, sans le catholicisme qui le domine et qui le modifie.

LETTRE XXI.

SOMMAIRE.

Précautions à prendre pour faire une course de trois lieues aux environs de Cordoue. — Magnificence et population de cette ville du temps des Maures. — Les ermites de Cordoue. — Les difficultés du voyage sont un attrait de plus pour les curieux. — Dans les contrées poétiques on ne manque que du nécessaire. — Le jeune cavalier andaloux. — Son cheval, son costume. — Les mendiants. — Aspect des rues. — Les murs arabes. — Où est la poésie en Espagne? — Elle n'est plus dans les livres. — Tourment du narrateur consciencieux. — Les femmes. — Les scènes de balcon. — Arrivée chez les ermites. — Leur manière de vivre. — Belle parole du chapelain. — Mot de Goëthe sur le but de ses travaux littéraires. — Son caractère. — Portraits et histoires de la vie de quelques-uns des solitaires de Cordoue. — Leur nombre. — Cloître libre. — Différence de la vie des ermites et de celle des gens du monde. — Les solitaires pillés par les brigands. — Description du pays. — Un voyage en Espagne est aussi cher qu'un voyage en Angleterre. — Esprit de la société à Cordoue. — La peur rend les hommes insociables. — Pourquoi d'Aguilar a été surnommé Gonzalve de Cordoue. — Les savants arabes. — Ouvrage à faire.

À MISS BOWLES.

Cordoue, 4 mai 1831.

Nous avons fait ce matin une course de trois lieues. Le détail des préparatifs et des précautions indispensables pour une entreprise, considérée par les gens du pays comme hardie dans cet instant, vous paraîtra peut-être curieux. Pourtant les environs de Cordoue passent encore pour appartenir à un pays civilisé : il fut même une époque où cette contrée se trouvait à la tête des nations de l'Europe : aujourd'hui, sous beaucoup de rapports, entre autres sous celui de la sûreté des chemins, on devrait la placer au même rang que le Caire ou Maroc. Mais l'Andalousie vit toujours sur son ancienne réputation.

Du temps des Maures, Cordoue, selon les traditions, avait deux cent mille maisons et neuf cents bains. Plus tard elle fut illustrée par les exploits et la magnificence de Gonzalve, qui fut surnommé le grand capitaine, et qui passa son enfance dans cette ville, dont le nom est devenu inséparable du nom de ce héros chevaleresque; enfin elle a fait partie de la brillante monarchie de Charles-Quint. Aujourd'hui elle compte quarante mille habitants et qurante-quatre couvents.

Les ermites de Cordoue sont fameux ; ils habitent le sommet d'une montagne à une lieue et demie de la ville ; et voici les instructions qu'on nous a données pour nous aider à faire, sans danger, ce hasardeux pèlerinage : « Vous êtes deux, et vous » avez trois domestiques ; vous les armerez chacun » de deux pistolets ; vous vous armerez de même : » on vous donnera un guide ; vous cheminerez tous » les six à cheval sans vous séparer un instant, sur- » tout sans annoncer l'heure du retour. »

On nous assura que, moyennant ces petites précautions, nous ferions une promenade fort agréable.

Vous croyez que tant d'entraves doivent rendre la condition d'un voyageur en Espagne insupportable : détrompez-vous ; ce que je crains, c'est que le reste du monde ne me paraisse ennuyeux en sortant de ce pays-ci. L'Espagne blase l'imagination du Parisien voyageur, comme le drame moderne use le cœur du bourgeois casanier ; l'idée du danger augmente le plaisir de la route. Jusqu'à ce qu'on ait succombé au péril, on n'y pense que pour s'amuser de cette chance d'événements romanesques; c'est une occupation poétique qui vous tient en haleine tout le temps du chemin : l'imagination aime à frémir. L'amour du danger n'est pas le courage, c'est la crainte de l'ennui, c'est une espèce de jeu auquel on se passionne comme à la rouge et noire ; nulle part ce jeu n'est aussi divertissant qu'en Espagne. Tout ce que vous voyez, en parcourant cette contrée singulière, vous entretient l'esprit dans une illusion semblable à celle que produit la lecture d'un poëme : tout vous paraît préparé pour une vie qui n'est pas la vie ordinaire ; ce qui s'appelle indispensable ailleurs vous manque ici, mais aussi vous apprenez à vous passer de tout, excepté de ce qui n'est pas nécessaire. Le côté vulgaire de l'existence a disparu, et ce qui le remplace est de la féerie. Enfin l'Espagne, surtout l'Andalousie, est arrangée pour plaire aux esprits qui se déplaisent dans le monde positif.

Faites quelques pas sur les pavés coupants et disjoints de la ville du *grand capitaine*, vous rencontrerez à chaque instant des jeunes gens à cheval qui vous paraîtront autant de paladins équipés pour jouer le premier rôle dans une scène de chevalerie. Ces hommes ont le teint uni, mais basané comme l'Arabe, les yeux perçants, la taille svelte ; leurs mouvements sont vifs et légers, leur costume est d'une élégance d'autant plus frappante dans ce singulier pays, que tout semble négligé, excepté les vêtements. Leur démarche est aussi gracieuse, aussi libre que l'allure de leurs coursiers andaloux. Ces animaux si souples, si doux, si obéissants à la pensée de leurs maîtres, nous expliquent l'erreur des pauvres Indiens qui prenaient les premiers cavaliers espagnols pour une seule bête, homme et cheval.

Le costume andaloux varie selon la fantaisie de l'homme qui le porte ; voilà pourquoi je ne me lasse pas de vous le décrire. Mais bien que chaque individu ait ici sa mode particulière, on reconnaît à travers ces caprices divers des traits généraux qui peuvent donner l'idée de l'habillement de tous les *majo*.

L'un de ces *dandy* rustiques vient de passer devant moi, et voici la description exacte de sa toilette : elle vous paraîtra théâtrale; les Andaloux ont toujours l'air d'être en scène. Un feutre gris en pain de sucre : les bords de ce chapeau sont relevés, et ils ont pour garniture une lisière de velours noir. La forme pointue est également entourée d'un large bandeau de velours noir; d'un côté, sur le bord du chapeau, on voit une petite houppe de soie noire qui fait saillie, elle ressemble à une scabieuse foncée, et rend la coiffure pittoresque. La veste ronde et courte est de velours vert, avec des lacets d'or aux boutonnières, espèces de brandebourgs terminés, non sans grâce, par une touffe d'aiguillettes en or: la culotte est de peau blanche avec une gance verte imitant la broderie, et appliquée sur la couture extérieure: aux jarretières pendent des nœuds pareils à la gance. Des guêtres de cuir jaune, toujours richement brodées en fils de soie, et boutonnées au bas et au haut de la jambe, mais ouvertes à l'endroit du mollet, complètent ce costume, qui, tout brillant, tout théâtral qu'il est, n'étonne personne à Cordoue, car le moindre petit propriétaire, l'homme qui peut vivre sans travailler, ou du moins ne travailler que deux ou trois jours par semaine, est vêtu le reste du temps comme le jeune cavalier dont je vous décris le costume.

Le cheval que montait cet homme était un beau coursier andaloux, fier et doux : ces animaux tiennent du cheval arabe, mais ils sont moins fougueux.

Celui-ci avait la tête et la crinière ornées de rubans couleur de l'habit de son maître; une selle à la turque, et dont les étriers étaient, comme en Barbarie, des espèces de pelles coupantes qui tiennent lieu d'éperons à l'écuyer. Cet élégant paladin paraissait étranger dans Cordoue; il s'arrêtait à chaque maison, ôtait nonchalamment le cigare de sa bouche pour demander une adresse, et suivait au galop le chemin qu'on lui indiquait. Je défie le voyageur le plus dénué d'imagination, de voir passer un tel personnage sans composer, à la suite de son signalement, le roman où il va jouer un rôle.

Tout ce que je puis faire pour vous cette fois c'est de garder le roman pour moi.

A côté de cette figure d'une grâce fantastique, au pied d'un portique mauresque, dont l'architecture est pleine d'élégance, sur une place vague d'où l'on aperçoit la tête de quelque palmier solitaire au-dessus des ruines, vous trouvez souvent des groupes de mendiants qui ne ressemblent presque plus à des hommes; les quartiers déserts, les rues bordées de vieilles murailles crénelées, et d'édifices inhabités, sont obstrués de ces troupes de pauvres, qui n'ont pas honte de faire leur hideuse toilette au milieu du jour, et profitent à cet effet de la petite bande d'ombre que le soleil, tombant presque à plomb sur la terre, laisse vers cette heure-là le long des remparts dégradés de la ville. Cette race est dégoûtante, obstinée, impudente : vous ne trouvez de pareils hommes qu'en Espagne et dans les tableaux de Murillo, ou dans Gil Blas; je veux dire le vrai Gil Blas qui est l'original du roman de Lesage; cet ouvrage et Murillo, c'est toute l'Espagne. On ne peut comparer ce pays qu'à lui-même.

Plus loin, vous passez devant une *posada*, espèce d'auberge; vous trouvez là une halte de voyageurs armés jusqu'aux dents, et dont les carabines, les chevaux, les habits, la physionomie, l'attitude, deviennent pour vous involontairement des objets de curiosité et d'observation, des sujets de compositions poétiques.

C'est ce que j'ai rencontré tantôt en sortant de Cordoue. Ici rien n'a l'air de se passer pour rien; la vie n'est pas insipide comme chez nous, elle se compose d'incidents calculés pour le drame, pour ce drame où tout le monde est acteur, car en Espagne, aujourd'hui, il y a plus de poésie dans la vie que dans les livres, et la réalité est bien plus romanesque que ne l'est la nouvelle littérature. A chaque pas qu'on fait on pressent une catastrophe dramatique; mais ce qu'il y a de vraiment singulier, c'est que la catastrophe arrive. La politique, la police, les moines, les brigands, réalisent les pressentiments du poëte le plus fécond. Cette terre est fertile en inspirations religieuses et chevalesques ; en un mot elle est romantique plus qu'aucune autre terre du monde : le seul ennui que j'éprouve depuis que je la parcours, vient de ce que l'abondance de la matière gêne le metteur en œuvre. On n'a pas plutôt composé un poëme, qu'avant qu'il soit seulement esquissé, d'autres héros viennent s'emparer de votre imagination. Les tragédies, les romans, les comédies, les contes, se disputent la pensée du pauvre voyageur. La tête inondée de sujets, il ne revient d'un rêve que pour tomber dans un autre : les combinaisons poétiques sortent de la terre où naquit Calderon, comme les constellations jaillissent du ciel pendant une nuit sans nuages ; ici l'esprit d'un homme qui sent vivement devient semblable au firmament. On ne peut compter les astres qui s'élèvent dans l'espace, ni les idées qui germent dans l'esprit. Mais plus l'âme est active, plus elle se fatigue de ce travail involontaire. Vous ne savez où fixer votre attention : autour de vous tout est roman, tout est passion en vous ; le temps manque à l'écrivain exalté malgré lui, enthousiasmé sans profit ; car son œuvre à peine ébauchée lui échappe comme les heures, comme les figures fantastiques qui mènent autour de lui leur danse variée, fugitive, et qui disparaissent en pressant leurs rangs pour faire place à d'autres. Il faudrait sténographier ce qu'on rêve en parcourant ce pays si l'on voulait noter tout ce qu'il offre de merveilleux. Pendant qu'on décrit un objet, on perd l'occasion d'en observer vingt autres plus neufs et plus curieux, on s'éblouit soi-même, on s'égare, on se dépite; enfin c'est le plus amusant supplice qu'un peintre consciencieux puisse subir.

Pour compléter le tableau, il faut dire que chez ces Arabes baptisés, les femmes se montrent moins en public et vivent plus séparées des hommes que dans le reste de l'Europe, réclusion qui leur donne bien plus d'empire sur l'imagination : nous les croyons en prison, et notre illusion double l'effet de leurs charmes et de leurs coquetteries.

Les fenêtres de leurs maisons sont grillées, les balcons, théâtres de leur mystérieuse et romanesque existence, sont treillagés; et ces espèces de filets ont pour soutiens de fortes barres de fer. Ici les femmes sont des êtres rares, des objets précieux gardés comme le trésor d'un avare. Cependant la plupart de celles que j'ai vues jusqu'à présent ne m'ont pas paru assez belles pour justifier cette jalousie, ni la réputation qu'on leur fait; mais quand elles sont jolies, elles sont ravissantes : elles ont une délicatesse de traits particulière, beaucoup de prestesse dans les mouvements, une verve charmante dans la physionomie ; cet ensemble a un nom ici et n'en a point ailleurs ; cela s'appelle *la sal española* (le sel espagnol). Je vous ai déjà parlé plusieurs fois de cette qualité nationale sans pouvoir vous en donner une juste idée. Ce n'est pas la grâce française, ce n'est pas la simplicité, le calme de la beauté italienne, c'est au physique ce que le sel attique était à l'esprit. Mais, je vous le répète, ces beautés si spirituelles sont trop rares ; le plus souvent les femmes qu'on rencontre, dans la partie de l'Espagne que j'ai parcourue, ne sont que noires et hardies; on dirait qu'elles veulent se venger de la domination des Maures et de l'esclavage du harem. Le naturel espagnol passerait ailleurs pour de la recherche : il est animé, théâtral même ; ce peuple vise à la gloire; et chez lui la galanterie tient de l'ambition plus que de l'amour.

Avouez que ce tableau d'un coin de Cordoue est assez différent de la peinture d'une ville de Normandie ou du Hampshire pour justifier ma passion voyageuse !... On ne peut aller trop loin chercher tant de nouveauté.

Il faut pourtant sortir de la ville et arriver chez

les ermites ! Il était une heure quand nous avons sonné à la porte du couvent. Ce monastère est situé sur un mont fort élevé, mais dominé encore par de plus hauts sommets : c'était le moment de la sieste. Les solitaires ne dorment jamais plus de deux heures de suite; et comme ils passent une grande partie de la nuit à veiller et à prier, ils reposent pendant le jour.

Ils mènent une vie contemplative ; elle est réglée exactement sur celle des solitaires de la Thébaïde : ils ont pris pour modèles les premiers ermites : les Paul, les Pacôme : ils font pénitence, mais ils ne font pas de vœux. Tous les jours on en voit qui sortent de l'ermitage pour rentrer dans le monde. Ceux qui persistent pensent que la pénitence de leur frère est accomplie, ou bien que sa santé est altérée. La charité dont la pratique est imposée à tous comme un devoir, défend d'interpréter en mal le départ d'aucun de ces cénobites. Malgré tant de liberté, un des ermites que nous avons aperçus vit depuis trente-cinq ans dans cette retraite ; probablement il y mourra. Nous en avons vu plusieurs autres qui persévèrent, depuis huit ou dix ans, dans le dur exercice de la pénitence. Nous ne leur avons point parlé ; mais je vous répète ce qu'on nous a dit. En méditant sur toutes ces souffrances volontaires, votre pensée s'élève malgré vous pour chercher ailleurs un dédommagement à tant de sacrifices.

Je demandai au chapelain qui nous a reçus ce qui pouvait attacher ces hommes à l'existence la plus pénible qu'on ait jamais supportée. « La paix de l'âme, » m'a répliqué le chapelain. Réponse simple et juste qui m'a fait venir tout d'un coup les larmes aux yeux. La vérité est si touchante !..... surtout celle qui sert à prouver la supériorité de l'esprit sur la matière. Cette foi à ce qu'il y a de meilleur en nous et au-dessus de nous, est une promesse de régénération pour les pécheurs, de fidélité pour les saints. Merveilleuse philosophie chrétienne qui fonde notre indulgence envers le prochain, sur le sentiment de notre propre misère, sur l'espoir en la miséricorde de Dieu pour nous et pour nos frères! L'égalité chrétienne va si loin, qu'elle bouleverse la morale humaine. Dans cette religion toute divine, la plus haute vertu c'est l'indulgence pour le criminel. L'âme chrétienne, quelque illuminée qu'elle soit par la grâce, se croirait indigne des lumières qu'elle reçoit du ciel, si elle ne s'efforçait sans relâche d'élever jusqu'à elle l'homme dégradé par sa faiblesse ou par la malice du monde. Singulière république que cette société où les parvenus ne s'occupent qu'à chercher les moyens d'aider les autres à parvenir! Comment tant de beaux esprits qui ont écrit sur la philosophie, n'ont-ils pas senti que le plus grand ennemi de l'homme était l'orgueil de l'esprit, et que le christianisme était la seule arme dont on pût se servir pour le combattre? Pauvres savants!

Des exemples comme ceux que nous donnent les ermites de Cordoue peuvent plus sur les cœurs que les plus beaux discours. La pénitence pratiquée avec tant de courage est un triomphe éclatant de l'esprit sur le corps; une preuve que la volonté humble et ferme peut vaincre la nature.

En parcourant cet asile pieux, j'admirais la sagesse des premiers législateurs du peuple chrétien. Ces hommes connaissaient la vraie nature de l'homme.

Chaque anachorète a sa petite maison entourée d'un jardin qu'il cultive lui-même, séparé des autres par un mur. Il ne sort jamais de cette étroite enceinte si ce n'est le matin à six heures pour aller à la messe; elle se dit dans la principale chapelle qui sert d'église à la congrégation; après cette messe, chacun rentre dans sa cellule pour y vaquer à la prière, à la méditation et au travail. Tous ont un métier, mais leur but n'est pas de produire quelque chose, c'est d'être occupés; ils soignent l'instrument plus que l'œuvre.

Ceci me rappelle un mot du grand poëte Goëthe : il m'a dit plusieurs fois qu'en faisant ses ouvrages, il n'avait jamais pensé à son livre, mais que le seul but qui lui paraissait digne de tous ses efforts était le perfectionnement de son intelligence. Goëthe, ce sage de l'antiquité, ce moderne Platon, méconnu quoique idolâtré par son siècle, était un philosophe antique, mais bien digne d'être chrétien. Il retrouvait en gravité, en grandeur personnelle, ce que le manque de foi dans une religion révélée lui ôtait en charité. Il n'était point impie, mais il se trompait sur l'objet de son culte : à l'instar des païens, il adorait la nature, et comme ce qu'il y avait de mieux, sans contredit, dans cette nature, c'était lui-même, il avait fait un dieu de son esprit. Est-il donc vrai que l'homme le plus parfait, livré à sa propre raison, n'arrive qu'à un égoïsme épuré, à l'égoïsme de la science ? Dès que la mesure de notre compréhension est pour nous la limite de toute vérité, quelque vaste que soit cette intelligence, nous sommes pauvres, tout ce qui est borné est petit : il n'y a de grandeur que dans la foi. La foi, c'est un hommage de la raison au sentiment. Par ce sacrifice de son orgueil, l'esprit de l'homme retrouve sa vertu primitive ; il remonte à sa source et ressaisit l'empire qu'il a perdu pour avoir méconnu son maître....

Chez les ermites de Cordoue, chacun apprête soi-même le repas du matin ; ce déjeuner consiste en un seul mets fort simple ; ils ne vivent que de fruits et de légumes à l'eau. Le dîner leur est apporté par des gens payés pour les servir ; ils ne communiquent avec ces domestiques que par un tour.

Nous sommes entrés dans l'église, ensuite on nous a ouvert plusieurs cellules ; en les visitant, j'ai rencontré quatre figures que je n'oublierai jamais. L'une d'elles est admirable : une longue barbe blanche, une bouche pleine de douceur, des yeux encore très-vifs : c'est le supérieur.

Cet ermite est né au Mexique ; il avait été dans son pays un négociant distingué ; les révolutions l'ont chassé de l'Amérique ; il a émigré en Espagne, mais il n'a pas voulu errer longtemps sur la terre d'exil : il s'est fait ermite, et depuis dix ans il vit dans ce désert.

Un autre solitaire avait l'air plus calme, plus doux, plus saint encore que le principal, parce qu'il paraissait plus heureux ; je n'ai pu apprendre son histoire ni son nom. Un troisième m'a fait frémir, en se montrant sur mon passage dans un escalier obscur et étroit. Sa figure est celle d'un assassin; peut-être n'est-elle pas trompeuse. On m'a dit qu'il avait été militaire. Il fait pénitence depuis sept ans, et à cause de son extrême austérité il est devenu le maître des novices. Le quatrième est le portier, celui-ci est une espèce d'idiot. Singulière réunion d'hommes! nul ne ressemble à l'autre; nul n'est associé au voisin par un intérêt apparent, tous sont liés par la chaîne mystique de l'espérance et de la charité. Ici ce qu'on voit est effrayant, ce qu'on ne voit pas est sublime; c'est justement le contraire du monde.

Cette retraite renferme vingt-deux ermites et plusieurs aspirants. L'établissement n'est pas riche; il possède quelques terres, et deux des ermites sont employés à aller faire la quête à Cordoue deux fois par mois, fonction toujours remplie par les mêmes anachorètes. Les malades sont portés à l'hôpital de Cordoue.

Ce couvent libre, cette chartreuse ouverte, et par conséquent différente de tous les monastères que j'ai visités, m'a paru mériter un examen attentif. La connaissance approfondie de la règle que suivent ces pénitents, et de l'état de leur âme, m'intéresse comme une découverte physiologique, et en même temps comme une lumière nouvelle jetée sur la vanité du monde. Ici on ne dit pas le vide et le malheur qui tourmente les enfants du siècle, on le prouve ; on ne les injurie pas, on les quitte ; on ne les réfute pas, on les plaint, on prie pour eux. Les hommes qui peuplent cette solitude se recrutent principalement parmi ceux qui ont le mieux connu la société, et qui ont occupé des rangs élevés dans l'état.

Il y a quelques années qu'un chambellan de la reine d'Espagne, né Portugais, passait par Cordoue; il vint à cet ermitage comme un curieux, comme moi; mais il y demeura plusieurs années, et ne sortit que parce que l'âpreté de l'air avait altéré sa santé.

De pareils exemples de détachement ne sont pas rares. Le siècle offre peu d'attraits aux esprits méditatifs; il leur suffit d'apercevoir un moyen qu'ils croient sûr de se séparer entièrement de la société, sans faire du mal, pour qu'ils s'empressent de s'imposer comme un devoir la retraite et le silence. Misanthropes consciencieux, la piété les empêche de haïr, mais la fatigue les oblige à se retirer. C'est la crainte de tenir toujours au monde, malgré eux, par quelques points, qui fait rester beaucoup de ces esprits-là parmi les humains. Mais une fois bien certains de leur vocation divine, ils quittent tout sans hésiter pour s'isoler éternellement. Un souvenir dans la solitude, un regret, c'est pis qu'un ennemi dans la société. La peur des retours vers le passé me fait comprendre la préférence accordée par les âmes vraiment pénitentes aux ordres monastiques les plus austères, et surtout à ceux où l'on prononce des vœux irrévocables. Cet appui extérieur est nécessaire à la débilité intérieure de l'homme. Plus la vie qu'on adopte par piété diffère de celle qu'on abandonne, moins les rechutes sont à craindre; la raison humaine ne peut rien contre la nature : le surnaturel seul peut vaincre le naturel.

Ces pauvres ermites ne sont pas encore assez séparés des hommes ; on leur dispute le repos qu'ils ont acheté si cher, et les désordres du monde se font ressentir jusque dans le sanctuaire de la pénitence. Les brigands se chargent de temps en temps de leur rappeler les inconvénients de l'état social. Il n'y a pas trois mois que l'église, ainsi que la maison principale, ont été dévalisées par une troupe de bandits. Ce malheur est déjà arrivé plusieurs fois. Ne croyez-vous pas lire la description de quelque couvent de l'Abyssinie exposé aux incursions des tribus du désert ?

La route de Cordoue à l'ermitage traverse des

campagnes d'une grande richesse et fort pittoresques. La vue qu'on a du haut de la montagne s'étend au loin dans la plaine où serpente le Guadalquivir : cette promenade mérite bien la peine qu'elle donne.

Si les difficultés de tous genres qui attendent ici le voyageur n'exposent pas la vie, elles doublent au moins la dépense. Dans ce monde abandonné par les ermites, et livré aux avares, tout se résout en argent. C'est par l'argent que se fait la police, pour l'argent que le brigandage s'organise : ordre, désordre, protecteur, ennemi, tout en veut à la bourse, et surtout à la bourse de l'étranger, je m'en aperçois à la légèreté de mon sac. Il était pourtant très-plein en quittant Madrid.

Les barbares nous font payer cher la curiosité qui nous porte à étudier de près leur barbarie; il est vrai que les peuples industrieux nous font payer également cher le désir de jouir de leurs perfectionnements : un voyage en Angleterre et un voyage en Espagne entraînent à peu près la même dépense. La différence est que dans l'un de ces pays on paye ses jouissances, dans l'autre ses privations. Mais moi qui suis né en guerre avec mon siècle, j'aime mieux dépenser mon argent en escortes contre des brigands romantiques, pour voir l'Alhambra, ou pour entendre jouer de la guitare sous le portique d'une maison élégante comme celles de Pompéi, que de me ruiner en pourboires aux valets d'une auberge bien encombrée de meubles, pour aller assister aux *races* * d'Ascot..... Mais je conçois qu'on ne partage pas mon opinion. L'habitude de me voir rangé du côté de la minorité me rend humble; c'est du moins un avantage que j'ai sur le grand nombre.

Nous espérons trouver des places dans la diligence de Séville. Elle arrive de Madrid demain à midi.

La ville de Cordoue passait, il n'y a que vingt ans, pour être habitée par une noblesse riche, gaie, et qui se plaisait à étaler tous les genres de luxe. Aujourd'hui chacun vit enfermé dans sa maison : les *tertullia* ** sont réduites au plus petit cercle de famille; on fuit les amis, on redoute même les parents; chacun craint d'être appelé à répondre d'un autre; on voudrait vivre seul; on finira par se tuer de peur de se compromettre. Tel est l'effet de la terreur, moitié politique, moitié religieuse, qui règne aujourd'hui en Espagne. Il est difficile de prévoir la manière dont un tel état

* Courses de chevaux.
** Assemblées particulières.

de choses finira.... J'allais dire : ce qu'on peut assurer, c'est qu'il ne saurait durer. J'oubliais que nous ne sommes qu'à cinquante lieues de l'empire de Maroc, où dure quelque chose de pis encore que ce qui s'établit ici.

Nous avons reçu ce matin la visite mystérieuse d'une dame. Elle me dit, avec la finesse qui caractérise les espions dans les pays arriérés, que sachant l'arrivée d'un Français à Cordoue, elle venait *clandestinement* demander des nouvelles de son pauvre mari, émigré Espagnol et réfugié à Paris. J'ai répondu que je ne connaissais aucun Espagnol en France, et la dame partie, j'ai répété mon exclamation favorite : Pourquoi dire que l'inquisition est abolie?

Je n'ai pu trouver dans Cordoue une vie du *grand capitaine*, ni un seul monument élevé à sa mémoire. Il est vrai que Gonzalve est né à Montilla, et que le nom de son père était d'Aguilar. Il a reçu celui de Gonzalve de Cordoue, à cause de l'éclat que sa valeur et sa magnificence ont répandu sur cette ville qu'il a rendue romantique par les souvenirs attachés à son nom. C'est là qu'il avait été élevé sous les yeux de son frère aîné. Ce gentilhomme s'était fixé à Cordoue, et il y tenait un grand état.

Afin de me dédommager de mes recherches infructueuses, on m'a pompeusement apporté une traduction espagnole de *l'E.* de M. d'A. A Madrid, j'avais entendu un opéra de Bellini dont le sujet est pris de ce livre; à Edimbourg, il y a huit ans, le libraire de Walter-Scott ne m'a parlé que du *S*..... Il faut convenir que cet auteur doit avoir bien de l'esprit, pour s'être acquis la réputation qu'il a avec les ouvrages qu'il fait!....

Cordoue fut la patrie de Lucain, des deux Sénèque, d'Averroës, et de beaucoup de savants arabes. Cicéron parle de plusieurs poëtes natifs de *Corduba*, et qui vinrent à Rome, entre autres de Sextilius Henna. Plus tard, ce fut à Cordoue que se forma cette fameuse société de médecins qui avancèrent les sciences en Europe.

Ces hommes, qu'on appelait indifféremment philosophes ou astrologues, ont composé le recueil connu sous le nom d'œuvres d'Avicène, parce qu'il fut dédié à ce prince savant *. L'étude approfondie des sciences physiques, telles qu'on les pratiquait chez les Arabes avant le moyen âge et plus tard, serait d'un grand intérêt. On trouverait là des matériaux suffisants pour écrire un livre neuf. L'éru-

* Voyez Garibaï.

dition pittoresque serait une conquête à faire sur l'apathie espagnole ; c'est surtout à Cordoue, à Séville, à Grenade, que se trouvent les sources où il faudrait puiser pour acquérir ce nouveau genre de richesses, qui ne manquerait pas d'être apprécié de l'Europe savante, et même de l'Europe curieuse. M. Washington Irving a commencé ce grand défrichement littéraire, mais son travail est incomplet. Le principal mérite qu'il ait à mes yeux, c'est qu'il peut servir d'exemple aux explorateurs à venir sans pouvoir les décourager.

Quant à moi, je ne sais qu'exhorter les autres à faire mieux que moi ; je voyage trop vite pour m'instruire et pour enseigner, je ne veux que sentir et exprimer ce que je sens. Et si je ne veux rien que cela, c'est que je ne puis faire autre chose. Libre comme je le suis, je devrais consacrer plus de temps à chacune des courses que j'entreprends : je devrais approfondir l'histoire des pays que je parcours, étudier leur littérature, leurs sciences ;.... mais alors j'aurais de l'érudition et je n'aurais point de sentiment. Je raconterais davantage et je peindrais moins ; je ferais un livre mort, estimé de tous les lecteurs qui comptent pour rien la vie du style. Enfin en voulant être mieux que moi-même, je ne serais plus rien du tout ! Je voyage de la seule manière qui convienne à mon genre d'esprit et à mon caractère. Adieu, à bientôt! Ma première lettre sera datée des environs de Séville;... si toutefois je puis vous écrire en chemin.

LETTRE XXII.

SOMMAIRE.

Description de la Campine. — La Sierra Morena. — Ce qu'elle réveille de souvenirs poétiques. — Etymologie du nom de Sierra Morena. — Etat du pays il y a soixante ans. — Don Pablo Olivadès, connu en France sous le nom de comte de Pilos. — Son esprit, son caractère, ses liaisons avec les philosophes français. — Il entreprend la régénération du pays dont il est gouverneur. — Sa colonie allemande. — Ressource de son esprit. — Force de sa volonté. — Ses lois. — Inimitié qu'il s'attire. — Décret contre les sociétés religieuses et contre la mesta. — L'émeute des chapeaux à Madrid, sous Charles III. — Olivadès *personero* de la nation. — Expulsion des jésuites. — Ce qui est resté des colonies allemandes. — La Carolina. — Le moine Romuald. — L'inquisition. — Les cachots. — Le procès. — L'esprit de cette institution détourné de son but primitif. — Les flatteurs du peuple. — Souveraineté du pape. — Insuffisance des institutions quelles qu'elles soient contre les passions. — Séance du tribunal de l'inquisition. — Don Pablo condamné à une réclusion de sept ans. — Son évasion. — Son séjour en France. — Effet de la révolution française sur ses opinions. — Son retour dans son pays. — L'usage qu'il y fait de sa liberté. — Son livre intitulé *le Triomphe de l'Évangile*. — Sa conversion publiée. Dernier acte de courage qui couronne sa vie.

A MISS BOWLES.

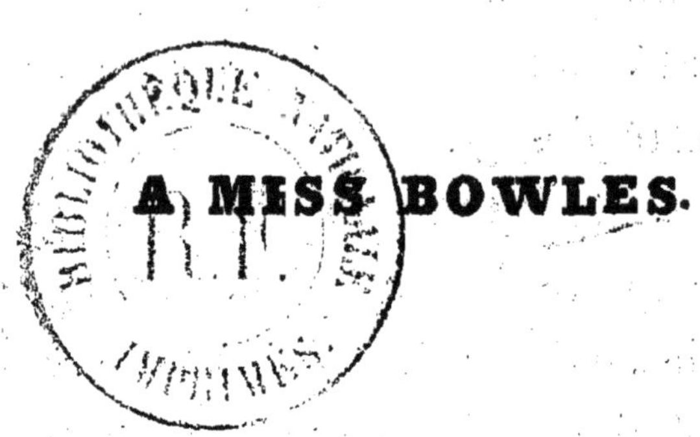

Séville, ce 6 mai 1831.

Le pays que j'ai traversé, en allant de Cordoue à Séville, fait partie de ce qu'on appelle la Campine. Nulle terre n'a été tant arrosée du sang des Maures et des chrétiens. C'est là qu'ont eu lieu les combats les plus acharnés entre les deux religions; la nature semble se souvenir encore de cette lutte: elle est âpre et sauvage, des plaines desséchées où la terre blanche ressemble à du sel ne sont coupées que par des côtes arides; pourtant au milieu de cette campagne dont l'aspect est affligeant, on rencontre de loin en loin quelques vallons fortunés, quelques réduits bénis du ciel. Là des hommes vivent ignorés, mais assez riches pour satisfaire à leurs besoins, et gais comme s'ils jouissaient de tout ce qu'ils ne connaissent pas. Ces peuples sont loin d'être sans intelligence; pourtant ils n'ont aucune de nos idées. Qui a tort? qui a raison? Quant à moi, je suis toujours disposé à me ranger du côté des gens de bonne humeur. Je voudrais qu'on me dît une fois pour toutes, s'il y a autant de gloire dans la science devenue vulgaire, que de bonheur dans l'ignorance restée générale : la solution satisfaisante et par conséquent impartiale de ce problème délivrerait mon esprit d'une grande fatigue: du doute sur le choix d'un parti politique.

En politique, tout le monde dit : je veux faire le bien de tout le monde : la bonne foi est exactement la même dans chaque parti. La question ne roule donc pas sur le but, on ne dispute que sur les moyens; je crains que cette discussion ne dure autant que le monde.

Avant de vous raconter mon arrivée à Séville, cette merveille d'Espagne, je veux vous dire ce qu'il y a de particulier dans les parties les plus intéressantes du pays que je viens de parcourir. Ce délai nous reposera l'un et l'autre; le récit non interrompu d'une course aussi rapide que la mienne, deviendrait fatigant presque autant que le voyage lui-même, et vous seriez plus à plaindre que le voyageur, puisque vous êtes moins curieuse.

La *Sierra-Morena*, par son nom seul, occupe la pensée de tout étranger dès son entrée en Espagne; Cervantes et les poëtes arabes l'ont rendue fameuse. On l'a cherchée des yeux longtemps d'avance, puis quand on l'a traversée, on ne peut plus l'oublier. Les Espagnols appellent cette chaîne de montagnes la *Sierra* par excellence. Ce n'est pas la plus haute de l'Espagne, certaines parties de la Sierra-Nevada de Grenade restent toute l'année couvertes de neige, tandis que les plus hauts sommets de la Sierra-Morena sont à découvert pendant l'été; mais l'étendue de ce groupe, sa position entre la Manche, l'Estramadure, la Nouvelle-Castille et l'Andalousie dont elle est pour ainsi dire le rempart, les descriptions des écrivains, les guerriers célèbres et jusqu'aux héros imaginaires des romanciers, tout prête à la Sierra-Morena un intérêt que nul voyageur ne peut s'empêcher de partager. Cela tient du prestige, de la féerie. J'ai connu une femme qui n'a craint ni fatigue, ni danger, et qui a voulu parcourir toute cette partie de l'Espagne à cheval : un tel voyage valait une campagne *.

Le nom de Morena vient de la quantité de plantes et d'arbustes toujours verts, dont les rochers de cette chaîne sont revêtus. Ces plantes sont des houx, des romarins, des basilics, des marjolaines, des arbousiers, des caroubiers; mais la verdure des arbres du midi, qui, pour la plupart, ne perdent jamais leurs feuilles, a quelque chose de lugubre, elle est moins éclatante que la végétation du nord qui se renouvelle à chaque printemps; cette décoration immuable finit par se faner, et quand elle n'est pas variée par l'apparition inattendue de quelques plantes des climats tempérés, de quelques bouquets de bois aux feuilles annuelles, elle équivaut presque au deuil de nos hivers; sa grande tristesse paraît surtout vers le milieu de l'été, où les campagnes brûlées sont inondées de lumière et de poudre. Il semble alors au voyageur épouvanté, que la terre veut reprendre tout ce qu'elle avait donné.

Dans le temps où la Sierra-Morena était inculte, elle servait de repaire aux plus fameux brigands

* C'est madame la duchesse d'Abrantès qui, sans y penser, a fait dans ses Mémoires une peinture de l'Espagne aussi animée que ressemblante.

de l'Espagne. Ces indigènes des précipices et des rochers faisaient presque regretter les Maures aux chrétiens victorieux; le laboureur, le marchand, le simple curieux, auraient voulu jouir en paix du fruit de la conquête : les loups, les lynx ajoutaient aux dangers du passage, et les aubergistes eux-mêmes étaient les ennemis des voyageurs. Lorsque vous vous hasardiez sur cette terre inhospitalière, ils vous faisaient redouter les heures du repos, plus périlleuses que le temps de la marche. Les propriétaires des *misérables venta* qui ne se trouvaient qu'à de grandes distances les unes des autres sur les diverses routes de la Sierra, devenaient des brigands forcés; car pour n'être pas pillés eux-mêmes, il fallait qu'ils consentissent à se laisser affilier aux troupes de bandits qui les rançonnaient souvent à défaut d'autres victimes.

Quelques philanthropes de Cadix et de Séville essayèrent de remédier à tant de maux : c'était à l'époque des premières prédications des économistes français. Ces soldats de la vérité venaient de se croiser contre les vieux préjugés, alors rois du monde; mais ils n'ont pu éviter de propager presque autant d'erreurs qu'ils en ont combattu dans le cours de leur guerre au mensonge. On résolut de défricher les parties les plus fécondes de la Sierra, de couper, de brûler les forêts primitives où le voyageur trouvait la mort sans profit pour le poëte, ni pour le peintre qui ne se hasardaient guère dans des pays si redoutés. Les difficultés de l'entreprise rebutèrent bientôt les philanthropes andaloux. Il faut beaucoup d'âpreté au gain, ou des vertus bien rares pour persister dans le désir d'illuminer les peuples, quand on doit commencer ces essais de la civilisation en traquant les hommes comme des hyènes..... Faire le bien de force, c'est faire du mal.

C'est alors que parut don Pablo Olavidès, si connu en France depuis ses malheurs, sous le nom de comte de Pilos. Ses voyages pendant lesquels il avait formé des relations intimes avec les beaux esprits de l'Europe, et surtout de la France, ses opinions religieuses plus que tolérantes, puisqu'elles touchaient à l'incrédulité ou du moins au déisme, devaient lui susciter de nombreux et de puissants ennemis dans un pays comme l'Espagne. Cependant il vivait sous le règne de Charles III, prince au-dessus du siècle où l'esprit de sa nation s'était pour ainsi dire arrêté. Don Pablo parvint par la faveur du roi à un emploi important dans l'administration. Né au Pérou, mais arrivé de bonne heure en Espagne, il fut nommé gouverneur de Séville.

Il fit usage de son pouvoir pour régénérer les populations de la Sierra-Morena, ou plutôt pour repeupler ce canton presque désert; mais en même temps, il ne négligeait aucune occasion de manifester son mépris pour les moines et sa haine contre le gouvernement occulte de l'église. Singulière logique de la philosophie d'alors!..... On eût dit qu'il fallait détester Dieu, ou du moins ce que le grand nombre était convenu de regarder comme divin pour aimer les hommes!..... Quiconque défendait les croyances antiques, passait pour un ennemi aux yeux des apôtres de la réforme. Pourtant tout le mal ne tenait pas à l'abus des vérités de la foi; c'est ce que les excès de l'incrédulité nous ont trop prouvé depuis.

L'esprit de conservation, si nécessaire, surtout aux novateurs, était compté pour rien, pour pis que rien, par des hommes qui ne voulaient vivre que d'espérance!

Il est vrai de dire aussi, que le parti religieux, par un instinct de défense personnelle mal dirigé, traitait en coupable tout homme zélé pour le bien des autres, dès que ce zèle n'avait pas la gloire de l'église pour principe ou pour prétexte..... Il résulte de ce conflit universel d'erreurs et d'intérêts, des chocs dont le monde, et surtout l'Espagne, ne seront pas remis de longtemps.

En vain Olavidès fit des miracles, en vain il força les hommes et les choses de concourir à ses plans : les vieux Espagnols le prirent pour un ennemi, l'inquisition l'attaqua, le condamna ; il fut heureux à la fin d'échapper, en fuyant son pays, au ressentiment de ses compatriotes dont il croyait avoir mérité la reconnaissance. Toujours protégé par le roi, il parvint à se sauver, et s'imposa l'exil pour éviter le cachot.

La masse des hommes s'indigne quand on veut la servir d'une autre manière que celle qui lui paraît la seule convenable. Les peuples aiment bien qu'on les aide ; mais seulement à faire ce qu'ils veulent.

C'est aux environs de la Carolina qu'il avait résolu d'établir sa colonie. Craignant les insurmontables difficultés que lui susciteraient des populations espagnoles, et voulant faire la guerre aux préjugés autant et plus encore qu'aux bêtes féroces, il fit venir des colons allemands : six mille Bavarois (les catholiques seuls étaient admis), lui furent fournis par les soins d'un intrigant ; et c'est pour secourir ces malheureux instruments de son opération philanthropique qu'il a montré du cœur et de l'esprit, on peut dire du génie ; car, après les avoir fait venir, un peu légèrement peut-être, du bout de l'Europe pour les établir dans un désert, il leur créa des ressources par la seule puissance de sa volonté. On manquait d'eau : il dit qu'il s'en trouverait dans les bois, puisque autrefois ces cantons avaient été peuplés ; et il prouva la justesse de ce raisonnement ! L'eau retrouvée fut distribuée partout avec une rare intelligence ; chaque maison nouvelle eut ce qu'il fallait pour arroser le champ qui devait nourrir la famille. Il se multipliait pour secourir les malades. Une foule de colons venus trop tôt, comme il arrive toujours, manquaient de tout ; mais don Pablo suffisait à tout. Ce zèle, quelque admirable qu'il fût, n'avait pourtant pas le mérite du désintéressement ; car l'entreprise échouait si les premiers colons découragés étaient retournés chez eux en publiant leurs mécomptes. De nouveaux venus remplaçaient les morts, dans cette espèce de camp retranché de la bienfaisance substituée à la charité ; bientôt on vit tout un monde philosophique sortir du cerveau de cet homme extraordinaire ; extraordinaire plus encore par son activité à réaliser les idées à la mode dans son siècle, si ce n'est dans son pays, que par la profondeur et l'originalité de ses vues propres. Il était plutôt frondeur qu'indépendant ; c'est une nuance qui échappe trop souvent aux esprits actifs dont l'orgueil n'est pas dompté par la piété. Le chef des nouvelles colonies de la Sierra-Morena descendait lui-même d'une famille de colons; en général ces hommes sont meilleurs pour mettre en œuvre que pour inventer. Tout créateur qu'il était pour l'Espagne, le comte de Pilos ne m'a jamais paru qu'un imitateur des économistes français. C'est un martyr de la philanthropie immortalisé par l'inquisitîon.

Une espèce de constitution avait été donnée par le roi aux colonies de la Sierra. Tous les décrets furent redigés par Olavidès. Voici un de ces articles; c'est peut-être celui qui a suscité le plus d'ennemis au réformateur de l'Andalousie.

77e ARTICLE.

« Il ne sera permis de fonder dans ces colonies aucun couvent de l'un ou de l'autre sexe, sous quelque nom ou pour quelque raison que ce puisse être, hospices, missions, confréries; en un mot, le séjour de la colonie est à jamais interdit à toute congrégation religieuse, quelque titre qu'elle prenne, fût-ce celui d'*hospitalière*; parce que tout ce qui concerne le spirituel de la colonie doit être réglé par les curés et les vicaires diocésains, comme le temporel le sera par les justices et par les divers conseils de chaque canton, etc., etc. »

Ce décret, dont je ne veux pas examiner l'esprit, pouvait être sage en lui-même; il fut reçu comme une déclaration de guerre par le clergé régulier de l'Espagne entière : armée redoutable même de nos jours, à plus forte raison à l'époque où vivait le comte de Pilos.

Voici un autre article qui grossit le nombre des ennemis du novateur péruvien :

21e ARTICLE.

« Chaque commune aura un bois pour y faire paître les bœufs destinés à la culture de ses champs, sans que *la mesta* ni d'autres propriétaires de troupeaux puissent acquérir de droits au pâturage dans aucune des possessions de la colonie, ni s'introduire dans la réserve de la commune. »

Par cet autre décret, Olavidès aliéna les grands comme il avait aliéné les moines.

La faveur de don Pablo près du roi Charles III, datait de l'émeute qui eut lieu à Madrid contre le ministre Squillaci. Le secret avec lequel la conspiration des chapeaux, comme on l'appelait, s'était tramée, parut alarmant au gouvernement; la conduite d'Olavidès en cette occasion fut ferme et modérée; les révoltés ne cessaient de crier : *Viva el rey, muera Squallici !* Chargé par le roi de contenter le peuple et en même temps de le contenir, don Pablo s'acquitta heureusement de cette mission difficile. Il fit comprendre la nécessité de nommer un représentant de la nation près du roi : par ce moyen la plainte ne serait plus le signal de la révolte, mais l'expression légale du besoin. Ce représentant prendrait le titre de *personero*, c'était une espèce de tribun du peuple ; Olavidès lui-même fut nommé par acclamation le *personero* de la nation. Il employa l'autorité qui lui fut conférée par les révoltés à pacifier le pays, et à rétablir l'ordre dans la société prête à se révolutionner. Cette œuvre exigeait autant de modération et d'adresse, que de force et de raison.

L'année suivante il prit beaucoup de part à l'affaire des jésuites qui furent expulsés du royaume, et c'est en 1767 qu'il fut nommé intendant des quatre royaumes, gouverneur de Séville et surintendant général des colonies de la Sierra. C'est aussi alors qu'il commença à faire défricher les landes ; tout à coup il ouvrit des routes, bâtit des villes, éleva des monuments ; au bout de dix années, il avait changé un pays inculte et redouté des voyageurs en une contrée peuplée, productive, riante..... De tant de travaux il est resté peu de chose. La Carolina est aujourd'hui une ville mal peuplée, et qui ressemble à une résidence abandonnée; mais un vrai paradis, c'est la campagne qui environne ce triste séjour, autrement triste et plus ennuyeux que les anciennes villes d'Espagne, parce qu'à la négligence, à l'abandon espagnols, se joint une prétention malheureuse à la régularité moderne.

Don Pablo avait une femme qui ne comprenait rien à son caractère; Espagnole ignorante, elle attribuait la conduite de son mari à des vues qu'il n'avait pas. Elle le croyait intéressé, il était généreux; ne pouvant concevoir son amour pour l'humanité, elle attribuait son zèle à quelque autre passion, et elle était jalouse; vulgairement jalouse, soupçonneuse : pourtant elle aimait son mari; mais ses propos n'en contribuèrent pas moins à le perdre. Elle se lia avec un moine allemand venu à la suite des colons bavarois; il se nommait Romuald, et devint l'ennemi mortel d'Olavidès. Après avoir suscité des obstacles et des adversaires au gouverneur, ce prêtre dangereux fut enfin banni de la colonie pour avoir voulu la faire soulever contre son chef.

Vers ce temps-là le roi voulut voir don Pablo, il le manda à Madrid et lui annonça lui-même qu'on frappait une médaille pour le récompenser des services qu'il avait rendus à son pays.

Pendant ce voyage, Olavidès découvrit les intrigues du moine Romuald et apprit les dénonciations portées contre lui à l'inquisition par ce misérable. Il crut parer le coup en se rendant lui-même chez le grand-inquisiteur. Là il parla en homme de cœur et d'honneur, il alla jusqu'à offrir le désaveu public de quelques maximes trop hardies, qu'il s'accusa d'avoir propagées à l'instar des philosophes français. De ce moment il s'imposa une règle de conduite plus sage et même austère. Mais sa prudence n'endormit que lui, elle augmenta sa confiance sans écarter le danger; tant de sécurité ne fit qu'enhardir ses ennemis au lieu de les désarmer.

Le 14 novembre 1776, le comte de Mora, de l'illustre maison de Fuentes, alguazil major de l'inquisition, se chargeant d'un office qui en tout autre pays eût paru dégradant pour un simple gentilhomme, arrêta lui-même, dans sa demeure, don Pablo Olavidès. Conduit aux prisons de l'inquisition, don Pablo disparut; son existence resta ignorée de sa femme, de ses enfants, de ses nombreux amis, et pendant *deux ans* on le crut mort.

Cependant l'instruction du procès se poursuivait dans le plus profond secret, et avec les procédés iniques employés par le terrible tribunal du saint office. En vain l'accusé demandait justice aux sourdes voutes de son cachot : l'inquisition répondait vengeance !

L'inquisition ne connaissait point d'accusés, elle ne voyait que des coupables : là le juge se changeait en ennemi, le prévenu en victime, et la justice était une passion.

Ce tribunal institué par le zèle d'une croyance fanatique, fut perpétué par la faiblesse d'un pouvoir arbitraire qui le détourna de son but primitif, en lui attribuant une autorité politique. Dieu préserve le monde des tyrans qui ont peur ! C'est la crainte et l'envie qui font les Robespierre comme elles ont fait les inquisiteurs politiques et religieux. La faiblesse des hommes puissants est ce qui cause le plus de mal aux nations qu'ils gouvernent ; ceci serait un argument en faveur des républiques, s'il était prouvé qu'on vît toujours les hommes les plus forts parvenir au pouvoir par les élections populaires ; mais je crois que dans les temps éclairés, et même dans tous les temps, il se trouve autant d'hommes forts autour du monarque qu'auprès du peuple, et que les flatteurs de l'un ne sont ni moins lâches ni moins astucieux que ceux de l'autre. Les nations auront beau se faire des codes subtils jusqu'à la métaphysique; elles pourront raffiner sur les constitutions, innover dans les lois, dans l'application des lois, elles ne parviendront jamais à trouver pour les gouverner des hommes dédaigneux de l'autorité. Résignons-nous donc à n'avoir que des ambitieux pour maîtres; quelques titres que le peuple donne à ses chefs; qu'ils parlent en tribuns ou en tyrans, selon la fiction politique mise en honneur chez lui; quelque forme enfin que ses ombrageuses précautions imposent à l'hypocrisie politique, une passion dominante animera toujours des hommes qui commanderont à d'autres hommes : cette passion : c'est la soif du pouvoir!

De toutes les institutions humaines, l'église catholique devait être la mieux gardée contre l'usurpation des ambitieux. Pourtant cette constitution, la plus forte de toutes celles que l'on connaisse, s'est montrée inefficace contre la violence des passions.

Si j'appelle l'église catholique, avec sa gothique souveraineté temporelle du pape, une institution humaine, c'est que je distingue deux forces dans cette puissance combinée de l'autorité divine et de la royauté terrestre. Il me semble que Dieu en se réservant la garde de la vérité, abandonne aux chances du temps, la forme du vase où se dépose la céleste rosée. Qu'importe au genre humain que les révélations sacrées soient conservées dans une arche portée par des lévites, et précédée d'un roi qui chante et qui danse en l'honneur de Dieu, ou dans un livre dont un prêtre-roi, légitime dépositaire des traditions anciennes, peut seul interpréter les saintes obscurités ?.... Qu'importe, enfin, que ce prince, trop souvent esclave couronné, vienne un jour à perdre son trône sur la terre pour redevenir libre comme un évêque de la primitive église ? La vérité résiste à tout, même aux précautions dont on l'entoure pour la défendre, précautions qui, bien qu'elles puissent paraître nuisibles aux esprits superficiels, sont toujours nécessaires sous une forme ou sous une autre. Nous ne pouvons assez le redire, les choses humaines sont sujettes à tant de caducité, qu'il faut subir les inconvénients d'une institution lorsqu'elle est nécessaire. Avouons en même temps que les choses nécessaires peuvent faire du mal comme les hommes inévitables; mais répétons aussi que lorsqu'un rempart est devenu un obstacle invincible à la lumière de l'esprit saint, il tombe pour faire place à un autre moins pernicieux. L'éternelle vérité ne peut rester à nu sur la terre, elle s'y perdrait ou bien elle y ferait tout périr; la vérité sans alliage échappe aux regards des hommes comme l'âme en sortant du corps. Soyons donc moins sévères pour la forme du voile dont les sociétés enveloppent l'esprit mystérieux qui les anime. Puisque nous ne verrons jamais la divine perfection face à face en ce monde; qu'importe ce qui nous la cache? Sachons la respecter, l'adorer quoique nous ne puissions que la pressentir. Ce n'est pas par la révolte que nous abrégerons le temps de l'épreuve; le temps de l'épreuve c'est la durée de la vie terrestre; et quel sera l'orgueil assez robuste pour en affronter le terme sans terreur?

Le sermon m'a conduit un peu loin du récit; mais vous n'y perdrez rien; je reviens au procès du comte d'Olavidès.

Le 22 novembre 1778, une séance solennelle fut tenue dans le palais de l'inquisition, à Madrid. Cinquante personnes seulement eurent la permission d'entrer; parmi cet auditoire choisi se trouvaient des grands d'Espagne, des officiers-généraux, des généraux d'ordre, des moines, des prélats, mais presque tous étaient des affiliés du saint-office.

Don Pablo comparut devant le tribunal : il était vêtu de jaune, selon l'usage, et portait à la main un cierge vert; il s'avança entre vingt familiers de l'inquisition, qui marchaient à ses côtés sur deux rangs. Tout le monde étant placé, on lit les pièces de la procédure; on produit entre autres écrits une confession de la vie entière de l'accusé tracée de sa main, et trouvée parmi ses papiers. Elle ne le chargeait d'aucun crime, mais elle contenait des accusations contre les moines et les prêtres. On lui reproche ensuite d'avoir nié l'infaillibilité du pape en matière de foi : il se défend de cette erreur avec force. On prétend enfin qu'il s'est fait peindre tenant à la main une figure de l'Amour. Dans cette scène le burlesque se mêle au tragique.

Enfin le malheureux fut jugé!.... et condamné comme hérétique (*in forma*) à une réclusion de sept années dans un couvent de la Manche, où il devait passer son temps à lire le Symbole de la foi, de Fray Luis de Grenade, l'Incrédule sans excuse du père Semeri, et se confesser une fois tous les mois.

En écoutant cette sentence, il s'évanouit et tomba du banc sur lequel il était assis.

On lui apporta un verre d'eau fraîche et on le couvrit de son manteau; il faisait froid.

Il fut enfermé dans le couvent de la Manche, mais bientôt il y tomba sérieusement malade; la cour qui l'avait toujours plaint et protégé en secret, *obtint pour lui de l'inquisition la permission* d'aller en Catalogne prendre des eaux que les médecins lui ordonnaient. De là il trouva le moyen de passer en France, où il se fixa d'abord à Toulouse, chez le comte Dubarry, beau-frère de madame Dubarry.

La cour d'Espagne, à l'instigation *de la suprême*, le poursuivit jusque dans notre pays et le fit réclamer à Versailles.

Le roi de France répondit : que don Pablo d'Olavidès n'était coupable d'aucune espèce de crime qui pût motiver l'extradition; mais craignant une perfidie, Olivadès crut plus prudent de passer en Suisse. Plus tard, il revint à Paris, où il vécut longtemps sous le nom de comte de Pilos.

Je tiens ces détails d'une personne qui a été admise dans son intimité, et qui me les a transmis sans rien ajouter à la vérité.

La révolution française réveilla le comte de Pilos de ses rêves philanthropiques, et lui apprit que le mal et le bien ont plus d'une face. En 1798 il voulut revoir sa patrie : il demanda la permission de retourner dans ce pays qu'il avait quitté en fugitif, sans espoir, mais non sans regrets, car il avait le cœur espagnol. Il revint en Espagne, il se retira d'abord dans l'Andalousie, près d'une parente qu'il avait beaucoup aimée et qui seule avait survécu à tous les objets de ses affections : amis, parents, tous étaient morts; il ne les suivit qu'après bien du temps. Ce qu'il y a de vraiment poétique et d'original dans la fin de cette vie si noble, mais si agitée, c'est qu'il choisit un couvent pour séjour pendant ses dernières années. Il avait fui ce pays pour ne pas vivre dans un cloître, et à son retour, l'usage qu'il fit de sa liberté fut de s'enfermer volontairement dans un cloître. Instabilité des opinions humaines, illusion de la volonté qui se brise comme un rayon de lumière sur le prisme des choses!.... n'êtes-vous pas un inépuisable sujet d'étonnement pour le sage?.... Détrompé de tout, Olavidès revient subir volontairement la sentence qui lui avait fait quitter son pays à travers mille périls, et avec des difficultés pires peut-être que n'eût été la peine de la résignation.

C'est dans cette dernière retraite qu'il composa une réfutation de la philosophie de son temps, et de ses propres opinions. Il intitula cet ouvrage remarquable par la force du raisonnement, le *Triomphe de l'Evangile*.

Ainsi, en revenant à l'antique et populaire croyance des simples habitants de sa terre natale, loin de rétrograder, il a devancé non-seulement son siècle, mais le nôtre.

Son dernier acte de courage a été de braver l'accusation de pusillanimité, si souvent encourue par les hommes d'assez bonne foi pour oser avouer publiquement qu'ils sont convertis.

La conversion est la plus grande preuve qu'un homme puisse donner au monde de son énergie morale, et qu'il puisse s'en donner à lui-même : c'est le triomphe de la conscience sur l'amour-propre, de la sincérité sur l'affectation de la conséquence, la seule vertu qui soit toujours récompensée par le monde, parce qu'elle est toujours factice.

LETTRE XXIII.

Route de Cordoue à Séville. — Végétation méridionale. — Aspect particulier des palmiers. — Environs de Séville. — Double usage d'une métairie. — Entrée de Séville du côté de Cordoue. — Les murailles de la ville sont dentelées comme une scie. — Ecija, ville située entre Cordoue et Séville. — Promenade du soir à Ecija. — Aspect des rues et des maisons. — Scène d'intérieur. — La cour du palais d'un riche. — La danse nationale. — Coiffure des jeunes femmes. — Vanité des Andalouses. — Prudence des hommes. — Comment j'explique cette réserve. — Les Espagnols comparés aux Normands.

A MADAME

LA COMTESSE DE KERCADO,

NÉE DE SAULX TAVANES.

Séville, ce 7 mai 1831.

Quoiqu'en général la route de Cordoue à Séville traverse un pays triste et monotone, les six dernières lieues m'ont amusé. Une grande abondance de plantes méridionales et d'arbres qui croissent exclusivement dans les pays chauds, embellit cette partie de la route. Elle est bordée d'énormes haies d'aloës plantées autour de jolis bosquets d'oliviers. Ces clos sont les vergers de l'Andalousie; quelquefois les pâles oliviers assez semblables, pour la forme et la couleur, aux saules de nos climats, sont dominés par un palmier à la tête élégante et noble. Ce roi des arbres du midi donne au paysage un aspect oriental, c'est la plante des contrées où le ciel brille ; ses branches régulières se jouent en tous sens au milieu des airs, et les rayons du jour passent par ses éventails naturels comme à travers les feuilles d'une jalousie. Le palmier, par la régularité de ses formes, par son feuillage en parasol, par la légèreté de ses rameaux, qui se détachent du ciel brûlant de l'Afrique comme des coups de pinceau sur un fond d'or ou d'azur, me paraît l'emblème du soleil lui-même ; c'est de tous les arbres celui qui approche le plus de la figure qu'ont adoptée, par convention, la plupart des peintres pour représenter les rayons du jour et l'astre qui les lance à travers un ciel vaporeux. Le palmier est un soleil de tableaux ou mieux encore un ostensoir posé sur une colonne. A l'ombre de tels arbres, je dois me croire bien loin des hêtres de Touteville ; mais trève de souvenirs ; ils nuisent au plaisir du voyage.

En approchant de Séville, on découvre un majestueux rempart de montagnes qui termine une plaine lumineuse et toute parsemée de petites habitations que les Andaloux appellent *cortijos*, métairies..... Leur distination avouée est de servir de logement aux cultivateurs, mais trop souvent elles se changent en repaires de voleurs; car dans ces camps cultivés, les paysans prennent et quittent à volonté l'honorable titre de laboureur.....On arrive à Séville embaumé par les exhalaisons de l'oranger en fleurs. Cet arbre est aussi commun dans les plaines et dans les vallées de l'Andalousie que le pommier l'est chez nous.

L'entrée de Séville n'a rien de frappant aux yeux d'un voyageur qui vient de traverser l'Espagne, non plus que la rue qu'on suit pour aller de la porte de Cordoue à l'auberge. C'est jusqu'à présent tout ce que j'ai vu de cette ville; comme je compte y passer quelque temps, je me suis enfermé pour vous écrire au lieu d'aller me promener en arrivant.

Les murailles de Séville étaient, dit-on, romaines; elles furent relevées par les Arabes. Elles ont des crénelures particulières; chacun de leurs créneaux finit en pointe, de sorte que la dentelure de la muraille ressemble à une énorme scie couchée autour des habitations pour en défendre l'entrée. Cette singularité donne à l'extérieur de la ville un aspect noble et oriental. Il m'a paru nouveau.

Je m'étais promis de faire demander un barbier en arrivant à Séville, même sans besoin. J'ai négligé cette formalité; c'eût été un hommage rendu à Beaumarchais, à Rossini et à l'illusion dramatique. Je me console de mon oubli, par la crainte de ce que j'aurais rencontré au lieu de Préville ou de La Blache.

Entre Cordoue et Séville, nous avons couché à Ecija, ville ancienne; son nom antique était Astigis, elle a aussi reçu des Romains, celui d'Augusta forma. Cette ville n'a rien de plus curieux que bien d'autres, mais tout devient motif de surprise et sujet de tableau pour nous, chez des hommes dont les mœurs sont entièrement différentes des nôtres. On ne saurait assez exhorter les artistes à entreprendre le voyage d'Espagne; il profiterait surtout aux esprits qui sont naturellement plus frappés du pittoresque et de l'extraordinaire que du beau.

Je me promenais vers le soir dans les rues d'Ecija, j'étais étonné de la magnificence de quelques palais: j'en vis un dont l'extérieur est peint avec plus de luxe que de goût. Il appartient à la marquise de Pennaflore, qui habite Cordoue, à ce qu'on m'a dit. Plus loin je me suis arrêté devant un édifice imposant, que je pris d'abord pour un couvent ou pour une église : c'était le palais du marquis de Valentin. Au fond d'une assez vaste cour, entourée d'un portique arabe, comme toutes les cours des maisons de l'Andalousie, deux voûtes, soutenues par des colonnes de marbre, marquent le commencement d'un double escalier. Le style de cette cour est si majestueux qu'il ne déparerait pas l'habitation d'un roi....., d'un roi d'autrefois. Contre l'une des rampes de l'escalier, je vis une vieille pauvresse, aveugle, appuyée sur le bras d'une jeune dame, qui venait de lui faire l'aumône; on me dit que cette dame était la fille du maître de la maison. Au bas des degrés beaucoup d'autres pauvres étaient dispersés par groupes dans la cour. Une foule de vieillards et d'enfants semblaient attendre les secours que la dame charitable s'apprêtait à leur distribuer, tandisque dans un coin de la même cour une jeune fille de dix à douze ans, accompagnée de la guitare et des castagnettes, dansait le boléro. Précisément au-dessus de notre tête, dans le corps-de-logis qui donne sur la rue, je voyais le balcon grillé qui servait de salon à une *tertullia* (assemblée) de jeunes dames. Ces charmantes personnes nous regardaient d'un air malin et gracieux à travers les barreaux de fer de leur galante prison, et elles agitaient leurs éventails en riant. Moi, sans craindre leur gaieté moqueuse, je suis resté longtemps à contempler tous les détails de ce tableau vraiment espagnol. En Espagne, le voyageur ne peut jamais oublier le pays qu'il parcourt. L'Allemagne, la Suisse, l'Italie même, vous laissent souvent penser que vous voyagez dans une autre contrée; l'Espagne est toujours l'Espagne. Ici aucun étranger ne peut se croire chez lui un seul instant, ni s'imaginer que ce qu'il voit n'est pas l'Andalousie.

Depuis que nous sommes entrés dans cette province, toutes les jeunes femmes que j'ai rencontrées étaient coiffées avec des fleurs naturelles, qu'elles mêlent agréablement à leurs cheveux : ces couronnes parfumées ont de la grâce, et les femmes ainsi parées donnent un air de fête à toute une ville.

Ce que je reproche aux Andalouses, c'est de prendre une figure de circonstance quand on les regarde : je n'en ai pas encore aperçu une seule qui fût exempte de cette minauderie. Leur vanité inquiète me fait regretter la sécurité, le calme, la vraie noblesse des belles Italiennes. J'aime l'indifférence des femmes romaines pour tout ce qu'elles n'aiment pas à la passion. Les Espagnoles, avec leur coquetterie animée, peuvent être plus amusantes, plus sociables; les Romaines sont plus attachantes.

J'ai eu plus d'une fois, dans le cours de ce voyage, l'occasion de m'étonner de la patience des Espagnols, et de leur respect les uns pour les autres; je parle ici même des hommes du peuple. Je soupçonne pourtant le principe de cette politesse de n'être pas aussi honorable qu'on pourrait le penser d'abord. Je crois avoir découvert, en interprétant quelques propos des gens du pays, que la peur entre pour beaucoup dans leurs égards réciproques. Ils se connaissent et à cause de cela ils se craignent. Sous une administration dont la corruption réduit l'action de la justice à des vengeances personnelles, on revient à l'état de nature, et la force individuelle est plus reconnue que la puissance civile. Plus les lois sont méprisées, plus les haines particulières sont respectées, c'est-à-dire redoutées : des paroles de colère seraient bientôt suivies d'actions entre gens qui ne comptent que sur eux-mêmes pour obtenir justice. Dans une pareille société, la modération des hommes ne parle guère en leur faveur; elle accuse le gouvernement. Je retrouve ici, quoique sous des formes différentes, quelque chose de la réserve des Normands. En Normandie, ce n'est pas la peur du couteau, c'est celle de l'huissier qui retient sur les lèvres les paroles passionnées : on se tait, on ment à Caen pour éviter un procès : à Séville, on est endurant parce qu'on calcule ce qu'on risque à se faire un ennemi ; on sait par expérience que la longanimité coûtera moins cher que la colère !!! Les Normands sont discrets pour vivre en paix ; les Espagnols sont polis pour vivre.

LETTRE XXIV.

SOMMAIRE.

Séville. — Première impression. — Mécompte. — La cathédrale surpasse l'attente. — Il faut l'étudier. — Description de l'intérieur de la nef. — Aspect de l'ensemble. — Le sentiment religieux seul peut accomplir de telles entreprises. — Effet des scènes de la nature analogues aux effets de l'art. — Présence de Dieu. — Disposition particulière du chœur dans les églises d'Espagne. — Hiérarchie ecclésiastique conservée dans le chapitre de Séville. — L'archevêque, les chanoines. — Frais du culte. — Rapport de ce temple avec celui des juifs. — Chapelles latérales. — Chapelle des rois. — Tombeau de Christophe Colomb. — Archives nationales. — La Giralda. — L'architecte de cette Tour fut aussi l'inventeur de l'algèbre. — Vue de Séville. — Panorama vivant. — Effet de l'air. — Nom des principaux édifices de la ville. — Magnificence des couvents. — Promenade de la Christina. — Monastère de Saint-Paul. — D'où est venue à l'homme l'idée de la vie monastique ? — But et signification d'une institution si contraire aux lois communes. — Les exceptions sont respectables quand elles ne troublent point l'ordre général. — Les abus nuisent surtout à qui croit en profiter. — Mot de Montesquieu.

A MONSIEUR

LE VICOMTE DE CHATEAUBRIANT.

Séville, 8 mai 1831.

Il faut étudier Séville pour bien sentir les beautés de cette merveille de l'Espagne, de cette Rome des Arabes. Au premier aspect elle n'a rien de plus frappant qu'une autre ville ; avant d'arriver, on s'est fatigué l'imagination, on n'a cessé de répéter le fameux proverbe : « Quien no ha visto Sevilla, no ha visto maravilla. » On entre enfin, mais on n'aperçoit au premier coup d'œil que ce qu'on rencontre dans toute l'Espagne : c'est-à-dire quelques édifices d'un goût étrange, plutôt barbare que gothique ; des rues étroites, tortueuses, confuses, encore plus mal pavées peut-être qu'ailleurs; de petites places et des murailles dentelées comme une scie. L'effet en est, à la vérité, assez pittoresque, mais elles n'ont pas plus de grandeur que celles qu'on a vues la veille à Cordoue. On s'attendait à tant de magnificence, on vient chercher tant de prodiges d'art, tant de chefs-d'œuvre, qu'on se croit d'abord déçu dans son espoir; on se dépite contre l'exagération des autres voyageurs; on se reproche une invincible curiosité, on maudit la crédulité dont, malgré des leçons réitérées, on n'a pas encore pu se corriger, et l'on se promet de profiter au moins de cette dernière expérience... On ne se repent pas précisément d'être venu si loin, mais on rougit d'avoir apporté jusque là tant d'illusions enfantines.

Néanmoins, après ce premier mouvement de dépit, on se croit obligé, ne fût-ce que par acquit de conscience, de se faire conduire à la cathédrale. Or, c'est là que le mécompte finit et que la surprise commence. On est devant une des merveilles de la terre; un monde se découvre à vous, il faut l'étudier comme il faut étudier tout Séville. Mais déjà votre ardeur s'est éveillée, et vous ne craignez plus ni fatigue ni perte de temps. Vous avez découvert une mine à exploiter, et si vous êtes digne de voyager, votre tâche vous paraît un plaisir.

La cathédrale de Séville n'a pas l'intérêt historique de celle de Cordoue ; elle est dans le style des derniers édifices gothiques ; elle n'offre ni au-dedans ni au-dehors les points de vue pittoresques de la mosquée d'Abderame (pardonnez-moi cette expression, elle m'est nécessaire). L'extérieur de l'église n'a rien d'extraordinaire : si ce n'est vu de loin ; du milieu de la promenade plantée sur le bord du Guadalquivir, les innombrables pyramides qui dominent les toits et terminent les pignons de cette cathédrale, ressemblent à une forêt de pins plantée sur une chaîne de collines aux cimes aiguës. Ce n'est peut-être pas très-beau comme art : c'est étonnant, c'est imposant. Mais l'intérieur de ce monument qu'on peut appeler moderne, puisqu'il n'a été terminé qu'au quinzième siècle, me paraît un prodige. L'édifice entier est dû au chapitre de Séville, espèce d'état-major ecclésiastique aussi riche que puissant.

A la fin du moyen-âge, ces chanoines souverains voulurent créer un monument sans pareil, sans modèle, ils réussirent, et, de plus, ils ont fait un chef-d'œuvre. On travailla pendant plusieurs règnes ; au bout de quatre-vingt-dix ans l'Espagne et le monde eurent un édifice aussi étonnant que Saint-Pierre de Rome, plus pur de style que le dôme de Milan, plus complet que la cathédrale de Cologne.

L'intérieur de cette église est composé de cinq nefs du plus beau gothique. Celle du milieu est d'une épouvantable élévation. On est sous une montagne creuse. Tout ce qui décore, on peut même dire ce qui obstrue ce temple, produit sur l'âme une impression irrésistible de respect et de recueillement. Après tant d'années de voyages, tant d'habitude de la surprise, je ne me serais pas cru susceptible d'une émotion aussi vive que celle que j'ai éprouvée en entrant sous cette voûte vraiment chrétienne quoique assez moderne. Figurez-vous une vallée renversée et dont la profondeur forme une nef soutenue par les troncs des vieux arbres, qui seraient restés debout pendant ce bouleversement des lois de la nature. Là tout est grand, sévère, étonnant, sublime comme le Dieu qu'on adore.

C'est surtout dans ce sanctuaire qu'on reconnaît combien la créature profite de ce qu'elle donne au Créateur : Dieu n'a nul besoin des chefs-d'œuvre de nos arts. Mais l'homme a besoin de la foi pour faire des prodiges, ses efforts manifestent la ferveur de son amour pour son maître; en produisant ce que le monde appellera une merveille, il rend à Dieu une partie de ce qu'il lui doit; il tire un abîme de pierres des entrailles de la terre ; il dépense sa vie, son génie, ses richesses, mais rien ne lui coûte ; ce n'est pas pour lui qu'il travaille !! Qu'importe le temps qu'on met à semer quand c'est dans l'éternité qu'on moissonnera ?

Sans cette idée vivifiante du souverain Seigneur qui dispense la vie aux âmes, selon la mesure de leurs désirs et de leurs œuvres, l'homme, fier de se reposer sur lui-même, ne s'élèverait jamais au-dessus du rang du plus ingénieux des animaux. L'architecte qui ne bâtit pas pour le ciel n'est guère supérieur au castor, à la fourmi ; et je connais tel nid d'oiseau qui le dispute en *comfort* à nos cases les mieux ornées.

L'homme n'a pas toujours eu besoin d'être chrétien pour devenir sublime, mais dès qu'il s'est élevé au-dessus de l'abeille, il a toujours été religieux.

Les païens avaient pour la nature plus de vénération que notre mesquine philosophie perdue dans le doute où elle se complaît, ne nous permet d'exprimer de respect envers le roi de cette nature. Hâtons-nous de souffler sur les misérables essais du scepticisme dont notre temps est encore trop fier ; chassons, chassons devant nous les œuvres de la destruction, éloignons l'esprit qui tue, appelons l'esprit qui vivifie !!!... Nous sommes à la fin des démolitions, il ne nous reste plus qu'à expulser les démolisseurs pour faire place à l'architecte qui viendra bâtir un nouveau temple en l'honneur de l'antique dieu de nos pères : car ce dieu ne change pas comme les murs de l'église, comme les décorations de l'autel.

J'ai cru sentir que l'esprit divin habite la cathédrale de Séville. Nulle part, pas même à Rome, le culte catholique ne m'a paru aussi majestueux que dans ce sanctuaire vraiment chrétien. J'y suis entré pour la première fois un dimanche. Un régiment tout entier assistait à la messe, et ce grand nombre d'hommes se perdait comme un cortége de fourmis sous les voûtes surnaturelles. Une partie de la population de Séville disparaissait également dans ce gigantesque monument de la piété chrétienne et de la vanité canoniale. Là, rien n'est proportionné aux habitudes, aux besoins de la terre; la seule pensée du ciel explique une création si extraordinaire; l'idée de l'immensité vient de Dieu; l'art humain à lui seul ne s'élèverait pas jusque-là.

Le prêtre qui officiait, assisté des diacres et des sous-diacres, était devant le maître-autel, comme posé sur le haut d'une montagne, et quand il s'agenouillait il se perdait presqu'entièrement dans l'obscurité sublime du tabernacle. Cette partie de l'église est reculée et fort élevée; on n'y parvient qu'en montant un grand nombre de degrés. L'imagination espagnole a rendu le culte catholique aussi pittoresque qu'il était saint. Les prières de ce vieillard presqu'invisible, et les voix de ses jeunes acolytes me paraissaient tomber du ciel sur la tête des fidèles, séparés du sanctuaire par un perron énorme, par un jubé et par une forte et haute grille de fer doré d'un travail massif, mais très-beau.

Dans les principales églises d'Espagne, j'ai toujours trouvé que le chœur n'était pas confondu, comme chez nous, avec la nef; le prêtre officiant reste sur un pallier soutenu par de nombreuses marches; cette espèce de montagne sainte, bâtie sous des voûtes, produit un effet pittoresque qui rappelle les pompes de la nature, et ce souvenir du monde extérieur ajoute à la solennité des cérémonies du culte le plus intérieur, le plus mystique, le plus spirituel, le plus surnaturel : du culte catholique, culte qui ne vit que de symboles. Il me semble que dans la cathédrale de Séville l'office divin produit sur l'âme une impression analogue à celle des vers d'Athalie, pourvu qu'ils soient lus et ne soient pas joués.... Si les traditions du rite catholique étaient oubliées du reste de la terre, on les retrouverait en vigueur dans ce pays des cérémonies. Ici le décorum ne pouvait manquer aux prêtres puisque la bienséance est la vertu du peuple....

L'archevêque de Séville a environ huit cent mille livres de rente : ce siége fut érigé du temps des Goths. La cathédrale a quatre cent vingt pieds de longueur, sa largeur est de deux cent soixante-trois, et la hauteur de la nef principale est hors de toute proportion avec ce qu'on voit ailleurs. Quatre-vingts fenêtres d'une prodigieuse élévation éclairent l'édifice entier. Ces fenêtres sont en vitraux coloriés, d'un prix inestimable, puisqu'ils ont été peints par Arnold de Flandre.

On dit cinq cents messes par jour aux quatre-vingt-deux autels que contient cette église; ce qu'on y consomme de cire, de vin, d'huile est fabuleux; un clergé considérable, assisté de beaucoup de personnes subalternes, est employé au service de Dieu dans cette république religieuse. Jamais je n'ai senti si clairement que des pierres posées les unes sur les autres pouvaient former pour l'homme une patrie...... On compte parmi la nation de lévites attachés à ce temple merveilleux, onze dignitaires portant la mitre, quarante chanoines supérieurs, vingt autres chanoines d'un rang inférieur, vingt chantres et trois assistants, deux bédeaux *; un maître des cérémonies, un aide, trois sous-aides, trente-six enfants de chœur et leurs recteurs, sous-recteurs, ainsi que leurs maîtres de chapelle, dix-neuf chapelains, quatre curés, quatre confesseurs, vingt-trois musiciens et quatre surnuméraires : d'après tout cela, ne vous étonnez pas si la messe m'a paru pompeuse. C'est un peuple entier qui sert Dieu dans cette enceinte vraiment digne de devenir le sanctuaire de l'esprit créateur ; il faut joindre à la liste que je viens de vous donner, une légion de prêtres séculiers, qui, chaque jour, disent la messe à quelque autel de l'église métropolitaine; je vous le répète, rien ne m'a rappelé Athalie, le temple de Salomon, et la libéralité des juifs envers leur dieu, comme cette ville sainte qu'on appelle l'église de Séville.... Ce n'est que là que j'ai compris toute l'étendue de la puissance catholique : ce monument, et le troisième livre de l'Imitation de Jésus-Christ, embrassent à eux seuls toutes les destinées du genre humain. Le livre indique la voie aux âmes privilégiées ; le temple ouvre passage à la foule. Ne vous

* Le petit nombre de cette classe d'officiers tient sans doute à ce que la police de l'église se fait d'elle-même, dans un pays où le peuple est naturellement disposé au respect pour les choses saintes.

inquiétez de rien, ne regrettez rien, ne pleurez sur rien, le remède existe, et Dieu ne tardera pas à manifester de nouveau la supériorité de son esprit sur la sagesse du monde; la religion est toujours vivante et elle a toujours la puissance des miracles! Tel est mon espoir quand je parcours la cathédrale de Séville; c'est comme si je relisais un chant des Martyrs.....

L'orgue de Séville est un des plus fameux, des plus grands et des plus sonores de l'Europe: il a des soufflets qui ressemblent à des machines à vapeur.

Outre les cinq nefs dont j'ai parlé, une multitude de chapelles ont été accolées intérieurement aux murs de l'édifice. Ces retraites pieuses sont comme autant de petites églises renfermées dans l'enceinte principale. Le dimanche au matin, elles étaient remplies de groupes de femmes prosternées sur le pavé; ces femmes répondaient par leurs prières aux voix d'une phalange sacrée, d'une armée de lévites occupés à sanctifier leurs enfants spirituels; la double population chrétienne des prêtres et des disciples ne se laissait pas un moment distraire de ses pieuses fonctions par notre présence; les églises d'Espagne ne sont jamais regardées comme des objets de curiosité, et lorsqu'on y vaque aux saints mystères, les étrangers n'y sont admis qu'en qualité de fidèles : on les expulserait s'ils s'annonçaient comme de simples spectateurs. Voilà ce qui fait que les voyageurs ont quelque peine à voir les monuments religieux de l'Andalousie. Dans ce pays, tout est arrangé pour les gens du pays même, on n'y fait rien pour les passants.

La chapelle des rois renferme plusieurs tombeaux remarquables, entre autres celui de Ferdinand III, dit le saint, qui reprit Séville contre les Maures en 1248, l'année même de la mort de saint Louis. L'Espagne et la France avaient l'une et l'autre, à cette époque, un roi qui fut canonisé. J'ai visité aussi le tombeau d'Alphonse X, surnommé le Sage, fils de saint Ferdinand. Près de là se trouve celui de Christophe Colomb, avec cette inscription unique dans l'histoire des mausolées et des épitaphes :

A Castilla y a Leon
Mundo nuevo diò Colon.

A la Castille et à Léon, Colomb donna un monde nouveau.

Le fils de ce grand homme est enterré sous une des chapelles latérales de l'église. La pensée qui a conçu cette cathédrale ne peut tarir, elle nous promet bien d'autres merveilles. On croit à tout ce qu'il y a de surnaturel devant un édifice qui est comme un monde placé entre la terre et le ciel. Les noms les plus glorieux de l'histoire sont gravés sur les parvis et sur le pavé de cette cathédrale, qu'on devrait surnommer le panthéon de la chevalerie. Le fils de Colomb, tout distingué qu'il est parmi les morts, reste écrasé sous la renommée de son père; leurs tombes voisines ne peuvent rivaliser de gloire. Comme il n'a pas donné un monde à l'Espagne, on a mis sur le marbre une inscription bien longue et bien détaillée : le nom de son père aurait dû lui suffire, mais voilà comme la vanité tâche de suppléer à la fierté!

Il est impossible à la première vue de se faire l'idée de tout ce que renferme ce dépôt des arts et des grandeurs de l'Espagne entière. Jamais je n'ai passé sous de plus nobles murailles.

La peinture à Séville est un des objets d'étude les plus intéressants pour les étrangers. Nous savons peu de chose sur l'histoire de l'art en Espagne. J'ai appris à connaître Campana, peintre très-ancien; il fut étudié par Murillo. J'ai admiré Zurbaran, l'un des géants de ce peuple d'artistes ignorés, Valdès, Cano, enfin j'ai vu des tableaux de toute la vieille école espagnole, école où le sentiment du pittoresque anime et guide toujours le naïf talent de l'imitation. En entrant dans cette cathédrale, on reste froid comme à la porte de Séville ; on ne peut croire d'abord à tant de richesses : il faut habituer son imagination au plaisir qu'on aura quand le doute et la surprise feront place à l'admiration.

Avant de quitter l'église, on monte sur la tour nommée la Giralda, autre merveille d'architecture, fameuse dans toute l'Espagne, c'est l'œuvre du Maure Guever. On l'aperçoit de toutes les parties de la ville ; elle n'est pas précisément construite dans le style mauresque que nous connaissons, elle est carrée et les murs sont pleins, mais ornés de dessins en briques jusqu'à une très-grande élévation ; là elle se divise en petits arceaux dont les pilliers se réunissent plus haut pour former un piédestal à la statue qui donne son nom à la tour, et qui la couronne. Cette figure, appelée *Giralda*, est d'une grandeur colossale, quoique d'en bas elle paraisse bien petite ; elle est en bronze doré, et porte à la main une palme de même matière : on dit que c'est la Foi.

La pente par laquelle on arrive au sommet de la tour est très-douce ; on m'assure qu'un homme à cheval peut la monter ; mais je n'ai vu personne qui ait pu se vanter d'avoir assisté à ce tour de force.

L'architecte de la tour, Guever ou Geber, était

un grand mathématicien ; il inventa l'algèbre et lui a donné son nom : *Al Geber.*

Du haut de la Giralda, on voit toute la ville de Séville comme dans un panorama : elle est entièrement blanche. Durant cette revue l'œil s'arrête sur des monuments de tous les siècles et de tous les styles ; c'est à la fois un cours d'histoire et d'architecture. Les édifices qui d'abord attirent l'œil sont : la Bourse, la *Lonja*, chef-d'œuvre d'élégance ; puis la Manufacture de tabac, où Herrera, l'architecte de l'Escurial, a voulu se surpasser lui-même ; puis un collége voisin de cette manufacture, et dont le jardin est planté d'orangers d'une beauté étonnante, même pour Séville ; ce sont ensuite des couvents immenses, espèces de villes austères et mystérieuses renfermées dans la cité commune. Ces retraites du peuple élu contiennent des trésors en peinture et quelques morceaux d'architecture remarquables. Un autre grand monument, c'est l'Alcazar, palais mauresque, abandonné depuis longtemps, et qui pourtant sert encore d'habitation aux rois et aux grands qui passent par Séville ; enfin, on voit plus loin, le Cirque moderne, où se livrent les combats de taureaux ; il n'a rien de curieux par son architecture, on le remarque à cause de l'intérêt qui s'attache toujours à ce divertissement national ;

j'ai admiré encore le fleuve au nom romantique, le Guadalquivir, avec son pont de bateaux. A quelque distance de la rive, on distingue une espèce de place dont le pavé est de marbre, elle brille au milieu de la promenade appelée la Christina, c'est une merveille toute moderne puisqu'elle n'est construite que depuis le mariage de la reine Christine. Ce qu'il y a de plus remarquable dans cette promenade, ce sont les dalles du milieu, espèce de salon découvert, où tout Séville peut se réunir pour une fête. Un tel monument, quoique fait d'hier, est digne encore de la vieille capitale de l'Andalousie. Un autre objet intéressant dans cette lanterne magique, c'est le faubourg de Traiana, que les Andaloux regardent comme le lieu de la naissance de Trajan, et qu'on traverse quand on veut aller voir les ruines de l'antique Italica. Cette foule d'objets a pour cadre une vaste campagne, une plaine majestueuse qui se termine sous des montagnes très-éloignées où l'œil aime à se reposer. Elles sont bleues, et pour ainsi dire transparentes, puisque, par un effet d'optique assez singulier, il y a des moments où l'on croit voir encore du pays à travers leur base : telle est la magie de l'air dans ce climat béni! ..... La forme des montagnes de Séville a quelque chose de poétique; l'imagination en fait le rempart d'un séjour différent de celui que nous habitons. Un monde surnaturel doit commencer au delà.

La profusion d'objets remarquables qu'offre cette grande ville à la curiosité du voyageur, inquiète sa conscience tout en réveillant en lui le sentiment poétique. On sent d'abord qu'on va négliger bien des devoirs, surtout si comme moi on ne peut ni ne veut employer que quelques semaines à parcourir une ville, où l'on devrait se fixer au moins pour une saison, puisque ce pays est aussi difficile qu'intéressant à étudier. Personne ne le connaît, les hommes nés dans un lieu ignorent ce qui peut les rendre fiers d'y vivre : l'histoire de l'Espagne est ignorée des Espagnols. A la vérité, les peuples de tous les pays sont assez indifférents aux faits de leurs pères, peu d'hommes connaissent les véritables sujets d'orgueil national, que leur offre une patrie dont ils sont orgueilleux sans bien savoir pourquoi : il n'y a pas de population qui porte plus loin que celle de l'Andalousie cette ignorance et cette fierté; néanmoins l'une devrait exclure l'autre.

Il m'est arrivé d'entrer dans quelques couvents; je n'ai pu trouver parmi les habitants de ces cloîtres un seul religieux qui sût le nom des peintres dont leur maison renferme les chefs-d'œuvre : quand la curiosité des étrangers sera devenue un objet d'industrie à Séville comme elle l'est ailleurs, on aura plus de facilité à faire le voyage; mais on s'amusera moins. Je n'ai donné qu'un premier coup d'œil à la cathédrale, j'y reviendrai; mais sans le dire; je veux m'épargner les détails.

En sortant de là, on m'a mené à la Christina : c'est cette promenade dont je viens de vous parler; on y travaille encore. En Espagne où tout s'écroule, il est rare de voir édifier quelque chose. Bâtir ici, c'est remonter le torrent des ruines; Séville a un air de prospérité qui doit déranger les voyageurs modernes dans l'habitude qu'ils ont contractée de plaindre l'Espagne. Une fois arrivés dans cette capitale de l'Andalousie, les plus obstinés cessent leurs lamentations et se livrent à la contagion de la gaîté méridionale.

La nouvelle promenade est un jardin très-grand et très-magnifique; mais ce qui, de près comme de loin, distingue cet *alameda* de tout ce que j'ai vu ailleurs, c'est sa terrasse en dalles, immense enceinte de pierres; c'est une place, ou plutôt un énorme salon en plein air. Figurez-vous les parterres des Tuileries, réunis pour former une seule salle de danse, qu'on aurait pavée en grandes pierres bien polies, bien unies, et jointes avec un soin digne de l'art antique..... Je crois ce genre de luxe unique en Europe.

En retournant vers l'intérieur de Séville, nous avons passé devant quelques maisons qui appartiennent à des particuliers de la ville. Il faut visiter la cour interieure de ces habitations, pour avoir l'idée d'une espèce d'élégance inconnue dans les pays du nord. C'est une décoration antique ou plutôt orientale. Les fontaines avec leurs jets d'eau qui retombent dans des bassins de marbre ; les plantes grimpantes, les fleurs, les arbustes, les toiles tendues d'un côté des portiques à l'autre, pour tempérer la chaleur du jour, réalisent les descriptions les plus fantastiques des Mille et une Nuits. J'ai vu tel palier d'escalier que vous voudriez habiter, et qu'on habite en effet tout l'été. Il y a loin de ces maisons arabes au temple chrétien que je vous ai décrit.

Nous avons fini notre course par une station dans l'église de Saint-Paul, qui appartient aux dominicains. Elle renferme de belles peintures à fresque ; on n'a pu me nommer l'auteur de ces tableaux. Le couvent est un vaste monument ; il y a un beau jardin qui l'environne, et ce couvent, tout magnifique qu'il m'a paru, n'est pourtant pas un des plus fameux monastères de Séville. La ville en contient, je crois, quatre-vingts, dont un grand nombre sont plus opulents que celui-ci.

La personne à laquelle j'avais été recommandé et qui me servait de guide dans Séville, se récriait sur le malheur de voir tant de richesses enfouies chez des hommes inutiles à la société. J'ai laissé passer sans réponse les exclamations du philanthrope andaloux. Je ne parle pas assez bien l'espagnol pour attaquer la manie de mon siècle jusque dans cette langue.

Mais je me disais tout bas : est-ce donc ne rien faire pour les hommes que de leur conserver les modèles et le sentiment du beau idéal, le goût du grand dans les arts? Puis si l'on s'élève au-dessus de ces considérations secondaires, combien ne s'étonnera-t-on pas de voir tant d'esprits à vues courtes condamner d'un trait de plume des institutions inhérentes au système de civilisation qui a fait le monde moderne? Le sacrifice de la vie sensuelle est une idée qui paraît sans application possible : avoir conçu cette pensée était un effort d'imagination, l'avoir réalisée par toute la terre me semble un prodige de volonté. Des hommes dont l'existence entière se recueille au profit d'une seule vérité, méritent du moins d'être entendus avant qu'on les condamne ; et quels sont les juges de ces martyrs de la méditation et du recueillement? Leurs juges sont des hommes dont le moindre tort est de gaspiller leur temps, leur force, et de donner à leur égoïsme mondain un masque de philosophie. Hommes des sens, hommes de l'argent, hommes des chiffres, qui ne jugent de ce qui est utile que d'après le calcul de la production matérielle appliqué à la société qu'ils dissèquent toute vivante, comme on laboure une terre pour la mettre en rapport : ils ne pensent pas que la vraie association humaine est esprit et corps, et que par une loi de sa nature, l'esprit se dégrade sitôt qu'on l'emploie uniquement à poursuivre un but fini. Si vous n'imitez plus les moines, respectez-les comme les plus grands logiciens de la terre. L'esprit vaut mieux que la matière, disent-ils, ne vivons que pour l'esprit. — C'est un but que vous ne pourrez atteindre, leur répond le monde, parce que vous êtes des hommes. — Si Dieu le veut, nous serons des anges, répliquent les pauvres moines, et leur vie humble et sublime est quelquefois la preuve de leur croyance, la justification de leur espérance. La règle qu'ils s'imposent est instituée pour favoriser le triomphe des idées sur les choses ; essayer de se conformer à cette règle, c'est déja rendre hommage à ce qu'il y a de plus élevé dans la nature de l'homme; réussir dans cet essai, ce serait devenir égal aux êtres surnaturels; ce serait prouver ce que le monde nie depuis que le monde existe. Ce n'est point par des paroles, c'est par des actes qu'on décide les questions discutées et non résolues.

La vie monacale est une exception, mais par là même, elle est la seule qui convienne à certains caractères poussés hors des limites du monde par un besoin de conséquence impossible à satisfaire dans la société du grand nombre. Cette vie d'exception, rendue possible à force de prières, prouve sans réplique la toute-puissance de l'esprit. L'homme peut être heureux sans rien accorder aux appétits du corps; il ne peut l'être en leur cédant tout : voilà ce qu'on dit même dans le monde, quand on est raisonnable et un peu philosophe; mais nul ne pourrait croire à l'application possible de ces spéculations de la sagesse, si nous n'avions sous les yeux l'exemple des premiers chrétiens renouvelé par leurs rigides successeurs : les moines. Le moindre inconvénient des passions, c'est le mécontentement qu'elles laissent dans l'âme qui leur a demandé la félicité. Voilà ce que nous disent les moralistes sans nous le prouver; et ce que les moines nous prouvent sans nous le dire.

Je sais qu'en Espagne on abuse des vertus religieuses, qui deviennent un masque à l'usage des ambitieux, comme parmi nous on abuse des talents qui passent aujourd'hui pour sacrés, parce que les sociétés même les plus impies ne peuvent subsister sans une ombre de religion : l'homme qui n'adore pas ne vit qu'à demi. Si donc, dans un moment de délire, il s'efforce d'humilier la divinité par ses blasphèmes, il déifie en même temps l'humanité par un genre de superstition qui survit à toute religion, parce que cette superstition est fondée sur l'orgueil et sur l'égoïsme; tant il est vrai que le culte des passions hérite de tout ce qu'on ôte au culte des sacrifices !

Mais qu'est-ce que cela prouve? Tous les abus sont pernicieux, seulement ils le sont autrement que le vulgaire ne pense. Le premier et le plus grand inconvénient de toutes les hypocrisies, c'est de nuire au pouvoir qui en profite. Plus la force dont on mésuse est respectable, et plus le mal qu'on fait est profond. Voilà pourquoi la liberté a tant de peine à prendre racine en France.

Les victimes de la prévarication sont à plaindre sans doute, mais je m'inquiète moins de leurs souffrances que du coup porté à la société par le discrédit moral où tombent pour un temps les plus puissants moyens de civilisation, quand on les a fait servir au mal.

Je suis revenu de ma tournée, étourdi de toutes les merveilles que renferme Séville, mais honteux de la légèreté avec laquelle j'avais dédaigné ces trésors, avant même de les avoir entrevus. J'aperçus, à mon arrivée, de vilaines rues; je trouvai les chambres mauvaises et la chère d'auberge détestable; de là un premier mouvement d'humeur défavorable à tout. Je suis de mon temps plus que je ne voudrais en être, et tout en dédaignant la passion de mes contemporains pour ce qui n'est que comfortable, je me trouve gêné quand je vis comme vivaient nos pères. Montesquieu dit que l'homme le plus distingué ne peut mettre que le bout du nez hors de son siècle : que peuvent donc espérer les hommes ordinaires en fait d'indépendance?....

C'est une question qu'il est permis d'adresser à vous comme à lui.

LETTRE XXV.

SOMMAIRE.

La Lonja (la Bourse). — Architecture de ce monument. — Lettres de Christophe Colomb, de Fernand-Cortez, d'Amérique Vespuce, de Pizarro, de Las-Cazas, etc., etc. — Matériaux pour l'histoire et la poésie. — Les conquérants de l'Amérique ne seraient plus les héros d'un siècle de spéculations financières. — Les hommes d'argent seront renversés à leur tour par les hommes d'esprit désintéressés. — Rousseau. — Influence de la pensée dégagée des intérêts vulgaires. — Écrivains menteurs, pires que des marchands trompeurs. — M. Washington Irving. — Ses travaux. — Son succès.

A MISS BOWLES.

Séville, ce 8 mai 1831, à 11 heures du soir.

La Lonja (la Bourse) est un des monuments d'architecture les plus remarquables de l'Espagne, on peut dire de l'Europe. L'intérieur est décoré avec une élégance simple, et qui rappelle l'antique. L'escalier, dont les marches sont de marbre, a des murs revêtus également des marbres les plus précieux de l'Espagne. C'est d'une magnificence royale. Le commerce ne possède pas un palais pareil à celui-ci dans les pays où il est roi.

Les galeries du premier étage sont arrangées en bibliothèque : c'est là qu'on a déposé les papiers qu'il importe le plus aux intérêts des négociants espagnols de conserver, et comme l'Espagne rend pittoresque ce qui ailleurs est ennuyeux et prosaïque, ces lettres utiles ont de plus un intérêt aussi poétique qu'un roman de Cervantes. C'est la correspondance de Christophe Colomb, de Fernand Cortès, de Pizarro, de Las-Cazas. On peut passer là en revue les grands noms des premier siècles de l'Amérique; puis tous leurs successeurs; tous les gouverneurs du Pérou et du Mexique, puis les martyrs de la charité chrétienne; les missionnaires jésuites, ces ambitieux du ciel qui sont redescendus trop vite jusqu'aux conquêtes terrestres. On dit que dans le récit des guerres des colons espagnols contre les naturels du pays, on voit la peinture exacte des souffrances des deux peuples. La douceur de l'un, la cruauté naïve de l'autre : la justice et le bon droit succombant partout sous le fer des soldats de la croix; et toujours le grand nom de la religion servant de prétexte à l'avarice. Une troupe aventureuse jetée par l'Europe chrétienne contre un monde ignorant, innocent, mais païen, subjugue ce monde. Il y a là de quoi révolter les simples honnêtes gens; il faut regarder plus haut que la terre pour se consoler. Assurément peu de correspondance offre un intérêt aussi puissant que celle-ci. Tous les matériaux de l'histoire la plus curieuse, la plus romanesque des temps modernes : celle des chevaliers d'industrie qui firent la prospérité factice mais glorieuse encore de l'Espagne, à la fin du moyen-âge, sont enfouis sous le titre modeste d'archives de la bourse de Séville. Il y aurait de quoi faire d'un pédant, ou même d'un agioteur, un poëte, pourvu qu'il copiât exactement.

La décoration des galeries répond à l'importance du trésor qu'elles renferment. Elles sont voûtées, leurs ceintres sont en pierres pareilles à celles du corps de l'édifice, et sculptées avec une élégance, un goût qui font honneur à l'architecte Herrera. Ce monument est un chef-d'œuvre.

On n'a rien négligé pour que la décoration de l'intérieur des salles et des galeries, répondît à la magnificence de l'architecture. Un tel soin, je dois le dire, est rare en Espagne. Les armoires destinées à renfermer les papiers, sont de bois d'acajou; elles règnent dans toute la longueur des galeries; ces galeries font le tour de l'édifice, dont l'ensemble a la forme d'un carré parfait, avec une cour intérieure assez aérée et d'une grande élégance. Les fenêtres, les volets, les portes sont en bois d'acajou de la plus belle espèce, les pavés sont des compartiments de marbres précieux.

J'aurais voulu passer des semaines, des mois, à parcourir la correspondance de Christophe Colomb avec le gouvernement espagnol, pendant les divers voyages du grand homme en Amérique; mais ce n'est pas sans beaucoup de peine que les étrangers parviennent à puiser dans ce trésor. Je ne savais pas qu'il aurait fallu apporter de Madrid une permission expresse, pour pouvoir me faire montrer autre chose que l'étiquette de ces précieux paquets. J'ai lu les écritures à travers les bandes des liasses, voilà tout, c'est déjà beaucoup. Quand je vous reviendrai, vous verrez une main qui a touché les lettres de Colomb, d'Amérique Vespuce, de Fernand Cortez et de chacun des premiers gouverneurs du Nouveau-Monde. Ces chevaliers du négoce furent les héros de l'époque de transition, où la force individuelle commençait à céder l'empire à la richesse qui est la force sociale, et qui finira aussi, dit-on, par s'abaisser elle-même, devant une puissance plus noble : l'intelligence.

Mais pour hâter cette grande et utile révolution, il faut que l'esprit se respecte lui-même un peu plus qu'il n'a fait depuis cent ans. Pendant tout le dix-huitième siècle, je ne vois guère, en France, que Rousseau qui ait rendu témoignage, par ses actes autant que par ses paroles, à la grandeur du sacerdoce littéraire; au lieu de vivre de ses écrits, de vendre ses pensées; il copiait de la musique et ce trafic fournissait à ses besoins. Ce noble exemple tant ridiculisé par un monde aveugle, me paraît, à lui seul, capable de racheter les erreurs de sa vie. Sa conduite était une prédication en action ; car, sans la célébrité qu'il devait à ses ouvrages, la musique ne lui aurait pas même valu le pain qu'elle lui rapportait : cependant, il y avait dans cette espèce de mensonge, dont il se payait lui-même, une énergie d'orgueil plus noble que les brillantes mais vaines déclamations de ses rivaux. Il pressentait et prouvait d'avance, par sa manière de vivre, le règne d'un Messie dont nous n'avons pas encore vu l'avènement : le génie. On retrouve dans la fierté cynique du philosophe de Genève, quelque chose de la grandeur des prophètes hébreux, de ces hommes dont l'existence toute entière n'était qu'un symbole destiné à prouver aux juifs la vérité de leurs paroles. Il y a loin de la dignité d'action du pauvre Rousseau à la pompeuse fortune littéraire des spéculateurs en philanthropie, Voltaire et de son écho lointain : Beaumarchais. Ces deux hommes, malgré l'éclat de leur esprit et à cause de celui de leur richesse, ne sont que les chefs de files de ces négociants d'idées qu'on appelle aujourd'hui des écrivains. Ces entrepreneurs de livres, ces auteurs libraires, ont fait de notre littérature une métairie aussi lucrative, mais aussi poudreuse, aussi crottée qu'un champ de betteraves ou de colza. Moi tout comme un autre, je voudrais trafiquer du talent que je puis avoir, le peser au poids de l'or; je voudrais vendre, et vendre très-cher, jusqu'aux lettres que je vous écris; et je m'estimerais sur leur prix plus que sur le témoignage de ma conscience!!! Pourtant je ne mentirai jamais afin d'augmenter ce prix; fût-il destiné à me procurer le nécessaire. Mais sans falsifier les œuvres de mon esprit, je tâcherai de les vendre le mieux que je pourrai. Rousseau me paraît faire exception, dans son siècle, non-seulement par son talent, mais par son caractère. Je trouve qu'on est injuste aujourd'hui envers lui. Il fut le précurseur d'une race d'hommes supérieurs, et qui doit renouveler le monde par la puissance de l'esprit; à la vérité elle n'est pas encore née, mais je l'attends d'après le témoignage de l'écrivain prophète; prophète par ses actes plus que par ses livres : puisque dans un siècle déjà bien avide d'argent, il nous a montré un homme de lettres qui aimait mieux rester pauvre que de s'enrichir du produit de ses œuvres! Ce génie d'action vaut mieux que tous les prestiges d'un beau style; le talent de Rousseau a eu jusqu'à présent plus d'imitateurs que sa fierté; mais qui sait ce que le temps nous réserve?

La richesse se passe si bien de gloire, qu'il faut espérer que la gloire finira par se passer de richesse, et c'est alors qu'elle acquerra toute son influence; voilà ce que je remercie Rousseau de m'avoir fait pressentir. Mais la gloire mercenaire qui promet tant et se contente de si peu, n'est qu'une ombre, une carricature de la vraie gloire; celle-ci accompagne la haute renommée, l'autre retarde le règne du génie en en usurpant la charge et la place. Je ne croirai au gouvernement des hommes de talent, que lorsque je verrai l'esprit dédaigner la fortune; mais tant que les œuvres de la pensée arriveront à leur rang sur la liste des produits de la société, comme une étoffe brodée à la vapeur, ou comme un peloton de laine filé à la mécanique, je dirai: les hommes d'esprit n'ont pas trouvé leur sphère, ils sont des marchands, menteurs ainsi que tous les autres marchands; car tout commerce dégénère en mensonge. Mais les mensonges des marchands de vérité devraient être punis plus sévèrement que la fraude d'un poids ou d'une mesure; les talents trompeurs volent non seulement la bourse; ils faussent l'intelligence. Les traîtres: c'est le pur aliment de l'esprit qu'ils emploient pour corrompre l'esprit: il faut les honnir au lieu de les applaudir... Ne le voyez-vous pas, malgré leurs brillantes déclamations, ces empoisonneurs du jugement donnent raison, par le fait, aux supports des vieux gouvernements qui prétendent que pour faire aller le monde, il faut s'assurer de la force et ne pas s'embarrasser du droit?

C'est à cette conséquence qu'aboutit le glorieux, l'immortel trafic de nos avides agioteurs d'idées: de ces talents hypocrites, de ces faux prophètes qui se donnent pour soleils aux yeux des nations égarées, et ne sont que des feux follets allumés pendant la nuit, pour conduire au fond d'un marais l'imprudent voyageur qui se fie à leur éclat.

Vous me permettrez de finir cette lettre sans m'excuser de mes digressions, auxquelles vous avez eu le temps de vous habituer bien avant mon arrivée à Séville.

M. Washington Irving a fait dernièrement dans cette ville un assez long séjour, afin de parcourir les diverses correspondances enfermées dans les galeries de la Lonja, et notamment dans celle de Christophe Colomb, dont il écrit maintenant la vie. Il a fouillé des trésors, il a parcouru et copié les lettres les plus précieuses; mais toujours en présence d'un témoin qui avait reçu de Madrid, l'ordre de ne pas perdre un instant de vue l'ingénieux voyageur. Le résultat de ce travail est attendu avec impatience, même par les habitants du pays..... même par des Espagnols! Cette curiosité est une victoire remportée par le talent d'un homme sur l'apathie d'un peuple.

LETTRE XXVI.

SOMMAIRE.

Encore la cathédrale. — Bibliothèque de livres de plain-chant. — Magnificence des miniatures. — Impossibilité de tout décrire. — Tâche du voyageur difficile à remplir. — La curiosité faiblit. — L'imagination plus nécessaire que la mémoire pour décrire. — En vieillissant il faut rester chez soi. — Hypocrisie de l'homme qui continue de voyager sans curiosité. — La jeunesse du cœur n'est qu'une déception passé la moitié de la vie. — Bonheur d'être à Séville. — Ce qui fait qu'on n'en est pas digne. — Avantage des difficultés en voyage. — Intégrité des sacristains. — Les hommes incorruptibles sont incommodes à rencontrer sur son chemin. — La sacristie mayor. — Plusieurs peintres peu connus. — Deux saints évêques peints par Murillo. — Manière dont ils sont peints, rarement employée par l'artiste. — Salle du chapitre. — Tableau de l'ange gardien déposé dans une salle basse. — Analyse de ce chef-d'œuvre. — Expression poétique des deux figures. — Murillo : son talent particulier ; sans rival, même en Italie, quand il peint les enfants. — Il rend la métaphysique poétique. — Richesses enfouies dans Séville. — Le consul d'Angleterre.

A MADAME DE VARNHAGEN D'ENSE.

Séville, ce 9 mai 1831.

On n'a jamais fini de voir la cathédrale de Séville ; c'est un royaume tout entier avec son gouvernement, avec son peuple ; on y trouve jusqu'à des chancelleries, espèces de palais habités par une foule de commis en costume de chanoines. Ces employés sont chargés de tenir les registres de diverses comptabilités nécessaires à la direction de l'église. Il y a des salles retirées où l'étranger pénètre par hasard, car dans ce labyrinthe sacré, on ne trouve de guide sûr que soi-même ; on arrive à ces salles en traversant les chapelles latérales, et les innombrables sacristies attenantes au corps principal de l'édifice ; là, on découvre comme en dépôt des ouvrages d'un art merveilleux, ou tout au moins des richesses extraordinaires; c'est un luxe de boiseries, d'étoffes, c'est une profusion d'objets précieux; là tout vous paraît digne d'attirer votre attention, jusqu'aux portes des armoires qui renferment des trésors et qui sont elles-mêmes des chefs-d'œuvre, soit par la rareté de la matière, soit par la finesse du travail.

Les crédences qu'on a ouvertes devant moi, contenaient entre autres choses de prix, des saints d'argent massif, un soleil de quinze pieds de diamètre, un cierge de trois pieds de circonférence, des tabernacles d'argent de douze à quinze pieds de haut; enfin, des monceaux d'étoffes brodées en or, des tapisseries, des décorations de brocards d'or et d'argent. Ne croyez-vous pas lire un conte de fée? Étourdi de tant de magnificence, on sort d'une salle pour passer dans des galeries brillantes de dorures, et dont les voûtes sont ciselées avec un soin merveilleux. On est ébloui de l'éclat des marbres, des peintures; on se fait ouvrir une bibliothèque remplie de livres de plain-chant, tous d'un travail précieux, et dont quelques-uns sont d'une haute antiquité. Ils contiennent des miniatures sur parchemin, dont chacune mériterait à elle seule un quart d'heure d'examen; mais des rayons entiers sont remplis de ces livres, remarquables par leur ancienneté et par la beauté des peintures qu'ils renferment. Voilà de quoi décourager la curiosité la plus robuste. Quelque actif qu'il puisse être, le voyageur étonné de tant de richesse, s'effraie de sa charge et sent l'insuffisance de son zèle pour faire, ne fût-ce que l'inventaire des raretés qu'on lui montre. Il erre à l'aventure, il parcourt d'un œil inquiet le vaste champ ouvert à ses recherches, il s'effraie de sa tâche, il se dépite contre sa faiblesse, contre la brièveté de sa journée, contre le désordre de ses idées, contre la confusion de ses souvenirs. Enfin, le plaisir qu'il s'est imposé en voulant visiter avec soin cette prodigieuse collection, ressemble tout à fait à une peine.

Je veux me révolter, me soustraire à mon devoir de curieux et de narrateur scrupuleux : l'exactitude de la description dégénérerait en métier d'huissier-priseur ; je me bornerai donc à vous donner quelque idée de la peinture espagnole.

C'est à Séville que j'ai appris à connaître Zurbaran, peintre du premier ordre; il a d'autant plus de mérite qu'il a précédé Murillo : son style est plus ferme, mais moins suave que celui du Corrége de l'Andalousie. Campana a également dans ses œuvres un caractère distinct. Outre les ouvrages de ces chefs d'école on trouve encore dans les diverses parties de l'église des tableaux de Valdès, un des plus anciens peintres espagnols, de Moralès et de beaucoup d'autres grands hommes inconnus au reste de l'Europe. La chapelle de l'Antigua est une des plus riches en peintures admirables et en sculpture d'un goût excellent. Il faudrait consacrer une matinée à chacun des sanctuaires qui sont comme les compartiments de la ville religieuse nommée par abréviation la cathédrale de Séville; et encore la mémoire la plus difficile ne suffirait pas à nous représenter cette variété de richesses. Je sens que mes souvenirs me paraîtront des mensonges quand je ne serai plus devant la réalité. L'imagination seule croirait à tant de prodiges et pourrait y faire croire. L'imagination fait un tableau mieux que la mémoire ne le refait, parce que l'imagination est libre, et que, dans les moments d'exaltation, c'est-à-dire de création, la confusion lui sert d'ombre et l'émotion de lumière; l'imagination est l'instrument de la poésie : elle peint; la mémoire ne fait que calquer. Maintenant, si je veux être exact, il s'agit de colorer, de peindre avec éclat, avec profusion. Mais, aujourd'hui, je ne sais pas dire ce que je vois, parce que je sens froidement; c'est donc à vous qui êtes poëte sans rimes, de faire la moitié de mon œuvre et de vous figurer d'après me faible esquisse ce merveilleux monument avec tout ce qu'il contient d'extraordinaire. Moi qui le vois, qui puis le voir à toute heure, je succombe aux difficultés de la description, l'invention vous coûtera moins. La longueur du catalogue excède la mesure de ma patience, la variété des sujets m'éblouit; la profusion me blase et les chiffres et les noms me prennent les idées. Je reste imbécile d'admiration; la fatigue de voir empêche de penser; à force de regarder, on perd la faculté de sentir, et l'âme s'en va par les yeux. Je me crois arrêté devant le Mont-Blanc et obligé de noter la hauteur désespérante de chaque dôme de glace, de chaque aiguille de rocher : je me sens condamné à mesurer l'étendue de chaque vallée adjacente. Cet immense monument de la nature m'est souvent présent à l'esprit devant les grandes créations de l'art; mais pour admirer l'architecture naturelle aussi bien que l'architecture humaine, il faut une âme vivante, et souvent je tombe dans une apathie mortelle. Les mauvais moments de la vie pour l'homme qui court le monde, ce sont ceux où sa curiosité faiblit. La tâche reste la même; le courage manque pour la remplir. La curiosité, c'est l'esprit, le souffle, l'âme du voyageur, c'est comme le vent pour un navire: les navigateurs ne redoutent rien tant que de manquer de vent. Si jamais vous voyagez encore, craignez donc que la curiosité ne vous laisse en chemin: sans curiosité, tout voyageur devient un menteur, un hypocrite de sensibilité. C'est comme un prophète sans charité. La curiosité est la disposition naturelle de l'homme qui sort de chez lui volontairement. Quand elle lui manque, s'il est sincère il doit s'arrêter. Il me semble bien souvent que j'en suis là; je sens que je baisse, parce que je perds l'envie de voir et de sentir; je ne suis plus insatiable, infatigable; je ne suis plus voyageur : plaignez-moi de continuer un état que je n'ai plus le droit d'exercer. Je suis trop vieux pour voyager. C'est une manie, un pli de mon cerveau qui me pousse dehors sans me laisser pour excuse les surprenants plaisirs du jeune voyageur. Vieillir ne serait rien si l'on oubliait la jeunesse aussi vite qu'on la perd; mais vieillir sans changer, voilà ce qui est redoutable! Ce qui nous fait trouver le temps pesant, c'est que trop souvent nos regrets, nos illusions, aggravent le mal que nous cause cet ennemi. S'il nous épargne une partie de la tristesse qu'il apporte à d'autres, cette exception nous rend ridicules: les ans ne deviennent alors pour notre frivolité qu'un moyen de conserver plus longtemps la vieille habitude d'être jeunes. Quand on n'a pas su mourir avant la vieillesse, il faut savoir se cacher et se taire. Le seul voyage digne d'occuper la pensée pendant la dernière partie de la vie, c'est celui qui doit commencer à la mort.

Je ne suis pas digne de mon bonheur. Quand je pense à ce que donneraient bien des gens que je connais pour être transportés comme par magie dans le lieu où je vous écris ceci, je rougis de me sentir blasé sur ce qui pourrait les enthousiasmer. J'ai donc moins d'activité dans la pensée que des hommes dont jusqu'à présent je me suis cru l'égal, au moins..... Quelle honte!.... Mais j'ai beau m'évertuer, il y a des moments où rien ne me fait. Aujourd'hui, par exemple, je ne tournerais pas la tête pour faire une découverte, pour enrichir l'art d'un chef-d'œuvre inconnu. Triste résultat des excès de la curiosité : j'ai abusé de la flexibilité de mon imagination; et mon esprit apprend à ses dépens que la modération est nécessaire même dans l'usage des plaisirs les plus innocents, des plaisirs de la pensée.

Le même jour, suite de la lettre.

Pour l'étranger résigné à bien voir, c'est peut-être un bonheur que tout soit difficile en Espagne, et surtout à Séville; si cette difficulté trouble notre plaisir, elle augmente notre mérite. Vous ne pouvez vous figurer la peine qu'on a quand on veut pénétrer dans chacune des chapelles particulières de l'immense édifice, de l'hydre à bibliothèques, à galleries, à trésors sacrés et profanes, à sacristies qu'on appelle d'un nom bien simple, bien bref en comparaison de la chose : je veux dire de la *cathédrale de Séville*. Le voyageur est loin de prévoir les embarras qui l'attendent s'il veut connaître tous les ressorts secrets de ce corps prodigieux ; mais, je le répète, c'est un bonheur pour lui de rencontrer tant d'entraves. Elles le forcent de renoncer à la moitié de ses plaisirs pour jouir mieux de l'autre moitié. C'est déjà un profit ; sans les difficultés qu'il éprouve, il verrait peut-être tout en un jour, et à coup sûr il verrait tout mal ; ce qui lui ôterait le courage et le désir de revoir.

Les sacristains de Séville ne reçoivent pas d'argent. Il résulte de cette délicatesse qu'ils vous obligent à prendre leurs jours, leurs heures que personne ne peut vous indiquer d'avance. Il faut aller vous-même au hasard à la cathédrale, tâcher de rencontrer ces personnages scrupuleux, et là vous négociez avec eux pour avoir l'entrée des sanctuaires confiés à leur garde. Rien n'est facile avec les gens incorruptibles, ils prennent ordinairement la désobligeance pour un des attributs de la probité. Grâce à tous les genres de barrières qui nous arrêtent en Espagne ; à celles de la vertu et du vice, de l'intégrité, de l'insouciance, de la paresse, le voyage se prolonge au-delà de tout calcul. Il faut consacrer trois visites à étudier ce qu'ailleurs on verrait en une heure ; mais aussi vous vous souvenez mieux des objets dont vous n'avez pu vous approcher qu'avec effort. Le temps que vous mettez à obtenir la permission de voir, vous sert à classer dans votre mémoire ce que vous avez vu, et vous finissez par prendre la maussaderie, ou ce qui me paraît synonyme dans ce cas, le désintéressement des gens de l'église pour une coquetterie bien entendue.

Le même jour, à 8 heures du soir.

La sacristie-mayor est une des parties les plus intéressantes de la cathédrale. On y voit un admirable tableau de Campana : c'est une descente de croix. Le dessin et l'expression m'ont paru sublimes ; mais la couleur est d'un effet désagréable : ce qui m'a le plus frappé dans cette salle, ce sont les portraits en pied et plus grands que nature de deux saints évêques : saint Isidore et saint Bonaventure. Ces tableaux sont de Murillo. Jamais on n'a poussé plus loin l'imitation de la nature, l'illusion de la couleur. L'art porté à ce point est de la magie. Vus à la distance indiquée par le peintre, ces deux portraits paraissent extrêmement finis : mais quand on monte à l'échelle, au moyen de laquelle on s'approche de la toile autant qu'on veut, on ne voit plus que des coups de brosse, et le chef-d'œuvre se change en un vrai barbouillage. Au reste, cette manière n'est pas celle qu'employait ordinairement Murillo; il aura voulu montrer qu'il pouvait peindre à l'effet quand il voulait. Mais, en général, il soignait scrupuleusement l'exécution de ses tableaux, qui sont remarquables par la finesse de la touche, par le velouté du pinceau. Une toile couverte par lui prend l'apparence d'une étoffe précieuse, par la finesse du tissu autant que par l'éclat des couleurs; quant à la vérité de l'expression, elle tient au génie de Murillo : les effets du clair-obscur, partie de l'art où ce maître excelle, tiennent à sa science acquise autant qu'à son organisation. Ce qui caractérise Murillo c'est qu'il possède la patience à un aussi haut degré que l'inspiration. Le soin extrême qu'il mettait à bien faire était une sorte de respect pour lui-même et pour le public. Ce travail scrupuleux n'a pas plus nui à l'essor de son talent qu'il n'avait arrêté autrefois l'élan du génie de Raphaël.

Nous avons encore admiré ce puissant coloriste dans la salle du Chapitre, chef-d'œuvre de goût et d'élégance. Elle est d'une forme ovale et toute couverte d'ornements dorés d'un effet excellent. Cette salle renferme trois ou quatre tableaux de Murillo, entre autres une madone et deux saintes, qui égalent ce qu'il a fait de mieux.

Mais tout cela m'a moins frappé qu'un tableau du même maître, déposé dans une des sacristies les plus reculées. On l'avait porté là pour le faire copier par un jeune peintre. Il était éclairé mieux que dans l'église; j'ai pu en jouir à mon aise. Rien jusqu'à présent dans la peinture espagnole ne m'a fait autant d'effet que cette composition, aussi simple que poétique. C'est surtout le sentiment de la poésie chrétienne qui domine dans les œuvres de Murillo. Il est varié, brillant, plein de mouvement, d'expression, d'imagination : il est même quelquefois grandiose, quoique trop rarement; mais ce qu'il est toujours, c'est religieux : en général la sévérité du style manque à l'école espagnole. Elle reste inférieure sur ce point à la peinture italienne. On voit que le christianisme de l'Andalousie n'est pas enté sur l'antiquité comme le catholicisme de Rome.

Le sujet est un ange chargé de conduire un enfant dans le ciel. L'ange montre d'une main la gloire qui attend l'âme délivrée du nouveau bienheureux ; mais ses yeux, au lieu d'accompagner ce mouvement, sont abaissés vers l'enfant avec une sorte de sollicitude tout angélique : l'expression de physionomie de la jeune créature est l'insouciance, l'ignorance de tout danger dans leur grâce la plus charmante; cet être humain, préservé des périls de sa condition par un pouvoir surnaturel, ne sait où il est, d'où il vient, à quoi il échappe, où il va : il n'a ni crainte, ni regret, ni espoir, ni souvenir, ni besoin, ni désir : c'est l'idéal de l'enfance ; enfin c'est la figure d'un enfant qui a manqué de devenir homme. On voit qu'il ne peut souffrir, il ne peut que jouir. Non-seulement il échappe au mal, mais il ignore la douleur à laquelle il vient d'échapper. Il plane dans l'éther comme il ferait la culbute dans une prairie; il respire la liberté sans se douter de l'esclavage. Papillon du ciel, il vogue dans l'espace infini comme la poussière des fleurs voyage emportée par les vents du printemps. Cette profonde sécurité de l'innocence près de participer à la suprême béatitude, qui, pour elle, est une pure grâce et non pas une récompense, ce bonheur sans crainte ni impatience au moment du jugement suprême, est un trait de génie du peintre. Les enfants de Raphaël ont trop de choses dans la tête : personne avant Murillo n'avait su si bien diviniser l'enfance tout en la laissant ce qu'elle est. Mais, tout le mystère de notre destinée, tout le secret des desseins de Dieu sur l'homme, tout le danger que nous courrons est dans le regard protecteur de l'ange. Cet ange explique tout ; il y a dans l'expression de sa physionomie une gravité qui vous saisit d'abord ; une compassion profonde qui vous force à faire un retour sur vous-même en vous rappelant la condition humaine avec ses douleurs, ses périls, ses nécessités. Vous pressentez les déceptions, la peur de la mort, la trahison, enfin la vie telle qu'elle est : voilà le côté terrestre du sujet ; en même temps il y a dans la figure si sérieuse de ce messager divin un mélange de satisfaction, je dirais presque une sainte importance, qui me révèle les merveilles du ciel. Murillo a justifié la croyance à l'ange gardien. Les fonctions de cet être intermédiaire, placé auprès de l'âme humaine, son influence dans l'ordre de la création, toute notre poétique philosophie chrétienne du moyen âge plus intime que la mythologie grecque ; tout ce qui est inexprimable, enfin, dans la foi du simple, dans la croyance du pauvre d'esprit, tout est révélé dans la scène allégorique qui fait le sujet du tableau de Murillo, sujet impossible à traiter pour toute âme moins religieuse, moins poétique que celle de ce peintre, éminemment spirituel. Spirituel est mis ici pour le contraire de matériel. Il rend la pensée visible, il se rit des difficultés de l'art, qu'il subtilise à volonté pour exprimer l'idée; et cependant il ne perd jamais de vue la nature : l'image juste naît malgré lui sous son pinceau; la vie apparaît avec la pensée, une vie pleine de charme et de grâce!.... Pour Murillo, la toile est le miroir de l'âme, d'une âme riche, sensible : l'allégorie devient pour lui réalité, et le sentiment de la vérité se confond dans ses œuvres avec l'inspiration poétique. Jamais poésie plus fugitive, plus idéale, plus métaphysique, n'a été aussi heureusement adaptée aux conditions de notre grossière intelligence. Partout on reconnaît un maître, qui ne trouve dans les difficultés de son art que des moyens d'effet. Pour le génie, l'obstacle est toujours une source de beauté!.... A genoux devant cet ange et cet enfant, je pleurais d'admiration en m'écriant : « Grand homme! à quelle onde as-tu puisé?.. Qu'on est heureux d'avoir été Murillo!... »

Mais aussi qu'on est heureux d'être voyageur, d'être à Séville, et que j'étais ingrat ce matin!

Quiconque a vu mourir son enfant ne pourra contempler le tableau de l'ange gardien, sans attendrissement et sans consolation !!! Murillo était père, on le voit dans cet ouvrage. Le travail en est moins parfait, moins délicat peut-être que celui des chefs-d'œuvre les plus fameux du même artiste ; mais la conception et l'expression sont divines, c'est une religion tout immatérielle, une philosophie toute spirituelle rendue visible par le génie de la peinture.

Chaque jour passé à Séville vous fait découvrir un nouveau chef-d'œuvre inespéré, car personne ne vous annonce rien. On succombe sous le nombre des merveilles de l'art qu'il faut voir, et revoir pour les bien apprécier après les avoir découvertes. Les galeries particulières sont aussi riches en tableaux du premier ordre que les couvents et les églises. Quelqu'un m'a mené chez un chanoine pour voir deux Murillo : un saint François d'Assise* et une sainteCatherine. Le premier est remarquable par l'expression ; le second par *le faire*. Le consul d'Angleterre, M. Williams, possède également une collection de tableaux parmi lesquels il se trouve des ouvrages admirables. Il accorde l'entrée de sa

* On m'a dit que ce tableau se trouve aujourd'hui chez M. Aguado, à Paris.

galerie aux étrangers qui se louent fort de sa libéralité. Il est pour nous, particulièrement, d'une bonté que je ne puis reconnaître qu'en me promettant d'en conserver toujours le souvenir.

LETTRE XXVII.

SOMMAIRE.

Ce que c'est que la vie à Séville. — Manière d'habiter les maisons pendant l'été. — El patio (la cour) : imitation de l'atrium des anciens. — L'ennui impossible dans un pays où le repos est une jouissance. — Mariages par le balcon. — A quoi servent les grilles. — La *navaja*, couteau de poche des Espagnols. — Jose Maria, le brigand, traite avec le roi des Espagnes. — Ignorance de ce qui se passe en France. — Issue du procès des ministres ignorée du gouverneur de Séville. — Le combat de taureaux. — Les taureaux de Séville. — Fuite du cheval et du cavalier autour de l'arène. — Présence d'esprit de l'homme. — Mort d'un piccadore. — Cet événement est rare. — Échappée de vue sur la ville à travers une brèche formée par l'ouragan dans l'amphithéâtre. — Coucher de soleil. — Scène vraiment espagnole. — L'homme compatriote des taureaux. — Ses transports frénétiques. — L'hôpital rempli dans la saison des combats. — Costume national remplacé par le frac européen. — Les combats de taureaux perpétuent les modes anciennes. — Les novillos. — Plaisir de la jeunesse de Séville. — Scènes burlesques à la fin du spectacle. — Soir d'été. — Art du torreador étudié par les jeunes gens de toutes les classes. — Un homme de vingt ans, libre, arrivant à Séville, y restera toujours s'il a de l'imagination. — Traductions en prose. — Dans la poésie, l'expression ne peut être séparée de l'idée. — Traduction d'une romance tirée du *Romancero de romances moriscos*. — Comparaison de la poésie et de l'architecture espagnole. — Traduction de la description du combat de taureaux par lord Byron, dans Childe-Harold. — Le poëte étranger vaincu par le poëte national. — Texte espagnol de la romance.

A MONSIEUR JULES JANIN.

Séville, ce 10 mai 1831.

A Séville, la vie me paraît une affaire moins grave que dans les autres parties de l'Espagne ; tout y respire l'aisance, le luxe, un luxe original, la gaieté, la propreté même, du moins une propreté apparente. Je trouve ici les avantages de l'industrie sans en ressentir les inconvénients. Il y a dans chaque maison un peu soignée, une espèce de place publique que je ne me lasse pas d'admirer, c'est la cour intérieure ; on nomme ce lieu : « el patio » ; il rappelle tout-à-fait l'*atrium* des habitations de Pompeï avec plus de luxe, plus de marbres et plus de colonnes. Ces salons d'été sont ornés de fontaines et d'arbustes qui les rafraîchissent délicieusement; des vases élégants et remplis de fleurs parfument l'air, l'ardeur du soleil est tempérée par des tentes de soie, une profusion de bougies, en plein air, continue la lumière du jour, et cet éclat contraste admirablement avec le ciel profond et foncé des nuits, dans les contrées méridionales. C'est dans *le patio* qu'on reçoit, qu'on mange, qu'on fait de la musique, qu'on danse, qu'on dort, qu'on vit, enfin, d'une vie plus agréable que celle qu'on passe dans des chambres closes. Personne ici ne se donne de peine pour se divertir : tout le monde s'amuse sans rien faire. L'ennui est inconnu dans un pays où le repos est à lui seul une jouissance.

La vie du balcon et les intrigues qu'elle amène sont un peu passées de mode à Séville. Néanmoins nombre de mariages se font encore tous les jours à la faveur des entretiens nocturnes des jeunes filles et des jeunes hommes qui n'ont pas d'autres moyens de communication. Ils causent ainsi pendant des mois, et se marient sans s'être jamais vus autrement que par la fenêtre ou à l'église. Qu'on se figure l'ivresse que doivent éprouver deux jeunes cœurs bien passionnés, le jour où disparaît le grillage qui les a séparés depuis qu'ils s'aiment!

Une telle joie vaut la peine de naître.... et de mourir!!..... Que me font les inconvénients d'un ordre social, qui procure aux hommes un bonheur inconnu partout ailleurs? Les entraves, les barrières, les grilles, ne sont qu'une recherche de coquetterie, ou même de sentiment; l'un n'est jamais séparé de l'autre en Espagne. Mais qu'importent les moyens, pourvu qu'ils ne soient pas malhonnêtes, quand le but est atteint? Le but c'est le bonheur; et à Séville on est heureux..... Ici, la vie est comme un drame plein de défauts, mais où l'on trouve des beautés qui rachètent tout. Réformer l'Espagne, ce serait vouloir corriger Corneille ou Victor Hugo.

Le couteau de poche espagnol, la *navaja*, est une arme terrible; ployé, il ressemble à un poisson d'un pied de long; ouvert c'est pis qu'un sabre. Les gens du pays frappent aux entrailles, et d'un seul coup de *navaja* ils ouvrent le ventre de leur ennemi. On a beau dire, mais cette manière de se venger n'est nullement passée de mode; hier un douanier a été éventré de la sorte, à l'entrée de Séville, par un paysan dont il avait saisi les denrées. On a pris l'assassin..... Prendre un assassin, c'est une innovation, une mode étrangère qui aura de la peine à s'introduire ici, car l'opinion protège le malfaiteur. Cette disposition contrariante des esprits est assurément très-blâmable, mais l'autorité a toujours sa part dans un tort de cette espèce. La taquinerie sociale tient aux fautes des gouvernements autant qu'au mauvais esprit des peuples. J'ai déjà eu plusieurs occasions de reconnaître qu'il faut attribuer en grande partie les égards des Espagnols les uns pour les autres, à la connaissance qu'ils ont de leur caractère vindicatif, à la peur des justices particulières, accrue par le mépris de la justice publique.

Un brigand fameux, José Maria, désole depuis longtemps l'Andalousie. Il traite maintenant avec la cour, et suspend ses expéditions sanguinaires, en attendant *la réponse du roi des Espagnes*.

L'*ultimatum* du voleur paraît à Madrid un objet digne d'occuper le conseil.

Il y a deux souverains en Espagne : celui du palais et celui du grand chemin. Et, pour tout dire, on ne sait pas toujours lequel des deux est le pire. En attendant le réveil de José Maria, l'Andalousie respire. Hier, trois de ses gens à cheval ont rencontré la diligence de Madrid, à six lieues de Séville; cette voiture était partie deux jours après celle que nous avions prise à Aranjuez. La vue des brigands a jeté l'alarme parmi les voyageurs; mais comme les sujets du souverain des bois n'étaient pas en force, ils n'ont attaqué personne.

Pour vous donner une idée de l'ignorance où l'on est ici de ce qui se passe en Europe, je veux vous dire la question que me faisait hier un général espagnol : notez qu'il a été longtemps au service de France. Il vient d'être envoyé à Séville pour y commander les forces du roi, qu'on a doublées à l'occasion des troubles de Cadix. Apprenant qu'un Français se trouvait logé dans la même auberge que lui, il a demandé à me voir. Sa première pensée a été de s'informer du sort des ministres de Charles X. Aujourd'hui, 10 mai 1831, il ne savait pas encore si M. de Polignac et les autres avaient été sauvés. La diligence ne met pourtant que cinq jours pour aller de Madrid à Séville, et quatre de Bayonne à Madrid. J'ai cru d'abord que la question du général était un moyen détourné et maladroit de sonder le fond de ma pensée. Mais le reste de la conversation m'a fait reconnaître l'ignorance et l'ingénuité de l'homme avec lequel je causais. Il faut dire cependant, toute impertinente que cette justice rendue puisse vous paraître, qu'on trouve en Espagne, comme ailleurs, des personnes éclairées et instruites, excepté sur ce qui touche à la politique du jour. Ce général m'a donné avec beaucoup d'obligeance des détails sur le chemin que j'ai le projet de prendre pour aller de Cadix à Gibraltar, route qui n'est pas du tout facile.

La promenade est un des grands plaisirs des

habitants de Séville; on sort presque toujours à pied, parce que les rues de cette ville sont si étroites, si tortueuses, si mal pavées, qu'elles font de la promenade en voiture une espèce de supplice. C'est le contraire des villes d'Italie, où les femmes de la société ne vont jamais à pied.

Que je regrette d'avoir parlé ailleurs des combats de taureaux de Madrid! Vous savez que je ne puis peindre que mes premières impressions; pour bien donner l'idée de ce spectacle, c'est ici que j'aurais dû le voir d'abord; c'est ici que les hommes s'exposent à périr dix fois dans une course (*corrida* est le nom espagnol donné aux combats de taureaux); c'est ici qu'ils font des prodiges d'adresse et de courage. Ces prouesses font dire aux gens du pays, avec l'air rodomont qu'on leur reproche: *Los Espagnoles tienen mucho valor*, les Espagnols sont très-braves. Un étranger entend cette phrase répétée par dix mille personnes, chaque fois qu'il sort d'un combat de taureaux, et il voit clairement que c'est pour lui qu'on la dit.

Les taureaux de Séville sont de vrais monstres de la fable; rien n'égale leur force et leur rage. Ce que j'ai vu de plus beau dans le genre terrible, c'est cet animal lorsqu'il est outré de fureur par les premiers coups de lance dont il a été frappé, entre l'encollure et l'épaule, et qu'il poursuit de toute la vitesse de la colère le piccadore au galop. Cette fuite du cheval et de son cavalier autour de l'arène, est un spectacle admirable. Chacun défend sa vie : le taureau avec une ardeur de vengeance, une fureur méridionale qui ressemble à la foudre, lance le feu par les yeux, par les naseaux...... Quel souffle envenimé!... quel regard sauvage!... quelle haine!... On dirait des flèches qu'il darde de loin contre son ennemi avant de pouvoir l'achever sur ses cornes et sous ses pieds. Le coursier, léger comme la peur, s'échappe avec une agilité qui lui fait surpasser la vitesse du monstre acharné à le poursuivre, l'homme se sauve par son sang-froid, par son coup d'œil, qui l'aident à saisir l'instant de se retourner contre le monstre et de le frapper avantageusement. La supériorité de l'intelligence est proclamée par le triomphe du matadore. Cette lutte tout à fait antique, met en action les forces des êtres les mieux doués de la création; elle se termine presque toujours par la victoire du plus faible. Pourtant on a vu des piccadores succomber dès le commencement de la course. Alors c'est au matadore de venger le champion qui vient de périr; et quand on en arrive là : taureau, piccadore, matadore, tout est divinisé dans Séville : les bravos sauvages de la population presque entière de cette ville à demi-barbare, servent en même temps d'oraison funèbre au chrétien martyr du grossier honneur auquel il a tout sacrifié, et d'apothéose à l'animal métamorphosé en héros par la mort de son adversaire; on n'entend plus dans le cirque et bientôt dans la ville qu'une fanfare à la gloire des vainqueurs : au triomphe de l'homme qui vient d'abattre le taureau et de venger le piccadore. On plaint moins celui-ci qu'on n'admire la bête dont la rage victorieuse l'a tué. Dans ce moment d'ivresse et de folie, le matadore est le dieu de Séville. Heureusement que de pareilles scènes sont rares comme un poëme épique, et qu'une poésie moins sublime suffit ordinairement pour rassasier la curiosité passionnée du peuple andaloux. J'ai vu le piccadore près d'être atteint par la corne du taureau qui le poursuivait, se retourner inopinément sur sa selle, se pencher contre la bête furieuse, sans ralentir le galop de son cheval, et frapper en courant la nuque puissante du taureau. C'est alors que le péril, la valeur, la rage, l'adresse, étaient portés à leur comble, ainsi que la sympathie des spectateurs. Dans de pareils moments les passions du peuple sont si violentes et se manifestent par des signes si effrayants, qu'on ne peut s'empêcher de frémir comme si l'on se trouvait au milieu d'une armée de cannibales. Dix mille mouchoirs de toutes couleurs s'agitent à la fois dans les airs, pour honorer le taureau qui vient de blesser un homme et de tuer cinq ou six chevaux. On croit rêver, quand on pense que la moitié de ces cruelles oriflammes est portée par les plus jolies mains du monde, par les mains des Andalouses!

Il y a quelques années que l'amphithéâtre de Séville fut à demi renversé par un ouragan. On n'a pas refermé la brèche : à travers cette ouverture, j'apercevais dans le lointain la cathédrale chrétienne avec ses tours, ses voûtes, ses broderies de marbres, avec sa magnifique décoration de pierres, sculptées en plantes, en fleurs qui semblent végéter sur les murailles, avec ses ogives gothiques et ses prolongements de galeries mauresques..... superbe fond de tableau!!..... Je contemplais avec admiration ce riche édifice, coloré comme à travers un verre par un coucher de soleil orageux, un coucher de soleil d'Afrique; et sur le devant de la scène, le cirque ensanglanté avec ses gradins prêts à s'écrouler sous les flots d'un peuple agité, féroce, élégant, superbe, et je me demandais où j'étais; ce que je voyais..... Ce que je voyais, c'était l'Espagne, l'Espagne vivante dans ses passions, dans son histoire, dans ses souvenirs; l'Espagne avec son mélange de sang goth et de sang africain; l'Espagne avec sa gravité septentrionale et ses passions de l'Orient, avec sa foi chrétienne et ses fêtes antiques; l'Espagne enfin toute entière; mais rien que l'Espagne; car je défie de voir se réaliser des rêves semblables dans aucun autre pays du monde. Si vous pouvez vous figurer exactement ce que j'ai vu là et ce que je verrai toute ma vie, vous aurez une idée de l'Espagne, et vous n'aurez que faire d'aller à Séville pour bien juger de ce que les autres voyageurs écrivent sur ce pays. Mais venez-y toujours, ne fût-ce que pour faire aimer la France et l'esprit français aux hommes de l'Andalousie.

Il y avait près de nous, pendant le combat, un homme dont les extases, les cris, les contorsions finirent par étonner même les Espagnols. On s'informe et l'on découvre que ce convulsionnaire était du même village que les taureaux : il était d'Utrera, nom qui revient souvent dans les romances mauresques et qui est devenu fameux par la race noble et sauvage de ces bêtes. Cette circonstance peut coûter la vie à ce véritable Andaloux; car, je ne crois pas l'organisation humaine capable de supporter quatre heures de suite, des émotions aussi violentes que celles dont il a été la proie pendant tout le temps de ce mémorable spectacle. J'ignore pourquoi c'est l'administration des hôpitaux qui a l'entreprise des combats; on m'a assuré qu'ils ne retirent aucun profit des sommes considérables que rapportent ces fêtes nationales, et cela parce que le nombre des malades augmente d'une manière effrayante pendant la saison des spectacles, qui cependant est la plus saine de l'année, non pour nous autres étrangers, mais pour les habitants du pays. A la vérité, si l'hôpital ne se chargeait pas des frais du spectacle, d'autres feraient cette entreprise: alors il y aurait autant de malades, et le produit du combat ne tournerait pas au profit des pauvres.

Les *majo* andaloux, lorsqu'ils assistent à ces solennités publiques, font des dépenses folles, afin de se distinguer par l'élégance de leur toilette. Il y a tel habit complet qui n'a pas coûté moins de 1500 fr. au jeune fou qui le porte *. Chez les Andaloux, le costume national n'est pas seulement resté, comme dans d'autres pays, un vêtement fait pour les paysans ou pour les hommes de la dernière classe du peuple; les bourgeois aisés, les grands seigneurs eux-mêmes, font usage de cette parure aux jours

* Il est toujours analogue à celui que j'ai décrit dans ma lettre datée de Cordoue; mais avec des variantes.

de fêtes; il n'y a que peu d'années que l'Espagne connaît un autre habillement que le costume espagnol. Autrefois, l'étranger lui-même rendait hommage au goût national en quittant son habit pour celui des Espagnols, aussitôt qu'il arrivait à Madrid. Combien le peuple de ce pays ne perdra-t-il pas de son originalité, de sa grâce, s'il adopte la mode du frac européen ? Cette livrée du siècle se propage à l'aide du respect usurpé qu'inspire tout ce qui vient des contrées réputées pour être plus civilisées que les autres. Elle finira par remplacer ici le noble costume national. J'ai peine à contenir ma colère quand je vois la vanité des peuples prendre jusqu'au masque de l'humilité, pour hâter, dit-elle, le progrès des lumières, en adoptant par une maladroite abnégation de soi-même, un costume commode peut-être, mais encore plus commun; un costume étriqué, ridicule, disgracieux, mesquin, indigne de gens vêtus depuis plusieurs siècles d'une manière noble et pittoresque. Dans la vieille Espagne, tout le monde était grand seigneur : dans l'Espagne nouvelle tout le monde sera courtaud de boutique.

Les combats de taureaux sont un dernier préservatif contre cette sotte imitation de la France et de l'Angleterre; manie qui a fait de l'Europe moderne une seule nation de copistes aveuglément soumise à des modèles qu'elle déteste au fond tout en les imitant dans la forme avec un scrupule risible. Je ne crois pas qu'on voie jamais un matadore en redingote et en pantalons à sous-pieds. Cette carricature suffirait pour me faire honorer l'art vraiment national des *torreadores*.

A Séville, ces exercices, réputés nobles, font l'occupation favorite de la jeunesse de toutes les classes. On nous annonce pour la fin de ce mois un combat public, où ne paraîtront que des seigneurs du pays *. Chaque matin l'école des torreadores, à Séville, est assiégée par la foule des élèves, des amateurs, des spectateurs. Hier au soir, après le combat, l'arène du cirque fourmillait de jeunes gens qui venaient de sauter par dessus les barrières élevées entre les gradins des spectateurs et le champ-clos des combattants; tout à coup on a lâché un taureau sur cette troupe turbulente: c'était une nouvelle corrida **; seulement on avait eu soin de mettre des boules enveloppées de cuir, aux cornes de l'animal furieux. Les taureaux andaloux sont remarquables par la longueur et les pointes aiguës

* La saison des chaleurs ne m'a pas permis de prolonger mon séjour à Séville jusqu'à l'époque de cette fête, qui fut différée par plusieurs raisons.

** On donne le nom de novillos aux jeunes taureaux employés à ce jeu.

de leurs cornes ; alors ce fut à qui défierait la colère de la bête, à qui irriterait le monstre pour le braver; l'un prenait son manteau dont il se servait comme le matadore se sert de la moratilla (drapeau avec lequel il excite la colère de l'animal), et le manteau était mis en pièce en un moment. Un autre essayait son épée qui se brisait dans sa main; un troisième était renversé, foulé aux pieds; on venait à son secours, mais en riant; le bouffon se mêlait au tragique dans cette scène, où l'on retrouvait en action, après trois siècles, les deux types encore vivants du caractère espagnol : don Quichotte et Sancho Pança! A voir les lazzis, à entendre les bruyants éclats de gaîté de cette foule, on aurait eu peine à s'imaginer, lorsqu'elle courait en riant d'un côté de l'arène à l'autre, que c'était pour sauver la vie d'un homme. Les approches de la nuit ont seules pu forcer ce peuple enivré de sang et de poussière, à cesser ses jeux féroces. Les cloches de la cathédrale appelaient les fidèles à la prière du soir; et les derniers rayons du soleil glissaient entre des nuages qui paraissaient des rochers de marbre veinés d'or et de lapis lazuli, tant ils étaient immobiles, tant leurs contours étaient fortement dessinés!! Ces lueurs magiques illuminaient la figure allégorique de la Foi placée sur la pointe de la Giralda. La chaleur de l'été qui s'approche, fait ressembler l'air du soir à de la poussière colorée, et ce prisme donne aux sites un aspect fantastique. On ne se fie pas à ce qu'on voit : il serait plus aisé de croire qu'on dort. Tandis que je promenais mes regards douteux autour de moi comme sur un tableau imaginaire, et que j'admirais les adieux du jour à ce coin de terre habité par un des peuples les plus extraordinaires du monde ; la bête, toujours livrée à la foule des torreadores apprentis, succombait sans honneur sous les coups des ignorants. Cet animal monstrueux, en vomissant sa dernière goutte de sang sur la poussière, semblait maudire ses bourreaux maladroits, et s'indigner contre ses vainqueurs sans gloire qui triomphaient de lui en dépit de toutes les règles de l'art. Aussi la victoire de ces élèves en l'art de tuer, toute dangereuse qu'elle fût, était-elle bafouée, comme une défaite, par les derniers spectateurs, restés sur les gradins de l'amphithéâtre pour injurier les faux matadores et troubler leur facile triomphe par des sarcasmes dont le sel et la malignité sont perdus pour les étrangers. Qu'y a-t-il de plus national que des jeux auxquels le peuple lui-même prend part à la fin de la représentation ?

Les principes de cet art périlleux sont recueillis

dans des livres; l'école de Séville, ouverte à qui veut s'instruire, ne cesse d'enseigner l'application des règles aux élèves assez téméraires pour vouloir joindre la pratique à la théorie; et de juges souverains devenir acteurs!

Je n'oublierai jamais la fin de cette scène de désordre, de péril, de moquerie et de joie populaire. C'étaient de vraies saturnales.

Vous me trouverez barbare si je vous avoue que je conçois qu'un homme de vingt ans, arrivé à Séville, n'en puisse plus sortir: la société est arrangée ici pour cacher les passions basses du cœur humain, en ne montrant que le côté poétique de la vie, et cela par un besoin d'être content, par une sorte de bonne humeur naturelle et non par hypocrisie. Nulle part je n'ai trouvé des hommes plus habiles que ceux-ci à soulever le poids de l'existence; ils ont dans l'âme un mélange de gravité, de religion, d'insouciance du péril, de passion de la gloire, d'amour du danger et de paresse qui répond mieux que toute autre combinaison à mon caractère et à mon imagination. La paresse est une passion aussi; c'est celle qui repose de toutes les autres. Mais, à elle seule, elle prend autant de temps que l'ambition et que l'avarice. Elle n'a d'antidote que l'amour et la guerre. Je le dis sincèrement, je ne conçois pas ce qui me manquerait à Séville, dans cette patrie de l'insouciance, des combats et de l'amour, si j'y étais venu quinze ans plus tôt.

En rentrant chez moi après le combat de taureaux, le hasard m'a fait ouvrir un volume de romances mauresques précisément à l'endroit où le poëte espagnol décrit ce spectacle. Je ne sais si l'effet de l'à-propos a doublé pour moi celui du tableau, mais nulle description ne m'a paru plus vive, plus vraie, plus concise et plus complète. On voit que l'auteur était sur son terrain. La voici traduite le plus fidèlement possible, mais malheureusement en prose, et je ne suis pas de ceux qui croient que la poésie se passe de versification sans perdre son plus grand charme. Je trouve que la musique des paroles concourt à l'émotion poétique autant que la nature des pensées. C'est pourquoi Minerve est sortie tout armée du cerveau de Jupiter. L'armure c'est l'expression; et ce qui caractérise la poésie, c'est que dans cette langue toute divine l'expression naît en même temps que l'idée qui ne peut être un instant séparée de la forme. La traduction en prose d'un poëte est à l'original ce que le dessin est à la peinture. Mais me voilà parlant littérature, comme si j'oubliais que c'est à vous que j'écris. N'importe, vous êtes bien capable de l'oublier aussi. Plus tard, si je fais paraître les lettres que je vous adresse à vous et à mes autres amis, je joindrai à celle-ci une autre description de combats de taureaux, traduite de l'anglais, pour qu'on puisse la comparer à la romance espagnole. Ainsi les idées des autres serviront de passeport aux miennes.

ROMANCE DE GAZUL*.

« Toute la cour d'Almazor, roi de Grenade, était réunie pour célébrer la fête de saint Jean-Baptiste, sacrée parmi les Maures. Huit Maures, vêtus de noir et de toile d'argent portaient huit lances, qui portaient elles-mêmes mille espérances. S'assurant sur sa fortune, sur ses nombreuses prouesses et plus encore sur la force de son bras, sa caution dans le monde (bien qu'il arrive quelquefois que le sort prenne aux cheveux les hommes de grande renommée et les livre à la fortune contraire), le vaillant Gazul entre : il s'empare de l'arène qu'il parcourt en maître, occupant à lui seul et soulevant la foule!.... Fils de lui-même, enfant de ses œuvres par l'éclat de sa renommée, il est devenu alcaïde d'Algava.

Les regards du peuple sont attachés aux pieds

* Nous ajouterons le texte espagnol à la fin de cette lettre.

de son cheval, dont les beaux yeux des dames suivent les doux mouvements. Il passe devant le roi, le prince et l'infante, et, faisant tourner son coursier, il incline sa lance pour saluer.

» A peine a-t-il achevé ses évolutions, où se déploient son adresse et sa bonne grâce, que les taureaux sortent dans l'arène, et s'exposent à ressentir la force de ses coups.

» Le Maure saisit un fer et lève le bras droit : furieux, il attaque, il s'élance; il en rencontre un et laisse passer l'autre.

» Le souffle du taureau, sa tête qui s'avance, épouvante le cheval, et l'écume du cheval rejaillit sur la face du taureau. La cour admire la grâce noble et la valeur du cavalier. Il ne perd pas un coup de lance et gagne mille sympathies.

» Dans ce moment, la chance du combat le rappelle en arrière, parce qu'un taureau intrépide s'est élancé dans l'arène : c'est l'orgueil du troupeau. Il ne vient pas des bords du Betis, ni du Genil, ni de la Guadiana. Il est né sur les rives fameuses du Jarama. Son poil est bai, couleur de feu; ses yeux brillent comme des charbons; son front et sa nuque sont plissés : ce front est large et belliqueux, les cornes sont recourbées, les jambes courtes, la croupe est maigre, le col fort et charnu commence dès la barbe : toutes les extrémités sont noires : la queue est forte et redressée, les lombes sont dures, la poitrine est crépue, la peau tachetée, et les pasteurs de Jarama nomment ce taureau harpado, distingué entre tous les autres par sa férocité autant que par la noblesse de sa race.

» En quatre bonds, il se pose au milieu de l'arène : à peine son pied rapide s'est-il imprimé sur le sable mobile. Gazul s'élance à sa rencontre : comme du haut d'une montagne, son bras élevé fait brandir au-dessus de l'épaule la hampe de la lance, puis il appuie le coude contre son corps, il serre le poing, rapproche le bras, et perçant le formidable col, il traverse la chair, le cœur, et pénètre jusqu'à la vie *. Le fier taureau tombe, ses reins touchent à la terre, ses pieds qui frappaient le sol sont tournés vers le ciel : désespéré, il se roule sur le flanc, il frappe le sable qu'il lance loin de lui.

» Dans ce corps déchiré, l'arrogance survit à la force, et de la plaie s'échappe à la fois le sang et la vie. A la vue de cet exploit bien des cœurs ressentent l'envie.

» Le vaillant chevalier se joint à la foule qui le

* Ce détail si bien peint dans l'original, prouve que les Maures tuaient le taureau à cheval. Les Espagnols actuels ne le tuent qu'à pied. Aujourd'hui les piccadores ne sont plus dans l'arène quand le matadore donne le coup mortel.

suit. Il écoute les félicitations des dames et des cavaliers. Ses louanges retentissent de toutes les fenêtres et de tous les gradins; la valeur du héros d'Algava lui assure une grande renommée. »

Cette romance est espagnole, mais imitée des Maures; c'est comme l'architecture du pays: un mélange analogue au goût des deux peuples ennemis; tellement qu'en contemplant les monuments de l'Espagne comme en lisant les poëtes espagnols on ne sait lequel des deux peuples a vaincu l'autre. Je me surprends souvent à regretter la présence des Maures en Espagne. La littérature, moitié arabe, moitié espagnole, nous offre absolument les mêmes défauts et les mêmes beautés que l'architecture mauresque de l'Andalousie. Dans l'une et dans l'autre on remarque de l'élégance, de la recherche, de la bizarrerie, un travail délicat et soigné. Mais on est frappé d'une sorte d'affectation qui nuit d'abord à l'effet des sentiments. Toutefois, quand on réfléchit que ce qui nous paraît aujourd'hui factice était le naturel de cette nation chevaleresque et théâtrale, on se prête aux impressions auxquelles on voulait résister d'abord, et l'on ne s'étonne plus de la bizarrerie du langage d'un peuple dont les habitations particulières sont des décorations de théâtre, et les passions secrètes des sujets de drames.

Voici la traduction de Byron, qu'il me semble curieux de comparer à ma description du combat et à celle du poëte mauresque.

CHILDE-HAROLD, chant Ier, strophe 68.

« Le jour saint, le jour du repos arrive. Comment est-il chômé sur ce rivage chrétien? Voyez : il est consacré à une fète solennelle. Écoutez : n'entendez-vous pas les mugissements du roi de la forêt? Brisant la lance, il respire le sang jaillissant de l'homme et du coursier renversé sous ses cornes. L'amphithéâtre s'ébranle sous la foule, criant qu'elle n'en a pas assez! Peuple insensé, hurle sur les entrailles encore fumantes!... L'œil des femmes ne se détourne pas et n'affecte pas même la pitié!...

» C'est le septième jour de la semaine, le Jubilé de l'homme. O Londres! tu connais bien ce jour de prière!... Alors tes citoyens parés, tes artisans rappropriés, tes apprentis vêtus de leurs habits de fête, boivent avidement la portion d'air qui leur est départie par semaine. Tes voitures de louage, tes whisky, tes chaises à un cheval et tes plus humbles gig roulent à travers de nombreux faubourgs, vers Hampstead, Brentford, Harrow, jusqu'à ce que l'haridelle fatiguée refuse de faire tourner la roue et provoque les risées envieuses du rustre à pied.

» Les uns rament sur la Tamise avec leur Belle parée de rubans, d'autres volent au delà des barrières par une route plus sûre; quelques-uns gravissent la colline de Richmond : ceux-ci pressent le pas pour arriver à Ware; ceux-là, en grand nombre, gravissent la côte de Highgate. Mânes des Béotiens! demandez-moi pourquoi? c'est pour rendre hommage à cette fameuse corne*, qu'on saisit avec mystère et par le nom de laquelle jurent le jeune homme et la jeune fille qui scellent leur serment en buvant et dansant jusqu'au matin.

» Tout peuple a ses jouets : les tiens ne ressemblent guère aux nôtres, brillante Cadix, toi qui t'élèves vers le ciel du milieu de l'azur foncé de la mer. Dès que la cloche du matin a sonné neuf heures, ton peuple de fidèles compte les grains du rosaire. Ils tourmentent la vierge (la seule vierge qui soit à Cadix, je pense) pour les absoudre des crimes qu'ils lui confessent. Crimes aussi nombreux que les grains du chapelet; puis ils vont en foule s'étouffer à l'amphithéâtre. Jeunes, vieux, grands, petits, tous

* Cabaret célèbre par une plaisanterie de John Bull passée en proverbe. Elle consiste à faire jurer les hommes sur une corne suspendue dans la salle du cabaret, qu'ils ne boiront pas d'eau, tant qu'ils pourront avoir du vin, à moins qu'ils n'aiment mieux l'eau; qu'ils ne feront pas la cour aux brunes, quand ils pourront la faire à une blonde, à moins qu'ils n'aiment mieux la brune, etc., etc.

prennent à la fois part au même divertissement.

» La lice est ouverte; la vaste arène est libre; des milliers d'hommes entassés sur des milliers sont assis parmi les gradins bien avant que le premier son de la trompette se fasse entendre; il ne reste plus une seule place vacante pour le curieux en retard. Là, les *Don*, les grands, mais surtout les dames, abondent: habiles au jeu malin et dangereux du regard, mais toujours assez disposées à guérir la blessure qu'elles font, nul n'est destiné par un sort fatal à mourir sous leur froid dédain, comme les bardes frappés des cruels dards de l'amour, qui chantent au clair de lune leur tendre complainte.

» Le tintement des langues s'arrête. Sur de brillants coursiers, la tête ornée de cimiers blancs comme du lait, les pieds armés d'éperons d'or, la lance en équilibre: quatre cavaliers s'avancent, préparés à la lutte périlleuse, et se penchent doucement vers la lice: leurs écharpes sont éclatantes, leurs chevaux piaffent avec grâce. S'ils brillent aujourd'hui dans ce jeu téméraire, ils obtiendront les acclamations de la foule, les regards caressants des femmes: digne prix de plus grandes prouesses!!! Et leurs efforts auront pour récompense ce qui fait l'envie des guerriers et des rois.

» Le svelte matador, toujours à pied, vêtu de

soie précieuse et couvert d'un manteau qui attire l'œil, se tient debout au centre du troupeau mugissant. Il a déjà parcouru le champ-clos d'un pas prudent, de crainte que quelque objet inaperçu ne l'arrête dans sa course; son arme est un dard, il combat en fuyant *. C'est tout ce que peut faire l'homme privé du fidèle coursier, trop souvent, hélas! condamné à souffrir et à saigner pour lui!....

» Trois fois sonne le clairon..... Le signal est donné! La barrière s'ouvre; une attente muette se peint sur tous les visages de la foule circulaire; la bête vigoureuse s'élance d'un saut irrégulier; le monstre sauvage s'arrête d'un air hagard, frappe et disperse le sable de son pied retentissant; il ne fond pas aveuglément sur son ennemi; il avance d'abord de divers côtés son front menaçant pour choisir le moment d'attaquer: dans sa colère, il bat ses flancs de sa queue qu'il agite en tous sens, son œil dilaté lance du feu.

» Soudain il s'arrête, il a le regard fixe: fuis, fuis, téméraire!.... prépare la lance, le moment est venu de périr ou de déployer l'adresse qui peut arrêter sa rage aveugle. Le léger coursier détourne à temps sa croupe agile; le taureau écume, mais moins rapide que la lance dont il reçoit l'atteinte, il fuit

* Lord Byron confond ici les banderilleros et le matador.

blessé; un torrent aux flots rouges coule de son flanc : il s'échappe, il tourne sur lui-même, exaspéré par la douleur; le dard suit le dard, la lance suit la lance; des beuglements retentissants proclament ses tourments.

» Il revient; ni lance, ni dard, ne l'arrêtent, ni le cheval furieux de douleur qui se cabre contre lui; en vain il est assailli par l'homme dont les armes vengeresses le frappent à coups redoublés; les coups sont vains et la force est encore plus vaine; un noble coursier gît étendu : cadavre inutile!... Un autre,... objet hideux!! tout éventré marche : sa poitrine sanglante laisse voir la bouillonnante source de sa vie; quoique frappé de mort, son corps défaillant se soutient encore; il chancelle, mais bravant l'agonie, il emporte son maître libre de toute atteinte.

« Acharné, perdant son sang, essoufflé, furieux jusqu'au dernier soupir, le taureau environné des combattants les tient tous en haleine; il reçoit blessure sur blessure; les dards s'attachent à sa peau, les lances se brisent sur son corps; il est entouré d'un cercle d'ennemis tous également fatigués de la lutte sanglante qu'il viennent de soutenir. Les matadors * tournent autour de lui, agitent le man-

* Je n'ai jamais vu qu'un seul matador dans l'arène pendant le combat. Un matador qui en appellerait un autre à son aide serait déshonoré. (*Note du traducteur.*)

teau rouge et balancent le glaive prêt à frapper ; mais une dernière fois, semblable à la foudre, il s'ouvre un chemin à travers tout..... rage inutile !!.... Le manteau quitte la main perfide et couvre ses yeux terribles : tout est fini ; il tombe sur le sable !

» L'épée meurtrière est tout entière entrée dans son corps, entre le col et l'échine ; il s'arrête en frissonnant, dédaignant de céder, il tombe lentement aux clameurs triomphantes de la foule ; il meurt sans plainte, sans convulsions ; le corps est placé sur un char décoré qui s'avance : douce vue pour l'œil du vulgaire !!! Quatre coursiers qui méprisent le frein, aussi vites que sauvages, entraînent le noir fardeau qu'on aperçoit à peine dans la rapidité de la fuite.

» Tels sont les jeux cruels qui rassemblent les femmes de l'Espagne et divertissent le pâtre andaloux : de bonne heure abreuvé de sang, son cœur se réjouit dans la vengeance. Avide du spectacle de la douleur, etc., etc., etc. »

Cette description, malgré ses beautés, me paraît laborieusement faite : elle me semble froide auprès des poésies nationales composées sur le même sujet. Les détails les plus essentiels manquent ; parmi ceux qui ne manquent pas, il y en a d'inutiles. A travers le talent du poëte on reconnaît, ce me semble, le travail et les répugnances de l'étranger. Au milieu de la scène, il se sauve à Londres, et là seulement on voit qu'il se retrouve sur son terrein.

ROMANCE DE GAZUL.

(Extraite du *Romancero de romançes moriscos*.)

Estando toda la corte
De Almazor, rey de Granada
Celebrando del Bautista
La fiesta entre Moros Santa,
Con ocho Moros vestidos
De negro y tela de plata,
Que llevan ocho rejones
Y en ellos mil esperanzas:
Seguros de su ventura
De muchas pruebas pasadas,
Y mas en el fuerte brazo
Que ha dado al mundo fianzas
(Que algunas veces la suerte
Suele à los hombres de fama
Llvarlos por los cabellos
A la fortuna contraria),
Entra el valiente Gazul
Señoreando la plaza
Que con ir solo por ella
Toda la ocupa y levanta:
Hijo de si, por sus obras,
Para gloria de su fama,

Y para nobleza suya,
Es Alcaide de la Algava.
Los ojos del pueblo lleva
El caballo entre las plantas,
Y en los apacibles suyos
Los hermosos de las damas:
Pasa delante del rey
Del principe y de la infanta,
Y haciendo su cortesia,
El caballo y lan za para.
Despues del galan paseo
En que fue vista su gala,
Los toros salen al coso
Y al riesgo de su pujanza.
El Moro toma un rejon
Y el diestro brazo levanta:
Furioso acomete y pica
Uno encuentro y otro pasa.
Del toro el alientro frio
El rostro al caballo espanta,
Y la espuma del caballo
Al toro ofende la cara.
Admirada està la corte
Del airoso brio y gracia,
Porque ningun lance pierde
Y mil voluntades gana.
En este tiempo la suerte
A la postrera le llama,
Porque sale un bravo toro,
Famoso entre la manada:

No de la orilla del Betis,
Ni Genil, ni Guadiana;
Fue nacido en la ribera
Del celebrado Jarama:
Bayo, el color encendido
Y los ojos como brasa,
Arrugados frente y cuello,
La frente bellosa y ancha,
Poco distantes los cuernos
Corta pierna y fluca anca,
Espacioso el fuerte cuello.
A quien se junta la barba:
Todos los estremos negros,
La cola revuelta y larga,
Duro el lomo el pecho crespo
La piel sembrada de manchas:
Harpado llaman al toro
Los vaqueros de Jarama,
Conocido entre los otros
Por la fiereza y la casta.
En cuatro brincos se pone
En la mitad de la plaza,
Y casi en la blanda arena
El hendido pie no estampa.
Sale el encuentro Gazul
Como si fuera montaña
Alzando el brazo en el hombro
Vibrando al rejon el asta:
Saca el codo junto al pecho,
Llega el puño, el brazo saca,

Y picando el fuerte cuello
Cuero, carne y vida rasga :
El fiero toro derriba;
El suelo mide la espalda,
Los pies que en la tierra herian
Al cielo vuelven las plantas :
Col el furor natural
Vuelve á un lado, prueba y alza
La tierra, que el cuerpo herido
No tiene mas que arrogancia;
De cuya herida en un punto
Revuelta en la sangre, escapa
La vida, dejando á muchos
Envidia de la hazana.
Juntóse el Moro valiente
A quien sigue y acompaña,
Oyendo los parabienes
De caballeros y damas;
Porque otra cosa no escucha
Desde andamios y ventanas,
Sino que fue grande suerte]
De aquel famoso de Algava.

LETTRE XXVIII.

SOMMAIRE.

Promenade dans l'intérieur et dans les jardins de l'Alcazar. — Première impression produite par cette espèce d'architecture. — La pierre n'est plus de la pierre. — Poésie orientale représentée par l'architecture. — Style particulier des édifices mauresques. — Il a quelque chose d'efféminé. — Portes en bois ciselé. — Monuments qui confirment une histoire trop merveilleuse pour paraître vraie. — Souvenirs plus modernes. — Bains de Maria Padilla, maîtresse du roi Pierre-le-Cruel. — Barbarie des Espagnols modernes qui blanchissent à la chaux les ciselures mauresques. — Autre vandalisme. — Portraits des rois d'Espagne encadrés dans les sculptures arabes de la salle des ambassadeurs. — Mauvais effet qui résulte de cette flatterie de mauvais goût. — Compliment intéressé à Ferdinand VII. — Le mal est plus grand depuis la révolution. — Aspect des jardins. — Les femmes espagnoles divisées en deux classes. — Beautés de l'art et de la nature. — Température. — Prières publiques pour faire cesser la pluie. — Cette pluie paraît un temps délicieux aux habitants du Nord. — Foi du peuple espagnol. — L'état social tel qu'il existe à Séville me paraît le plus favorable au bonheur des peuples. — Bonheur de la monarchie autrichienne depuis plus de vingt ans.

LETTRE XXVII.

SOMMAIRE.

Promenade dans l'intérieur et dans les jardins de l'Alcazar. — Première impression produite par cette espèce d'architecture. — La pierre n'est plus de la pierre. — Poésie orientale représentée par l'architecture. — Style particulier des édifices moresques. — Il a quelque chose d'efféminé. — Portes en bois ciselé. — Monuments qui confirment une histoire trop merveilleuse pour paraître vraie. — Souvenirs plus modernes. — Bains de Maria Padilla, maîtresse du roi Pierre-le-Cruel. — Barbarie des Espagnols modernes qui blanchissent à la chaux les ciselures mauresques. — Autre vandalisme. — Portraits des rois d'Espagne encadrés dans les sculptures arabes de la salle des ambassadeurs. — Mauvais effet qui résulte de cette flatterie de mauvais goût. — Compliment intéressé à Ferdinand VII. — Le mal est plus grand depuis la révolution. — Aspect des jardins. — Les femmes espagnoles divisées en deux classes. — Beautés de l'art et de la nature. — Tempérament. — Prières publiques pour faire cesser la pluie. — Cette pluie paraît un temps délicieux aux habitants du Nord. — Foi du peuple espagnol. — L'état social tel qu'il existe à Séville me paraît le plus favorable au bonheur des peuples. — Bonheur de la monarchie autrichienne depuis plus de vingt ans.

A MADAME

LA DUCHESSE D'ABRANTÈS.

Séville, 11 mai 1831.

C'EST hier qu'a eu lieu le combat de taureau ; ce soir nous avons fini la journée plus tranquillement par une promenade dans les cours, les jardins, les galleries, les salles et sur les terrasses, sur les remparts de l'Alcazar. Le crépuscule s'approchait : nous étions avec des femmes, auxquelles on nous avait présentés chez le consul d'Angleterre. La conversation, la physionomie, la manière de voir et de sentir de ces aimables personnes nous paraissaient parfaitement en harmonic avec le lieu où nous nous trouvions : l'action était aussi romantique que la décoration. On ne peut pas dire que les Andalouses soient généralement jolies: mais il y en a de charmantes, et presque toutes ont de la grâce : leur démarche élevée et courte rappelle les mouvements d'un cheval qui piaffe; elle est d'une légèreté, d'une vivacité particulière.

On voit dans l'intérieur de l'Alcazar de Séville une cour encore toute mauresque : celle-ci est d'architecture arabe pure, ce n'est pas du mauresque imité par les artistes espagnols. On en voit trop en Espagne. Je ne sais si j'ai été trompé par l'enthousiasme auquel me porte toujours la surprise : ce que je vois pour la première fois me paraît aisément merveilleux; mais, enfin, aujourd'hui, ce genre fantastique, cette architecture aérienne m'a charmé. C'est élégant, c'est gracieux, c'est frivole peut être, mais original. Si vous n'avez pas encore vu de modèles de ces édifices, et que vous pénétriez dans l'intérieur d'un monument vraiment arabe, vous vous croyez frappé par la baguette d'une fée. Vous ne lisez plus les Mille et une Nuits, vous les jouez : vous vivez de la poésie, de la vie de l'Orient.

Les impressions que nous causent les monuments des arts, et particulièrement l'architecture, sont plus variées, quoique moins sublimes, peut-être, que celles qu'on éprouve à la vue des beautés de la nature. Elles captivent l'imagination du voyageur par le rapport immédiat, qu'il y a entre les œuvres et le génie de chaque peuple. A mes yeux, les édifice sont une physionomie plus prononcée que les sites.... Pour que j'aie été conduit à faire cette remarque, moi qui suis plus sensible que personne à l'effet des paysages, il faut qu'elle soit fondée : voilà pourquoi je vous la communique.

Au premier coup d'œil, il semble que la pierre ne soit pas la matière nécessaire, indispensable, des monuments mauresques. Dans ces palais enchantés, elle n'apparaît d'abord que comme un ornement. Une architecture dont les beautés tiennent à la finesse des détails plus qu'à la conception de l'ensemble peut faire regretter la simplicité antique; mais la dédaigner parce qu'on préfère le Panthéon à tout, ce serait comme si l'on refusait de lire l'histoire de la chevalerie, sous prétexte que nos pères sont venus après les Grecs et les Romains.

On n'a pas d'idée des métamorphoses de la pierre dans les monuments arabes : ce n'est plus une masse lourde et solide qui défend l'asile de l'homme contre les intempéries des saisons ou les attaques de l'ennemi; c'est de la broderie, de la dentelle et de la frange, et toujours de la broderie, de la dentelle et de la frange jetée... on ne peut dire sur quoi..... car dans cette incroyable architecture, si incroyable qu'elle paraît impossible, même à qui la voit, le dessous des broderies est encore de la broderie; le fond, les ornements, tout est ouvragé.

Le caractère particulier de l'architecture arabe est la profusion du petit: c'est immense, si l'on compte la quantité des ornements, petit si l'on juge leur style. Ici rien ne supporte l'ornement; l'ornement est tout et tout est ornement!... C'est un prodige de patience, une surabondance de parure, une affectation d'élégance qui fatiguerait à la longue mais qui surprend d'une manière agréable à la première apparition, tellement que sans pouvoir juger de ce qu'on voit on s'abandonne à l'impression magique d'un monument bâti par des fées. Ce n'est plus de la pierre, du marbre, du jaspe, du bois, c'est de l'étoffe, c'est un palais de draperies ouvragées, un temple de mousseline brochée, une prison de brocard; enfin c'est le chef-d'œuvre d'une société où les architectes seraient choisis parmi les marchandes de modes: malgré tout son éclat, toute son originalité, toute sa perfection de détails, l'architecture arabe est l'art d'un peuple efféminé.

Je ne puis comparer les ornements de certaines

salles de certains portiques, surchargées de festons qu'à ces papiers découpés dont nos confiseurs recouvrent leurs boîtes de dragées, la comparaison n'est ni noble, ni poétique : peu m'importe; elle est exacte. D'ailleurs, j'écris malgré moi...Vous le voyez bien, puisque j'ai commencé avec l'intention de faire un éloge, et que je finis par blâmer presque sans le savoir.... Mais c'est naturel, et.... ce n'est pas avec vous qu'on a besoin de s'excuser du naturel.

Il y a, dans le palais des rois maures de Séville, des portes en bois travaillées dans le même goût que les portiques de pierre du même édifice. Ces portes sont des chefs-d'œuvre dont les ornements m'ont paru mieux conservés encore que ceux des murailles. Les plafonds des salles sont également d'une beauté achevée, j'en ai vu qui ont la forme d'une voûte; ils sont en boi de cèdre ciselé et doré avec une richesse étonnante : on y voit des incrustations de bois plus précieux encore et sculptées avec une perfection qui étonne; la partie inférieure des murailles est revêtue de pièces de faïence dont les dessins sont élégants et la matière très-fine. Que de rêves nous passent dans l'esprit à l'aspect de ces monuments créés par un peuple dont l'existence prolongée au milieu de nos sociétés européennes est elle-même un problème historique difficile à résoudre! Tout ce qu'on voit et tout ce qu'on lit des Arabes a l'air d'une invention. Les arts, l'histoire chez ce peuple, tout paraît imaginaire! Si les Arabes n'avaient laissé sur le sol de l'Espagne tant de traces de leur séjour, nous aurions peine à croire à leur domination prolongée, et moi tout le premier, je douterais même de leur existence. Le témoignage de nos historiens nous paraîtrait un conte de leurs poëtes; mais ici les ruines sont les preuves des livres. Je regrette le départ de ce peuple: sa présence m'aiderait à m'expliquer le génie qui a présidé à ses œuvres. Les monuments mauresques sont des apparitions sorties de terre pour nous confirmer les récits merveilleux qu'on nous fait de la puissance de cette nation qui n'est plus qu'une horde vagabonde! Je demeure sans penser devant des œuvres qui dénotent à la fois une énergie, une persévérance, prodigieuses et une faiblesse incroyable; c'est au moins bien curieux à observer. Je ne crois pas qu'aucun homme doué de quelque imagination regrette le voyage qu'il faut faire pour venir à Séville évoquer les fantômes des rois maures dans les débris de leur palais... Mais tous les fantômes ont un grand tort: ils sont muets! Quoi qu'il en soit, les ruines mauresques ont un génie à elles : elles ne ressemblent à aucun autre débris.

L'Alcazar rappelle aussi des souvenirs plus modernes. On y voit des bains souterrains, rendus fameux par le luxe et les galanteries de Maria Padilla, maîtresse de Pierre-le-Cruel.

J'ai été frappé autant qu'affligé de la barbarie des intendants de ce palais. On blanchit tous les ans les maisons de Séville à la chaux, ce qui donne à la ville entière un air de propreté et de gaîté fort agréable. Mais pourquoi étendre cet usage au vieux palais arabe, dont la couleur antique faisait l'ornement? Il résulte de ce soin mal entendu que les ciselures de pierre les plus délicates s'émoussent peu à peu, et que les dessins qui donnent à ce genre d'édifice un caractère particulier disparaissent sous la brosse du badigeonneur, pour faire place à une muraille unie et toute blanche. Il faudrait dépenser bien des trésors et employer bien des années pour retrouver l'œuvre des Maures sous les couches annuelles de la chaux espagnole. Quelques morceaux de ciselure nouvelle enchâssés parmi des ouvrages mauresques attestent, au milieu de l'Alcazar de Séville, l'infériorité des modernes dans l'art délicat d'employer le ciseau à orner l'architecture; tandis que les parties mauresques restées intactes dans quelque coin négligé de ce palais, ne servent qu'à nous montrer la supériorité des artistes arabes sur les replâtreurs andaloux.

Je me suis promis de signaler ici un autre acte de vandalisme exercé par les descendants des vainqueurs contre les chefs-d'œuvre des vaincus.

La salle des ambassadeurs, la plus belle de l'Alcazar, est unique dans son genre; on m'assure que Grenade même ne possède rien de pareil. Les broderies de la pierre y sont d'une finesse admirable, et plusieurs embrasures de fenêtres de ce sanctuaire royal où la chaux chrétienne n'a pas encore pénétré, mériteraient d'être examinées à la loupe. Les portiques intérieurs qui conduisent à cette salle, sont formés de petites colonnes précieuses par leur matière; il y en a de marbres les plus rares, de jaspe oriental, de porphyre; enfin les portes de la salle sont telles que les Maures les ont faites. Cet ensemble est donc une merveille; pourtant on en a dérangé l'harmonie. Le croirez-vous? On a peint et enchassé dans des sculptures mauresques, les anciens rois d'Espagne; Saint-Ferdinand, Pierre-le-Cruel et bien d'autres. Ce n'est pas tout encore, les derniers rois, les Bourbons, ont été joints aux princes chevaleresques du moyen âge, et plaqués sous la première série des rois gothiques, à la place des plus beaux ornements arabes de cette salle. Ces derniers venus sont des princes en grandes perruques, en coiffures poudrées, avec des cuirasses; on en voit même qui sont revêtus de l'uniforme moderne, puisque Ferdinand VII s'y trouve à la suite des autres. Ces détestables portraits et leurs ajustements de mauvais goût et *leurs physionomies insignifiantes, pour parler poliment**, jurent de la manière la plus frappante avec le style du monument qu'on leur sacrifie par un zèle mal entendu.

Le roi d'Espagne actuel passe pour aimer les arts et pour les apprécier : s'il savait l'horrible sacrilège commis à Séville en son honneur, il défendrait qu'on s'avisât de le flatter de la sorte, et préserverait, contre les envahissements de ses courtisans maladroits, un des plus admirables monuments de son royaume et du monde, menacé de disparaître sous l'invasion d'une suite de générations royales, innocentes des profanations dont elles sont le prétexte. Si ces outrages continuent, les Espagnols déshonoreront la victoire de leurs ancêtres, et les

* Ce passage, excepté les mots soulignés, est resté comme je l'avais écrit : mes artifices d'avocat, mes compliments de rigueur au roi d'alors, n'étaient mis là que dans l'espérance de sauver le reste des sculptures arabes près de disparaître sous les figures des princes et princesses de la famille royale.

chrétiens ne se laveront jamais de la honte d'avoir détruit les chefs-d'œuvre des mécréants. Chefs-d'œuvre impossibles à reproduire aujourd'hui dans notre Europe. Je ne puis assez m'étonner de n'entendre aucune voix espagnole protester au nom de l'art, qui est aussi une religion, contre un tel sacrilège; comment ne s'est-il pas trouvé dans ce pays un seul homme, pour porter au pied du trône les humbles requêtes des habitants de Séville, auxquels on enlève ce qui fait la gloire et l'ornement de leurs villes et de tout le royaume? Que craint-on sous un prince qui aime les arts, et les protège avec discernement?

La même barbarie ravage, dit-on, les monuments de Grenade *. Tant d'insouciance de la part d'un peuple entier me fait craindre que les Espagnols ne possèdent pas à un très-haut dégré, le sentiment du beau. C'est une des facultés délicates de l'âme, mais ce sont précisément ces facultés-là qui, lorsqu'on les veut étouffer, donnent le plus d'énergie aux hommes qui les ont.

D'où vient que je n'entends ici d'autres cris d'indignation que les miens?

* On m'assure que depuis la dernière révolution, le mal a fait beaucoup de progrès.

Après avoir parcouru le palais, nous sommes entrés dans les jardins; ce bosquet à compartiments est une continuation de l'architecture du monument : même caractère, même goût au dedans et au dehors. Nous avons passé de la salle des ambassadeurs dans la cour de ce nom, puis de là nous avons suivi d'interminables terrasses crénelées, d'où nous sommes descendus dans des parterres de buis, gardés par des géants de même matière, et ornés de longues files de bassins et de jets d'eau dont les lignes paraissent tracées par un décorateur de théâtre. Nous faisions cette promenade romantique avec plusieurs femmes, les unes complétement laides et insignifiantes, les autres véritables héroïnes de poëmes à la manière de Byron. Il y a deux espèces d'êtres entièrement divers parmi les femmes de l'Andalousie. Celles qui sont spirituelles et jolies me paraissent à la hauteur des conceptions les plus folles comme les plus terribles, les plus fantastiques, les plus gaies et les plus passionnées des poëtes orientaux et de tous les poëtes, même des poëtes exagérés..... Les autres..... on ne devrait pas les appeler des femmes; trouvez-moi un nom pour cette espèce de laideur privée d'âme, attribut particulier des grosses Espagnoles sans esprit, et qui vieillissent avant d'avoir été belles..... Mais oublions ces êtres disgraciés de la nature, et ne nous occupons que des autres.

Je ne puis dire ce que j'éprouvais dans la société de personnes si charmantes, si extraordinaires, au milieu d'un théâtre plus extraordinaire encore : l'Alcazar de Séville. Quand le jour vint à décliner, ce fut une magie ! Les orangers n'ont plus de fleurs depuis longtemps à Séville tant les saisons sont avancées sous ce climat ; mais les feuilles de ces arbres, quand ils sont aussi grands qu'ici, conservent un parfum qui dure toute l'année, surtout le soir. Les orangers sont les peupliers du Midi : nous parcourions nu-tête des bosquets enchantés, quelques-unes des jeunes personnes dont nous étions entourés fredonnaient des *seguidillas*. Depuis longtemps la nuit nous avait surpris, et nous écoutions toujours ces accents expressifs, quoiqu'un peu rudes, chantant des mélodies bizarres, parfaitement en accord avec la féerie du lieu. Nous nous trouvions emprisonnés là par un plaisir indéfinissable.

La température dont nous jouissons depuis quelque temps est enivrante. Il fait tous les deux ou trois jours un orage qui rafraîchit le temps et parfume l'air pour vingt-quatre heures. Ces ondées qui nous charment, nous autres étrangers, passent à Séville, dans cette saison, pour une calamité publique. Nous avons vu ce matin faire une procession et des prières, pour demander à Dieu la cessation d'un temps qu'on bénirait aujourd'hui en France.

Cette foi d'un peuple chrétien, qui, sur la promesse de son Dieu, croit à l'efficacité de la prière, me paraît touchante quand on n'en rit pas et sublime quand on en rit : si croire est un bonheur, braver le ridicule pour manifester ce qu'on croit est un mérite. On ne rougit pas de croire, en Espagne; on ne se moque pas encore de sa propre conviction; le peuple du moins est catholique : ce qui rend pour moi, les villes d'Espagne des séjours de prédilection, c'est que dans aucun pays je n'ai trouvé autant de concordance qu'en celui-ci entre les idées des hommes et leurs actions, nulle part je n'ai reconnu moins de contradiction entre les mœurs et les opinions. A part les imperfections et les inconvénients attachés à toutes les choses humaines, cette société toute catholique est la plus conséquente que j'aie vue. Elle doit satisfaire les esprits nés pour ce qui est absolu, complet; rien de plus rigoureusement logique, dans l'application, que les principes qui régissent cet état : aussi, tout est-il clair et naturel ici, pour un catholique; incompréhensible, révoltant pour un protestant. Si l'on veut reconnaître quelle est la disposition naturelle, la direction d'idée d'un voyageur, on peut se servir sur lui de l'Espagne, comme d'une pierre de touche sur les métaux.

J'ai parcouru l'Europe presque entière, et de toutes les manières de vivre que j'ai vues adoptées dans cette partie du monde, celle des habitants de Séville m'a paru la plus naturelle, la plus simple, la plus conforme aux idées que je m'étais toujours faites des avantages de l'état social. Il me semble qu'ici les conquêtes de la civilisation sont payées ce qu'elles valent, c'est-à-dire moins cher que partout ailleurs. Elles ne coûtent que ce qu'elles rapportent, et leur produit est réel. L'avidité, l'envie, surtout la vanité, peuvent pousser les peuples qui se croient éclairés par excellence, à raffiner sans cesse sur ce qu'ils appellent la science du gouvernement et les progrès de l'esprit humain; mais la sagesse aux vues longues, devrait s'appliquer à les retenir le plus longtemps possible dans un état mitoyen entre l'extrême barbarie et l'extrême culture. C'est là uniquement qu'est le bonheur. Les bienfaits de la médiocrité chantés par les sages, se retrouvent non-seulement dans l'application qu'on fait de la modération à la fortune, mais ils sont aussi la récompense d'un usage discret des dons de l'esprit. La patience est l'espèce de courage le plus nécessaire aux hommes chargés de conduire les autres hommes. Les masses n'ont ni assez de bien-être, ni assez d'abnégation pour comprendre ce qu'on gagne à temporiser. La longanimité est le secret et la vertu des gouvernements raisonnables; voilà pourquoi il est utile que la société soit régie, non par les plus savants, mais par les plus calmes; elle doit du pouvoir, des places, à ceux qui la servent bien, et des récompenses à ceux qui l'instruisent ou l'amusent : voilà tout ce qu'elle doit. Chez nous on confond toujours les emplois et les rémunérations; je trouve dans les esprits espagnols une grande dose de tempérance; cette qualité est la base du vrai bien-être des nations. En vain ai-je cherché des traces de cette justesse d'esprit chez les autres peuples de l'Europe. L'Autriche est prospère, elle est calme, mais c'est à l'extrême habileté de celui qui la gouverne, plus qu'au bon esprit des populations, que j'attribue le bonheur actuel de cette monarchie. Je ne puis parler des Russes que je ne connais pas, et que je voudrais bien connaître : ils sont aussi Asiatiques, pour le moins, que l'étaient les peuples dont le sang s'est mêlé au sang espagnol. Aussi serais-je curieux de comparer la Russie à l'Espagne ; toutes deux tiennent plus immédiatement à l'Orient qu'aucune des autres nations de l'Europe, dont elles forment les deux extrémités.

LETTRE XXIX.

SOMMAIRE.

Femmes de Séville. — Quelles sont les manières des personnes du monde. — Poésie du voyage. — Soirées espagnoles. — Politesse particulière aux peuples du midi de l'Europe. — Influence de la religion sur le ton de la société. — Le bon ton est dans la pensée plus que dans l'expression. — Véritable hospitalité. — Opinion de l'auteur sur les Espagnols. — Elle diffère de celle des autres voyageurs. — Diversité des mœurs dans les diverses provinces de l'Espagne. — La lutte entre les races étrangères et les indigènes dure toujours. — Contradictions apparentes de l'écrivain. — Ce sont des compliments faits à l'esprit du lecteur. — La politesse gênante n'existe pas dans les petits cercles des habitants de Séville. — Promenade à la *Christina*. — Toute la ville réunie dans ce lieu. — Les jours d'été moins longs que chez nous. — Manière de faire connaissance avec les dames andalouses. — La galanterie en public. — Elle a ses règles comme le combat de taureaux. — L'angelus. — Contraste des plaisirs mondains et des sentiments religieux. — Unique intérêt des femmes du monde à Séville. — La chaussure des Andalouses. — Histoire d'une dame de Cadix. — Les souliers trop petits. — Ce que lisent les dames espagnoles. — Avantage de l'ignorance — L'amour gagne ce que perd la science. — Esprit naturel. — Grâce particulière aux jeunes Andalouses. — Manière de faire connaissance à la promenade. — Amour platonique. — Histoire d'un curé de campagne. — Le cicerone de Séville. — C'est un prêtre. — A quoi il s'emploie. — Étonnement d'un voyageur anglais. — Ce qu'on appelle chez nous la vie du grand monde n'existe pas ici. — Différence qu'il y a entre l'Espagne et l'Italie. — Fâcheuse influence des modes françaises. — L'Espagne en est à l'état de transition où se trouvait l'Europe il y a trois cents ans.

A MADAME GAY.

Séville, ce 11 mai 1831.

Je me suis un peu accoutumé au ton des femmes de Séville ; ce que leurs manières ont d'inattendu, je dirais presque de brusque, me paraît de la franchise primitive. Je trouve dans leur société une bienveillance qui équivaut et supplée à tout, surtout quand on vient de Paris : d'ailleurs, elles ont de la finesse et de l'esprit naturel. Il y a une façon de parler que nous n'employons que lorsqu'il est question des animaux, et que je suis toujours tenté d'appliquer à la race humaine. On dit d'une bête distinguée : *Elle a de l'espèce*. Il y a aussi des familles d'hommes qui ont de l'espèce, qui tiennent de la bête fauve, du cerf, de la gazelle. Cette idée vous revient souvent quand vous voyez les femmes de l'Andalousie.... L'Andalousie! c'est un nom qu'on ne se lasse pas de répéter!... On ne se lasse pas non plus de parcourir la magique contrée qu'il désigne. Heureux le voyageur en Espagne!.... La poésie vient le chercher, tandis que lui ne cherchait peut-être que la variété, que le mouvement. S'il est frivole, les choses le rendent sérieux, pensif malgré lui.... Oui, pensif, ou plutôt pensant : je n'ose dire penseur, puisque le voyageur, c'est moi. Quoi qu'il en soit, je réfléchis aujourd'hui.... Il y a vingt ans j'aurais rêvé;... mais peut-être mes idées vous amuseront-elles plus que n'auraient fait mes songes. Amour à part, la jeunesse n'est bonne qu'à elle-même.

A Séville, il n'y a pas ce que nous appelons une société, mais il y a les rues, qui sont plus amusantes qu'aucun salon. Dans les maisons, il y a aussi ce qu'on appelle *le patio*. C'est au milieu de cet élégant portique que se tiennent en plein air de petits cercles de personnes qui se voient tous les jours : la musique, les fleurs, le ciel avec ses astres plus beaux qu'ailleurs, le ciel profond du midi sont de toutes les *tertulia*. Ces réunions de famille, auxquelles se joignent quelques amis intimes ou quelques étrangers privilégiés, ont un charme qui ne peut être compris que des esprits pour lesquels le salon est un lieu de délassement et non la lice ouverte à tous les amours-propres.

Malgré la défaveur où sont en ce moment les étrangers, surtout les Français, auprès du gouvernement, non du peuple espagnol, les consuls d'Angleterre et de France nous ont fait connaître ici quelques personnes dont la société nous sert à réformer plus d'un préjugé. Je retrouve ce qui m'a toujours paru faire le charme de la vie parmi les peuples du midi de l'Europe : c'est un ton excellent et qui n'exclut pas les manières les plus faciles. Il y a loin de cette sécurité si noble, si digne, si raisonnable aux grimaces de certains habitants des pays du Nord, à leurs transes de vanité, à leurs affectations cérémonieuses, qu'ils prennent pour un raffinement de bon ton, et qui ne sont qu'un manque de jugement, une maladie de l'amour-propre, une toilette d'esprit mal faite : de là les titres qu'ils vous jettent à la tête, les distinctions sociales, les prérogatives qu'ils affectent de faire valoir, quelque ridicules qu'elles soient..... Rien de tout cela ne se rencontre chez les nations du Midi, qui sont les dépositaires de la vraie politesse.

Si les Turcs et tous les Orientaux, si les Grecs n'étaient pas naturellement fort polis, j'attribuerais cet avantage des Italiens et des Espagnols à l'influence de la religion catholique. Il est vrai que les religions de l'Orient reposent comme la nôtre sur l'obéissance et sur l'autorité, tandis que celles du Nord et de l'Occident sont basées sur l'esprit d'examen et d'indépendance qui rend les hommes très-fiers, à ce qu'il paraît, mais fort peu sociables, puisqu'il les isole au lieu de les réunir. Je puis donc m'en tenir à mon dire et répéter que le catholicisme avec son respect pour les grands pouvoirs sociaux, sa soumission à la force, qu'il rend légitime par la foi, ses habitudes de recueillement et de méditation, disposent les esprits à la vraie politesse, qui n'est que l'art de rendre à chacun, sans effort, ce qui lui est socialement dû. Je n'ai jamais rencontré un religieux ni une religieuse de mauvais ton : le mauvais ton ne consiste pas toujours à dire des paroles indécentes; il se manifeste encore plus souvent par la manière de les éviter.... C'est la pureté ou l'impureté de la pensée qui constituent essentiellement les bonnes ou les mauvaises manières. Il y a moins de convention dans ce qu'on appelle le bon ton que ne le pensent les gens de mauvais goût. Il est dans la vie habituelle ce que le style est dans les écrits : l'expression la plus naïve, la plus involontaire des facultés dominantes et de la disposition ordinaire de l'âme.

Il règne ici, dans les salons, une politesse dont l'égalité la plus parfaite est la base. Cette égalité ne se proclame pas par des paroles qui n'expriment rien dès qu'elles sont obligées : on la sent dans l'absence de toute idée offensante, de tout compliment affecté ou puéril ; la simplicité du ton général est pour chacun le sûr garant de la protection, de la bienveillance de tous. Une réunion de personnes régies par des lois si libérales, ne se trouve plus guère qu'ici : certes, ce n'est ni en France, ni en Allemagne, ni surtout en Angleterre, qu'il faut l'aller chercher, encore moins en Amérique. Le luxe de l'égalité, dans les institutions, provoque nécessairement les exceptions dans les usages ; car les mœurs sont toujours et partout les correctifs et les substituts des lois. Les mœurs, réglées par l'instinct de conservation des peuples, rétablissent dans l'état l'équilibre, trop souvent rompu par le législateur.

Entrez dans un salon à Séville, vous, étranger, vous remarquez aussitôt que personne ne demande à personne quelles sont les gens qui sont là ; on ne fait pas plus de questions sur l'*inconnu* que sur les autres : cette exquise politesse vous met aussitôt à votre aise. Vous êtes dans la chambre, c'est assez pour que vous soyez bien vu, bien traité, et pour que chacun tâche de contribuer à vous rendre agréable la visite que vous faites. La politesse ainsi comprise et appliquée, n'est plus un recueil de formules usées, de mots oiseux, c'est un code sacré, c'est le droit de protection acquis à tout voyageur qui réclame un asile, c'est le dernier héritage de l'hospitalité patriarcale. C'est un souvenir de la tente asiatique apporté dans les salons de l'Europe.

Vous voyez bien qu'un Français, même un Parisien, peut apprendre quelque chose à Séville.

Ma manière de juger es coutumes espagnoles vous paraîtra contraire à l'opinion reçue. On reproche aux habitants de la Péninsule, mais plus particulièrement aux Castillans, les cérémonies, les phrases vides de sens, les formules de convention qui fatiguent plus qu'elles ne flattent les personnes auxquelles on rend ces hommages obligés : espèce d'honneurs d'étiquette, qui au fond ne sont destinés qu'à prouver la bonne éducation de ceux qui les défèrent. Mais je dis ce que je vois : d'ailleurs on ne doit jamais oublier qu'en Espagne chaque province a son caractère distinct et fortement prononcé. Ce qui est vrai ici ne l'est peut-être pas cinquante lieues plus loin.

Les peuples de cette monarchie ne sont pas fondus ensemble comme ceux de France ; on se trompe quand on dit le caractère espagnol, c'est le caractère castillan, catalan, andaloux qu'il faut dire. Dans l'Andalousie, où je suis, les souvenirs de la lutte des Maures contre les anciens habitants du pays, sont présents partout ; le sang chrétien se révolte jusque dans les cœurs, jusque dans les veines où il se rencontre avec le sang africain. Quels singuliers contrastes, quelles passions terribles, et en même temps, quelle grâce, quel charme ce mélange forcé n'a-t-il pas dû produire ? Dites-vous bien que j'ai à peindre une race d'hommes qui ne ressemble à aucune autre ; une race qui est le résultat d'une antipathie naturelle entre les éléments qui la composent ; antipathie vaincue par le plus étonnant phénomène historique : par une lutte prolongée pendant sept siècles, entre les Maures et les chrétiens, sur le même sol, race ingénieuse, délicate, la race andalouse enfin !.... Elle est aussi noble, aussi élégante, aussi à part de tout le reste de la terre, que celle des chevaux de ce bien heureux pays.

Je ne suis pas à Madrid ; à Burgos, chez les pompeux Castillans ; à Saint-Iago de Compostelle, chez les pesants Galiciens ; je suis à Séville, et je vous décris en ce moment les manières des personnes placées à un rang élevé dans cette ville que je regarde comme la vraie capitale de l'Espagne.

D'ailleurs, si vous me voyez tomber dans des contradictions apparentes, c'est un compliment que je vous fais ; ce n'est pas la peine d'écrire à une personne, dont l'esprit comprend tout et dont la bienveillance nous est assurée, pour la traiter comme un journaliste de mauvaise foi. La malignité, la sottise envenimée, les préjugés, surtout ceux des esprits qui prétendent n'avoir pas de préjugés, s'opposent toujours à la libre expression de ma pensée...... Si jamais je me suis attribué quelque talent, ce n'était qu'avec ceux qui en ont plus que moi ! !.....

Une fois reçu dans une famille, admis dans un *patio* de Séville, ce qui est rare, vous êtes invité à dîner sans la moindre étiquette, comme un habitué de la maison. Les femmes entrent, sortent, font ce qu'elles ont à faire, sans vous permettre de vous déranger, pas plus que de les gêner, on ne s'occupe pas de vous. Enfin le mot *sans cérémonie* n'est pas, comme il arrive trop souvent ailleurs, une cérémonie de plus, et la plus désagréable de toutes : c'est une charte de salon..... celle-là, du moins, est une vérité ! !.....

Si j'avais encore un fils, je voudrais qu'il fût instruit dans le Nord, et élevé dans le Midi.

Ce soir, au milieu de la promenade de Séville, nommée la Christina, je me suis senti plein de respect pour les usages de ce peuple! Qu'ils sont aveugles ceux qui prétendent civiliser l'Espagne en lui faisant brûler ce qu'elle adore, pour la mettre à notre niveau!!..... La vraie civilisation vient de l'âme, et l'âme comprend la tête et le cœur!!!... En voulant réformer brusquement ce pays, on le ruinera sans l'éclairer.

Les jours d'été sont courts sous cette latitude: il etait huit heures; la nuit s'approchait, toute la ville se trouvait réunie sur une espèce de plate-forme peu élevée, assez semblable à un cirque pavé de dalles; cette enceinte découverte fait l'ornement de la promenade, et rappellerait un peu la forme de notre place Louis XV, mais en diminutif, si toutefois la place de Paris était comme la Christina, couverte de belles pierres semblables à du marbre, entourée de belles balustrades également de marbre et environnées de bosquets; si elle était réservée aux piétons; si enfin, elle était terminée*!.... Les femmes de Séville, qui n'ont d'autre divertissement que d'être passées en revue le soir sur cette

* Écrit il y a six ans.

terrasses, étaient dans tous leur éclat; leurs yeux étincelaient à travers les branches de l'éventail, toujours agité et pourtant moins mobile que le regard de ces légères beautés; leur teint brillait sous la dentelle noire de la mantille, les pieds, les mains, les têtes, les épaules, les tailles souples et voluptueuses, tout était en valeur; l'action du plaisir se trahissait partout!..... Le plaisir était dans l'air!..... Quel cœur, si froid qu'il pût être, ne se serait intéressé à ce mouvement enivrant, n'aurait voulu y participer? Tout à coup la vie s'arrête: les hommes ôtent leurs chapeaux, les femmes inclinent la tête, les personnes assises se lèvent devant leurs bancs restés vides. L'immobilité du marbre, le silence du tombeau succède à l'agitation de la foule, au frémissement de la joie, au murmure des folles passions du monde: je crois voir une machine dont le ressort vient de se rompre; je demande ce qui arrive, mais bien bas, et sans oser me mouvoir...... C'est l'heure de la prière du soir qui vient de sonner à la cathédrale, me répond à voix plus basse encore la personne que j'interroge......

L'*angelus* est sacré pour les Andaloux, il interrompt tout. J'ai dit que ce peuple était plus exempt que nous de l'ennui des cérémonies dans les rapports intimes de la vie ; mais il ne suit pas de cette liberté intérieure, qu'il vive sans discipline, sans respect pour l'ordre public. Moi, Français, et par conséquent content de moi, je l'envie comme on regrette l'enfance, comme on est jaloux d'un bonheur irrévocablement perdu.

Qu'il faut peu de chose pour donner de l'intérêt à la vie, quand il y a de la vie quelque part, et que les cœurs ne sont pas blasés par l'affectation des plaisirs! Cette promenade si mondaine, quoique si sévèrement interrompue par l'*angelus*, est, je vous le répète, le but de l'existence des femmes de Séville. Leur vie entière est employée à se procurer les moyens d'y briller : ailleurs ce serait pure vanité, ici c'est amour, car on ne rencontre que là l'homme qu'on aime.... Et de quel amour?.... de l'amour d'Orient, de l'amour d'Afrique, moins les grilles du harem ; mais contraint par d'autres entraves plus fortes peut-être pour les âmes délicates, par les bienséances chrétiennes : tel est l'amour à Séville!!.... Ici une femme se priverait de manger plutôt que de se refuser un peigne à la nouvelle mode, et cette mode change tous les trois mois. Le peigne est un des objets les plus apparents, et c'est le plus coûteux de la toilette d'une Andalouse.

Les Andalouses ont en général de jolis pieds

qu'elles gâtent pour les avoir mieux! Leur ambition est de porter des souliers où nul pied ne puisse entrer, pas même le leur!..... Pour les chausser on les mouille, on se frotte le bas avec du savon, et puis, dans la crainte de les perdre au premier pas, on marche d'une manière toute particulière. Ces étonnants souliers ne doivent pas avoir de quartier, où ils doivent en avoir si peu, qu'on n'aperçoive que le bas de soie et la semelle; on supplée au quartier banni, ou du moins on cache cette partie condamnée à l'obscurité, en attachant sur ce qui reste, des rubans pareils au bas dont ils figurent la continuation; ces rubans sont destinés à retenir, sans qu'on sache comment, le talon dans le soulier, qui prend alors la figure d'une mule collée à la plante du pied. Ce genre de coquetterie est un supplice digne de la Chine; mais les femmes de Séville se l'imposent de fort bonne grâce; elles aimeraient mieux souffrir toute leur vie, que de ne point paraître *à leur avantage* dans la promenade publique.

La femme du consul d'Angleterre à Cadix est ici maintenant; elle me racontait hier qu'elle reçut un jour, dans cette ville, la visite d'une jeune dame, un peu avant l'heure de la promenade; à peine assise, la jolie Andalouse, assez liée avec la maitresse de la maison, demande la permission d'ôter ses souliers. Malgré l'absence de tapis dans les appartements *, la chaussure des femmes est un instrument de torture pendant les grandes chaleurs. Au bout d'une demi-heure de relâche, la victime voulut se soumettre de nouveau à son galant martyre, mais les pieds avaient si bien profité de leur liberté, qu'aucun effort ne pût les faire rentrer dans leur prison. La dame anglaise offrit les souliers de ses filles, dont le pied britannique promettait toute facilité à celui de la jolie Andalouse; on apporte la chaussure septentrionale, mais à peine l'Espagnole a-t-elle vu *ce sabot*, qu'elle s'écrie que pour rien au monde elle ne traverserait l'Alameda (nom de la promenade publique dans les villes d'Espagne) avec une pareille machine au pied; qu'elle serait perdue de réputation si elle se montrait seulement dans la rue ainsi chaussée. Alors il fallut tenter de nouveaux efforts, employer l'eau froide, la glace, le savon, et après une demi-heure de souffrances inexprimables, l'intrépide coquette se vit en état de retourner chez elle.

On m'assure que les femmes de l'Andalousie ne lisent que leurs prières...... Il en est de même dans

* En Espagne, on ne recouvre les pavés de la maison qu'avec des nattes de paille.

le reste de l'Espagne. Heureux les hommes qu'elles aiment, du moins ce qu'elles leur disent vient d'elles!..... Il y a bien encore dans l'expression de leurs sentiments, une sorte de tradition féminine qu'elles se transmettent les unes aux autres par la conversation, mais cette inévitable instruction n'est pas glanée dans les livres, elle n'a pas les inconvénients de la culture, toute d'emprunt et de vanité, qui produit trop souvent l'insipidité et l'affectation des femmes du Nord. Ici on peut jouir à plaisir d'un charme perdu chez nous : du charme qu'il y a dans l'ignorance spirituelle. En France, en Angleterre, une femme ignorante est une sotte; en Espagne c'est une espiègle ravissante, et dont l'intelligence toute brute, rayonne dans les regards, éclate dans la justesse et l'originalité de chaque parole. C'est la diffé ice d'une oie à une poule d'eau; l'oie ne reçoit la vie que de ceux qui l'engraissent et se sont faits ses geôliers en attendant qu'ils deviennent ses bourreaux : l'oiseau sauvage subsiste par son instinct, la nature qu'il n'a pas reniée lui suffit.

Il faut venir à Séville pour y retrouver avec une délicieuse surprise le type primitif de la femme, effacé ailleurs sous les prétentions et les minauderies de la civilisation, sous les devoirs imposés et non sentis qui rendent la vie sociale insipide en

France. Dans ce pays (je parle de la France) on finira par donner aux jeunes filles des maîtres de candeur, tant il est nécessaire d'être innocente et modeste,..... pour s'y bien marier.

Je ne sais jusqu'à quel point l'usage de la promenade du soir peut être dangereux pour les belles dames de Séville, mais plusieurs maris m'ont assuré qu'elles se contentent de l'admiration qu'elles inspirent. Quoi qu'il en soit, la jeunesse me paraît indispensable à ce culte tout idéal, tout innocent qu'on veuille bien le supposer.

A la promenade de Séville, pour s'y plaire, il faut donc être un jeune homme; mais le jeune homme donné, soyez sûre que s'il s'est retourné plusieurs fois en passant près d'une jeune femme, il s'est mis en relation avec elle. Ce genre d'escrime a ses règles comme le combat de taureaux, qu'on appelle *ici la course*; c'est la course à la femme! La femme a d'abord une manière furtive de regarder son *attentif*; si le témoignage de l'admiration se renouvelle et qu'il ne déplaise pas à celle qui en est l'objet, elle accorde un signe de remerciement, un gage de reconnaissance; elle laisse tomber son éventail, son mouchoir et le reçoit des mains du *jeune* homme qui s'empresse de le ramasser : il n'est pas rare, à Séville, de voir des liaisons formées de la sorte, durer six mois et occuper fortement deux jeunes imaginations, sans que jamais les rapports fondés sur la coquetterie de la femme et sur la galanterie de l'homme aient amené la moindre intimité coupable; pas un échange de parole!.....

De pareilles mœurs nous sont devenues si étrangères, que nous ne les comprenons ni dans ce qu'elles ont de bon, ni dans ce qu'elles ont de mauvais; c'est une langue perdue pour nous, et nous ne croyons même pas à ce qu'on nous en traduit. Je ne veux pas finir mon éloge de la vertu des Andalouses, sans imiter ce prédicateur de campagne qui avait attendri ses ouailles par le récit du martyre de je ne sais plus quel saint; le bon curé qui voyait tout le village en pleurs commençait à se reprocher le succès de son éloquence; enfin, ne pouvant plus résister à l'émotion dont il était cause et pleurant lui-même plus que les autres, il s'écria, tout en sanglotant : « Mes frères, mes amis, mes enfants, mes chers enfants, ne pleurez pas ainsi; dans tout ce que je vous ai dit, voyez-vous, il n'y a peut-être pas un mot de vrai. »

Je crains qu'il n'en soit de même de mes amours platoniques des Andalouses, d'autant qu'un jeune homme qui a la liberté du jugement, parce qu'il n'est encore le mari de personne, me disait tout à l'heure, qu'une femme à Séville se décide souvent à faire le bonheur du premier venu sur un regard. Choisissez entre les deux versions.

Je veux vous conter encore quelque chose de pis; c'est qu'un Anglais arrivé avant nous dans cette ville et que nous connaissions de Madrid, avait une lettre de recommandation pour un prêtre de Séville. La première visite que ce digne ecclésiastique fit faire au jeune étranger, sans même le consulter, notez ce point :..... ce fut une visite chez...... devinez chez qui?..... Vous rappelez-vous madame Saint-Clair dans Clarisse?... eh bien! chez une dame Saint-Clair de Séville?.... enfin, chez des demoiselles!..... Et ce cicerone sacré se trouvait dans l'honnête maison aussi à son aise que chez lui...... Vous voyez jusqu'à quel degré de cynisme on peut tomber, quand on a comme moi la malheureuse passion de la sincérité. Ce n'est pas d'aujourd'hui que je me reproche la manie de tout dire, ce qui équivaut quelquefois à ne rien dire du tout. Car en voulant montrer tous les côtés des objets la pensée fait le tour et revient au point d'où elle était partie. A force de franchise, mes médailles sont toutes en revers, et les portraits que j'entreprends sont défaits avant que d'être finis..... Mais c'est une manière comme une autre, employez votre esprit à rectifier l'œuvre du mien, vous aurez la vraie vérité.

Toute la ville de Séville se connaît; chaque soir elle se rassemble à cette promenade obligée, et parmi tant de monde réuni pour se regarder, peu de personnes se parlent. Ce que nous appelons en France l'esprit du monde est inconnu ici; mais pour dédommagement on a l'intimité. En public on s'examine, on se critique les uns les autres, mais tout bas; car on se craint au moins autant qu'on s'envie. C'est le mélange de la publicité et du mystère qui donne la forme à l'existence; on passe ses jours en plein air et comme en représentation, pourtant la vie de chacun est un secret. Le temps s'écoule, ou sur un balcon qui donne du côté de la rue, ou à la promenade, ou dans la cour de la maison, par conséquent presque toujours en public; néanmoins on reste à l'écart. Si l'amour de la solitude n'est pas dans les mœurs, l'isolement est dans les cœurs : l'Espagnol a le cœur solitaire comme tout homme passionné....

Je me répète souvent qu'il ne faut comparer ce pays à nul autre, mais à l'Italie moins qu'à tout autre. Ces deux contrées et les deux peuples qui les habitent, diffèrent entre eux dans les petites comme dans les grandes choses! En Italie, la vue des fleurs dans un appartement fait fuir les femmes, ici elles vivent entourées de fleurs; l'ambre fait évanouir les Romaines, les Andalouses se parfument de peau d'Espagne qui est de l'ambre pur; l'heure du coucher du soleil est pernicieuse pour toutes les personnes qui s'exposent vers le soir à l'air de Rome et de beaucoup d'autres parties de l'Italie, ici les femmes passent impunément toute l'après-dînée et une partie de la nuit dehors, sans chapeaux et sans schals.

Les modes françaises ravagent l'Espagne. Tous les mois, arrive de Paris à Séville, en guise de nouvelles politiques, une cargaison de petites marionnettes peintes, je pense, par nos marchandes de modes et nos garçons tailleurs. Ces importations étrangères sont destinées à dégoûter le peuple de son luxe national, et à le jeter gauchement dans l'imitation des modes parisiennes. Peut-être d'ici à quelques années, les rues de la première ville de l'Andalousie, ces rues si gaies, si brillantes, si riches en tableaux, si différentes de ce qu'on voit ailleurs, auront perdu le caractère original qu'elles doivent presque uniquement à l'éclat du costume espagnol; et elles n'en seront ni moins tortueuses, ni moins étroites : voilà comme on imite, on abandonne les avantages qu'on a, sans prendre ceux du modèle qu'on choisit. La manie du frac et des robes de couleur fait ici d'effrayants progrès : une femme du monde à Séville, n'a plus de basquine (jupe noire) que pour sortir de chez elle, pour aller aux offices et à la promenade; sitôt qu'elle rentre, elle s'affuble d'une robe française et se croit bien mieux habillée. Il y a cinq ou six ans que les habits français étaient encore inconnus à Séville, ou qu'ils paraissaient ridicules quand on les y voyait. C'est depuis la dernière invasion, depuis cette guerre d'amis, que le costume du pays a fait place à nos tristes et mesquins accoutrements. Les Anglais en Espagne avaient montré plus de respect que nous pour les coutumes nationales. Sans les combats de taureaux, à peine saurait-on maintenant à Séville ce que c'est qu'un habit de *majo*.

Une des causes du vif intérêt que je trouve à parcourir l'Espagne, c'est que ce pays est à peu près aujourd'hui dans l'état de transition où se trouvait l'Europe il y a trois cents ans.

LETTRE XXX.

SOMMAIRE.

Murillo. — Il égale Raphaël sans lui ressembler. — Sa manière de peindre. — Rapport qu'il y a entre l'artiste et le pays. — Orgueil national justifié par les talents qui s'élèvent au milieu des peuples. — Conditions sociales nécessaires à la production des chefs-d'œuvre de l'art. — Talent particulier de Murillo pour peindre l'air. — Tableau de Moïse à la Charité de Séville. — Composition, coloris, effet général. — Idée poétique et religieuse. — L'étude de la peinture suffirait pour occuper le temps d'un voyageur à Séville. — Le plan de l'auteur est trop vaste. — Imperfection inévitable de son travail. — Tableaux dont le sujet ne comporte qu'un petit nombre de figures. — Leur mérite. — Analyse du tableau de saint Jean de Dieu, qui avait été fait pour servir de pendant à la sainte Élisabeth. — Description détaillée de ce chef-d'œuvre. — Art merveilleux. — Parallèle de Raphaël et de Murillo. — Différence qui existe entre ces deux hommes, attribuée aux conditions sociales autant qu'aux dispositions naturelles. — Les chefs-d'œuvre de Murillo sont mal éclairés et mal soignés à Séville. — Le couvent des capucins. — Tableaux qu'il renferme. — Moine en prière ; tableau vivant. — Tableau de saint Thomas de Villa-Nueva. — La piété aussi nécessaire que le talent pour produire un semblable ouvrage. — Vision de saint Félix, un des chefs-d'œuvre de Murillo. — Traduction de la vie de Murillo d'après le dictionnaire historique des maîtres espagnols. — Accord du jugement de l'auteur de cet article avec celui du voyageur.

LETTRE III.

SOMMAIRE.

A MONSIEUR LOUIS BOULANGER.

Quel homme que Murillo ! La nature semble se modeler au gré de sa fantaisie, qui devient le type d'un monde poétique, mais toujours vrai. Tout l'art de la peinture est à lui ; tous les sujets s'accommodent à son talent ; il est à la hauteur de l'inspiration divine, et pourtant la force terrestre, la grâce, la naïveté, lui sont restées fidèles. Quel coloris que le sien ! son œil est un foyer vivant ; il est familiarisé avec la lumière du ciel d'Afrique, tandis que la délicatesse du tact flamand se retrouve dans plusieurs de ses têtes pleines de jeunesse. C'est le soleil de Barbarie, qui se réfléchit sur des visages européens. On suit la circulation

A MONSIEUR LOUIS BOULANGER.

Séville, ce 12 mai 1831.

Quel homme que Murillo !... La nature semble se modeler au gré de sa fantaisie, qui devient le type d'un monde poétique, mais toujours vrai. Tout l'art de la peinture est à lui ; tous les sujets s'accommodent à son talent ; il est à la hauteur de l'inspiration divine, et pourtant la force terrestre, la grâce, la naïveté, lui sont restées fidèles. Quel coloris que le sien ! son œil est un foyer vivifiant : il est familiarisé avec la lumière du ciel d'Afrique, tandis que la délicatesse du teint flamand se retrouve dans plusieurs de ses têtes pleines de jeunesse. C'est le soleil de Barbarie, qui se réfléchit sur des visages européens. On suit la circulation du sang sous la peau du front et du col de ses vierges; on voit les yeux de ses anges humides de tendresse et d'amour. La seule partie de l'art où il ait eu quelques rivaux heureux en Italie, c'est dans le sentiment du beau idéal, dans le style. Je le crois un aussi grand peintre que Raphaël, mais il n'est pas un aussi grand homme.

Néanmoins, comme tout artiste supérieur, il a copié la nature de manière à élever notre pensée vers le monde surnaturel. Son malheur, c'est qu'il n'est jamais sorti de l'Espagne, où les visages sont pleins de physionomie et de charme, mais où les traits manquent de cette régularité, de cette grandeur qui faisait la noblesse du style dans les arts antiques. Malgré l'infériorité nationale, Murillo, poëte autant que savant en peinture, s'est placé au niveau des plus grands maîtres.

Grand, parce qu'il comprend peut-être mieux qu'aucun autre esprit la divinité chrétienne; artiste consommé, parce qu'il use des secrets du métier, surtout du clair-obscur, de manière à produire des effets de lui seul connus : Murillo doit faire aimer l'Espagne à tout esprit capable de pressentir les indéfinissables rapports qui existent entre l'artiste et la société dont le génie l'inspire.

Si des considérations philosophiques nous descendons jusqu'à l'examen de la manière de peindre de ce maître, nous sommes frappés d'abord de la transparence qu'il y a dans ses ombres. On voit si loin à travers les parties obscures de ses tableaux, que, par ce seul procédé, il est un peintre original. C'est la nature même, où l'ombre ne fait pas l'effet d'un voile opaque, d'un mur qui cache les objets, mais où elle n'est qu'une teinte plus ou moins foncée étendue sur eux sans les faire disparaître entièrement. C'est par ses ombres pénétrées de lumière que Murillo me paraît supérieur aux plus grands coloristes connus. Il ne dessine point avec son pinceau, il ne marque aucune ligne; les contours ne sont indiqués que par la place où il met les couleurs : pour un artiste digne de ce nom les œuvres de Murillo sont la révélation de la peinture. Il y a là un double mystère : merveille de pensée, de sentiment, et merveille d'art ; secret de science, prodige d'exécution : voilà Murillo!

Le talent qui a pu créer tant d'ouvrages d'un style divers, tous également remarquables, d'où vient-il ? Dans quels rapports est-il avec le sol qui l'a vu naître, avec la société qui l'a élevé ? Quel est le génie céleste, quels sont les anges inspirateurs, quelle est la combinaison politique, quelles sont les croyances, les mœurs, les préjugés qui ont présidé au développement d'une telle âme? C'est ce qu'on se demande devant chacune de ses têtes.

La part d'inspiration qu'ont les sociétés dans les chefs-d'œuvre sortis du milieu d'elles explique l'orgueil qu'inspire aux nations la gloire de leurs grands hommes!

Dans les siècles de barbarie, l'artiste n'a pas encore sa place parmi ses grossiers concitoyens; il vit comme attaché à la glèbe: c'est un serf condamné à faciliter le travail à quelque maître inconnu, qui dans l'avenir recueillera le fruit de ses sueurs.... et qui l'insultera encore en s'élevant sur les degrés que le malheureux préparait à l'usurpateur de sa gloire. Il ne faut donc pas s'étonner si, lorsque la civilisation d'un pays arrive à l'époque où l'artiste devient tout ce qu'il peut devenir, ces sociétés et ces siècles-là revendiquent une partie du mérite de l'individu. Ce droit de gloire prélevé par une nation sur les chefs-d'œuvre produits chez elle, loin d'ôter quelque chose à la renommée d'un artiste, l'étend et la perpétue. Le peintre inscrit sur la toile son nom, que le pays grave ensuite sur le marbre et sur l'airain pour se l'approprier éternellement. Les fondateurs des écoles allemandes et italiennes étaient de puissants génies sans doute; mais, gênés dans l'exercice de leur art par la lutte qu'ils ont eue à soutenir pour en trouver les procédés mécaniques, ils ont vécu et sont morts dans le mécontentement d'eux-mêmes et de leur siècle. Les facultés que Dieu donne à l'homme sont des charges pesantes pour quiconque n'a pas trouvé d'abord sur la terre où il est tombé les instruments nécessaires à l'emploi des dons qu'il apportait du ciel : s'il faut les créer, le talent s'épuise à chercher le métier.

Giotto, Mantegna, Francia, Jean de Fiesole, Van-Dyck et tant d'autres, ont souffert de ce mécompte. Ces favoris de la nature, contrariés par la barbarie de leur époque, ont épuisé leurs forces pour aider leurs successeurs à produire des ouvrages complets. Ils ont aspiré à la perfection sans pouvoir l'atteindre; leur renommée, toute grande qu'elle était, ne les rassurait pas; le talent sait se contenter de son propre témoignage, mais il ne sait pas s'en passer : les suffrages de l'univers peuvent bien le corrompre, ils ne peuvent le satisfaire; aussi reconnaît-on des traces de tristesse dans les plus beaux ouvrages de ces génies contraints *.

Le sort de tant de grands hommes voués au culte du beau, qui pour eux ne fut qu'un rêve,

* Voyez l'introduction, page 26 et suivantes.

suffirait pour me faire croire à l'existence d'un monde meilleur.

Murillo venu tard, puisqu'il est né, selon les uns à Pilas, selon les autres à Séville, l'an 1618, fut plus heureux que ne l'avaient été les pères de la peinture. Il a profité des travaux des Flamands, surtout de Van-Dyck, puis il a étudié à Madrid les chefs-d'œuvre de l'école d'Italie, réunis là et aux environs par les rois d'Espagne.

Il s'est fait plusieurs manières. Dans quelques-uns de ses ouvrages, il me paraît égal au Corrège pour l'éclat du coloris, pour la grâce, pour le savant emploi du clair-obscur, pour l'art de peindre l'air autour de ses personnages, pour espacer les plans de ses compositions et environner chaque objet d'une atmosphère vaporeuse, enfin, pour l'effet toujours pittoresque quoique toujours naturel qu'il sait tirer du contraste des ombres et de la lumière. Dans quelques autres, Murillo égale le Dominiquin pour l'expression et la vérité. Ailleurs, il surpasse Paul Veronèse pour l'art d'ordonner ses riches compositions et pour la grandeur du dessin.

Le Moïse faisant jaillir l'eau du rocher réunit à des degrés divers plusieurs de ces qualités : c'est un des premiers tableaux du monde.

Il est placé dans l'église de l'hôpital de la Charité. La plupart des sujets destinés à l'ornement de ce bel établissement ont rapport à des actes de bienfaisance.

Le principal est ce tableau de Moïse; déjà le coup de baguette a fait jaillir l'eau miraculeuse, et tandis que le grossier peuple d'Israël se précipite en foule vers le rocher pour étancher sa soif à la source vivifiante, le prophète élevant sa baguette vers le ciel, rend grâce au Seigneur par la force duquel il vient d'opérer le miracle. Ce besoin de la reconnaissance, cette soif de l'âme, triomphant de la soif du corps, forme avec la brutalité de la masse un contraste admirable, et capable à lui seul d'attendrir les cœurs délicats. Nulle part, je n'ai rien vu de si bien senti ni d'aussi noblement exprimé : c'est grand comme le ciel et la terre, comme la Bible.

Les figures sont plus que de grandeur naturelle; les groupes qui forment tous les épisodes de cette immense composition offrent à l'œil une variété de détails, une vérité d'expression, d'où naît une illusion que même les plus fameux chefs-d'œuvre de l'art produisent rarement : l'aspect du désert est sublime; et les costumes sont si pittoresques, les figures si animées, que l'œil ne peut se détacher de la scène : c'est un poëme rendu visible. La même pensée plane au-dessus de toute la composition : cette pensée, c'est la supériorité de l'esprit sur la matière. Moïse inspiré par le ciel ; le peuple juif, dominé par les besoins physiques : tels sont les emblèmes de cette simple et sublime idée, d'où découle une suite d'actions secondaires, qui toutes concourent, dans leur inépuisable diversité, à augmenter l'effet de la pensée principale. J'ai passé la matinée presqu'entière devant ce chef-d'œuvre dont le style n'a pas la mollesse, la mignardise qu'on reproche à quelques autres ouvrages de Murillo : c'est un monde à étudier pour l'artiste, un sujet d'admiration pour le simple amateur : c'est encore quelque chose de plus pour le chrétien. Il y a là de quoi justifier notre foi, j'y vois une révélation de la Divinité, telle que l'ancien monde nous en a transmis l'image..... Ajoutez que tout cela est neuf et inconnu pour nous....

On découvre à la fois dans l'école espagnole l'esprit d'une société différente de toutes les nations de l'Europe, et des artistes autrement inspirés que les nôtres pour représenter cette société. Ici, la manière est aussi originale que le sujet, le peintre devient lui-même un objet d'étude peut-être plus intéressant que le monde qu'il peint. Je suis heureux d'être venu à Séville ! voilà ce que je me répète dix fois le jour, avec le regret de m'y trouver sans vous.

J'aurais dû ne me proposer dans ce voyage, que l'analyse de la peinture; ma tâche aurait encore été immense.... S'il en est ainsi, comment me tirerai-je du récit exact de tout ce que je vois, et de la déduction scrupuleuse des idées qui me remplissent l'esprit quand je contemple cette infinie variété d'objets nouveaux? Il ne me reste qu'un parti à prendre : celui de me résigner d'avance à manquer mon but. Heureusement que ce petit sacrifice accompli, me laissera des dédommagements. L'Andalousie ressemble aux monuments dont elle se glorifie; une mosquée arabe, n'en pût-on voir qu'un fragment, qu'un pan ruiné, serait encore un objet intéressant, tant chaque pierre de l'édifice est artistement sculptée. De même le plus petit coin de l'Espagne peint avec exactitude, doit produire une surprise agréable aux curieux.

Si je fais plaisir à quelques personnes, je ne regretterai pas la peine que je me donne; je parle de la peine d'écrire : le voyage n'est jamais pour moi qu'un délassement; mais ce qui le rend difficile, c'est le désir de le dépeindre avec une scrupuleuse exactitude.

Le tableau de Moïse couvre presqu'entièrement

un des côtés de la nef qu'il décore, on lui a donné pour pendant une autre composition du même peintre, aussi vaste mais moins belle; c'est le Christ opérant le miracle de la multiplication des pains et des poissons dans le désert. Malgré l'infériorité de ce tableau, j'en ai examiné les détails avec intérêt. Il y en a de merveilleux : le paysage est superbe, le désordre, le mouvement de la foule sont rendus de main de maître : mais l'inspiration manque totalement au Christ; la figure principale est manquée. Je ne doute pas que cet ouvrage n'ait été composé après le Moïse. On voit qu'une pensée étrangère au sujet a présidé à l'œuvre. Murillo était tourmenté de la crainte de ne pouvoir s'égaler à lui-même. Il faut que l'artiste sache s'oublier, comme il doit oublier ses rivaux.

Quand de ces grandes compositions, ce peintre descend à des tableaux de deux ou trois personnages, il reste encore le grand Murillo : alors il supplée aux beautés d'ordonnance, à la variété du dessin, au mouvement de la composition que lui refuse son sujet, par la vigueur redoublée du coloris, par le contraste de la lumière et des ombres, par la profondeur du sentiment, par la poésie, par la grâce des têtes, par le dramatique de l'action et par la manière pittoresque, en un mot, par le style andaloux avec lequel elle est rendue.

Ce peintre, si estimé en Europe depuis les deux invasions, n'est cependant que peu connu; à peine peut-on se faire une idée de tout son talent, même à Madrid. C'est à Séville qu'il faut venir étudier et apprécier le Raphaël de l'Espagne *.

La sainte Élisabeth, reine de Portugal, pansant les lépreux, que j'ai vue dernièrement à Madrid, faisait autrefois partie des tableaux de l'hôpital de la Charité, à Séville. Un de nos généraux l'envoya à Paris avec beaucoup d'autres; heureusement pour l'Espagne, celui-ci fut enlevé au nom du gouvernement, et à cause de cette circonstance, réclamé par les Espagnols en 1815.

Ce tableau n'a pas été renvoyé jusqu'à Séville avec le Moïse et plusieurs autres. Le gouvernement espagnol l'a gardé à Madrid sous le ridicule prétexte qu'il fallait un dédommagement pour les frais de transport que lui avait coûtés le retour des autres.

L'Enfant prodigue, les Anges reçus par Abraham, enfin, deux beaux tableaux qui se trouvaient également autrefois dans l'église de la Charité, sans compter l'Assomption de Marie et beaucoup d'autres

* Les Espagnols donnent ce titre à Alonso Cano; mais je laisse ce que j'ai écrit.

n'ont pas eu le même sort..... ils sont perdus pour l'Espagne, mais non pour l'art, ni pour la gloire de leur auteur dont ils ont établi la réputation en pays étranger.

Le pendant du fameux tableau de sainte Élisabeth, est revenu à Séville; je l'ai vu ce matin dans l'église de la Charité; c'est ce qui m'a le plus frappé au milieu de cette collection de chefs-d'œuvre; la composition est simple, l'action se passe entre trois figures; un ange, un mourant et un saint. Il fait une nuit profonde et toute la lumière vient de l'ange. Voici le sujet de ce poëme chrétien. C'est encore un acte de charité, et ce qui prouve la puissance de la foi en Espagne, c'est que malgré l'antipathie nationale, Murillo n'a pas craint de choisir pour sujets de ses tableaux deux traits de l'histoire de Portugal: l'acte de charité de saint Jean de Dieu et celui de sainte Élisabeth.

Saint Jean de Dieu, religieux portugais, est fameux en Espagne par ses vertus évangéliques et par les miracles qu'elles lui firent opérer. Il devint le fondateur d'un ordre religieux destiné à soigner les malades et fut enfin canonisé. Voici le fait représenté par Murillo.

Un soir, à la fin d'une journée toute consacrée aux bonnes œuvres, saint Jean rapporte à son couvent un malade qu'il a ramassé dans la rue. Ayant chargé avec peine ce mourant sur ses épaules, le religieux sent les forces lui manquer au milieu de sa course; il tombe enfin presque expirant lui-même sous le fardeau qui l'accable. Tout-à-coup, il se sent soutenu par une main qui le relève en même temps qu'elle allège le poids de sa charge. Son premier mouvement est de frayeur; on voit qu'il était tombé sur les genoux avec les mains appuyées par terre : comme le Christ sous la croix, dans le Spasimo de Raphaël. Épouvanté, il retourne la tête et il aperçoit un ange de lumière envoyé du ciel pour l'aider à remplir son office charitable.

Telle est l'action représentée par Murillo; et c'est là que commencent les miracles de sentiment, d'art et de délicatesse, qui caractérisent particulièrement le talent poétique de ce maître.

L'étonnement, l'attendrissement, l'admiration, la reconnaissance, la foi, l'amour, l'humilité, sont prêts à chasser l'effroi de cette physionomie transparente et où tous les contrastes se peignent à la fois, où tout parle, où tout vit, où toutes les émotions de l'âme humaine semblent se confondre. Murillo seul pouvait exprimer tant de nuances de sentiments, tant de sentiments divers par l'expression d'une seule figure. C'est un prodige de finesse et d'habileté, sans parler de la pensée poétique et religieuse si spirituellement rendue, qu'il faut avoir soi-même de l'esprit pour deviner toute l'intention du peintre, et ce n'est pas une de ces idées trop ingénieuses prêtées à froid par l'amateur qui analyse à l'artiste qui crée, c'est la volonté bien positive du maître, mais si mystérieusement exprimée, qu'il faut s'associer au sentiment des personnages pour la découvrir, quoiqu'on ne puisse plus la mettre en doute dès qu'on l'a une fois reconnue : la voici telle que je l'ai comprise :

Le malade est tout entier dans l'ombre : personne n'y pense, on est si sûr qu'il guérira !... La foi de l'artiste et des personnages qu'il met en scène est communicative. D'ailleurs la légende dit que c'est le diable qui voulait tenter le courage du religieux. Laissons-le donc, diable ou malade, dans la nuit où l'a plongé Murillo.... Mais le saint, étonné pour la première fois de sa vie de sa propre vertu ; mais le saint, assuré d'une communication directe avec le ciel ; mais le pénitent récompensé, et dans sa triomphante modestie craignant de s'enorgueillir de la grâce qu'il reçoit autant qu'il craint de se montrer ingrat, le vrai chrétien, retenant par humilité jusqu'à l'explosion de sa pieuse reconnaissance, tout cela dans un visage, est une création vraiment espagnole, c'est Murillo tout entier, et c'est lui seul. Quel autre que ce naïf interprète du christianisme aurait pu entrer dans l'esprit d'un sujet si poétiquement religieux ?

Après avoir longtemps admiré ce miracle d'expression, un amateur consciencieux se force à descendre jusqu'à l'analyse des beautés de métier, qui distinguent ce chef-d'œuvre des autres tableaux du premier ordre, peints par Murillo. Si vous vous astreignez a ce travail, votre étonnement s'accroît ; nulle part Murillo ne s'est montré plus savant, plus vigoureux coloriste ; nulle part il n'a mieux su faire concourir le fond et les accessoires à l'effet général d'un tableau. Le style de l'architecture, le contraste des grandes ombres et des plus brillants traits de lumière : tout, dans cette magique composition, concourt à élever l'âme du spectateur vers la région poétique et surnaturelle où plane le peintre.

Personne n'a jamais représenté les anges mieux que Murillo. C'est le peintre du ciel, et quoique les traits de ces figures symboliques soient toujours pris sur la terre espagnole, l'expression de leur physionomie est toute divine.

Je l'ai égalé à Raphaël ; c'est peut-être un peu exagéré. Raphaël descend du ciel pour arriver jusqu'à nous, Murillo part de la terre pour monter au ciel ; et lorsqu'ils se sont rencontrés au même point, en marchant dans des directions opposées, l'un montait et l'autre descendait. Cela seul fait qu'il y aura toujours entre ces deux princes de la peinture, quelques points de séparation. D'abord, Raphaël a le grand mérite d'être venu près d'un siècle avant Murillo : bonheur pour celui-ci, difficulté merveilleusement vaincue pour le premier. De plus, Raphaël possède dans la pensée un type divin qui ne se décèle pas seulement dans le sentiment, dans l'esprit, mais qui se manifeste jusque dans les formes, dans les contours des objets matériels. Raphaël dédaigne de flatter l'œil, quoiqu'il ne le blesse jamais ; Murillo le flatte et le blesse pourtant quelquefois. Raphaël a peint comme les Grecs ont bâti ; la noblesse de ses œuvres est due à la source d'où découlent ses idées : et encore une fois, la noblesse de Murillo est due au but où tendent les siennes.

S'il est après cette vie un monde à part pour les esprits voués au culte des arts, ces deux hommes, lorsqu'ils se rencontreront dans leur planète, se donneront la main comme deux guerriers qui se retrouvent sur le champ de bataille après la victoire. Mais il y aura dans l'un une nuance de fierté dont l'autre manquera; c'est une sorte d'aristocratie d'âme qui tient à la nature des premières impressions. Un soldat de fortune, fût-il maréchal, fût-il empereur, ne manifestera jamais son orgueil ni sa modestie, de la même manière que le prince de Condé, c'est une nuance analogue à cette inévitable distinction que je veux établir entre Raphaël et Murillo. En un mot, on retrouve dans les divers chefs-d'œuvre de ces deux maîtres la différence que j'ai reconnue partout entre l'Espagne et l'Italie : au fond de celle-ci était Rome et la Grèce, de là vient l'aristocratie de l'art en Italie. Au fond de l'Espagne était l'Afrique avec la civilisation des Maures, de là le caractère romantique particulier aux poëtes et aux artistes de la Péninsule.

Le grand malheur des Murillo de Séville, c'est qu'ils sont mal éclairés, comme si le jour était rare sous ce climat; et mal soignés, comme si les gens du pays manquaient de loisir. Les Espagnols, du moins ceux de ce temps-ci, ne me paraissent pas doués à un bien haut degré du sentiment des arts.

Malgré l'étonnante conservation des chefs-d'œuvre que possède la ville de Séville, on ne jouit guère de ces tableaux. Ils auraient besoin d'être placés dans leur jour, lavés et légèrement vernis, ce qui ne veut pas dire encroûtés d'essence, selon la mauvaise habitude qu'on a chez nous.

Ce sont les étrangers qui ont fait la réputation de Murillo, à Séville : ses tableaux y seraient peut-être oubliés encore, s'ils n'avaient attiré l'admiration des voyageurs. Il n'y a pas longtemps qu'on trouvait ici des Murillo perdus sous la poussière des greniers.

L'église des capucins est un autre dépôt de chefs-d'œuvre que tout amateur doit visiter pour se mettre en état d'apprécier l'étendue et la variété du talent de ce Corrège de l'Andalousie ; dénomination plus juste, peut-être, que celle de Raphaël espagnol.

Cette église est située hors des murs qui, surtout dans ces parages, sont une des curiosités de Séville. La matière avec laquelle on a bâti ces remparts, moitié romains, moitié arabes, est un ciment coulé dans des moules et devenu pierre. On reconnaît la forme du moule à chaque assise, et l'on ne peut s'empêcher d'admirer l'orgueil de notre Europe, qui vante ses progrès tout en reculant sur bien des points et en perdant chaque jour quelque secret de l'art antique.

On arrive aux capucins ; c'est là que se trouvent les tableaux de Murillo les plus renommés ; ils sont plus fameux encore que ceux de la Charité, que je viens de vous décrire.

On y voit un crucifix s'animant à la prière de saint François d'Assise, patron des capucins; sainte Juste et sainte Rufine, deux sœurs martyres et qui sont devenues patrones de Séville : on y voit saint Léandre et saint Bonaventure, tableau prodigieux pour la force du coloris et pour la noblesse de l'expression. Entre ces deux ouvrages, on aperçoit encore une Madone avec l'Enfant-Jésus. Elle est de petite dimension, la vierge n'est peinte qu'en buste, mais ce chef-d'œuvre en miniature est d'une couleur et d'un fini qui le mettent au-dessus de tout éloge. Quand Murillo peint de cette façon, il devient inimitable. Le copiste le plus distingué, habile lui-même à faire d'après nature, ne pourrait approcher d'un tel modèle.

Néanmoins, on fait bien d'examiner ces premiers tableaux en entrant, car lorsqu'on aura vu ceux que je vais vous citer, on n'en pourra plus regarder d'autres.

Je commence par vous parler de l'ouvrage de prédilection du maître. C'est un saint Thomas de Villa-Nueva. Ce pieux personnage est représenté faisant l'aumône à des pauvres. Une femme, avec son enfant, se voit dans l'ombre sur le devant du tableau. Cette figure, vigoureusement peinte, sert de repoussoir au principal personnage. Un homme presque nu est à genoux devant saint Thomas, et tend la main pour recevoir le don que le saint va lui faire. Ce corps, dont on voit le dos à découvert, cette tête souffrante, mais non dépourvue de beauté, cette jambe en raccourci, ce pied, qui sortent du tableau, seront d'éternels objets d'étude pour les artistes qui veulent apprendre combien il faut de précautions, d'artifices, de prudence et de tâtonnement avant de pouvoir être hardi dans les arts. Aujourd'hui, bien des gens prétendent commencer par où les maîtres finissaient. Et voilà ce qui produit les beaux résultats que nous voyons!...

Mais ce qui s'adresse à tout homme doué d'une âme, c'est l'expression de la figure du saint. Je n'ai vu nulle part un pareil mélange de dignité personnelle et de compassion pour les misères humaines: il y a dans cette physionomie un trait dominant: c'est l'humble sentiment de sa propre supériorité, mais supériorité toute chrétienne, qui cherche à s'oublier elle-même dans l'exercice de la pénitence, dans la pratique de la charité: que c'est beau, que c'est sublime... Que c'est vrai! Voilà le crescendo d'éloges qu'on ne peut retenir devant ce tableau comme devant tant d'autres chefs-d'œuvre du même peintre

L'expression de paix céleste, de résignation surnaturelle, de douceur, d'humanité, que je trouve à ce visage, ne pouvait être conçue et rendue par un homme : c'est l'œuvre de Jésus-Christ et de Murillo. Quelle admirable réfutation de tout ce qui a été fait et dit de mal dans ce monde qu'une telle physionomie!.... que de passions vaincues, et que de calme dans ce triomphe de l'esprit sur la matière! comme cela prouve l'existence de tout ce qu'on nie.... Cette âme de saint est vivante et aimante, comme le soleil est brûlant, comme il est lumineux. Si l'on était seul, on ne pourrait contempler cette tête et se pénétrer des vertus qu'elle exprime sans rougir.... sans rougir et pleurer!..... Mais j'étais entouré de plusieurs des religieux du couvent.

Ces beaux capucins, qui nous montraient les trésors de leur église, me semblaient les modèles vivants des tableaux que j'admirais. Nul homme ne m'a paru porter sur son front une expression de noblesse, de douceur, de sérénité égale à celle que j'ai admirée sur quelques unes de ces têtes de vieillards, auxquelles leurs cheveux blancs servaient d'auréoles. L'un d'eux priait à genoux dans l'église. Il était comme en extase, et ne s'apercevait pas de notre présence; il avait son capuchon rejeté en arrière, les bras étendus; ses yeux étaient fermés, mais ils s'ouvraient de moments en moments pour regarder le ciel; sa bouche souriait, ses lèvres étaient entr'ouvertes : je ne l'oublierai pas plus qu'un tableau de Murillo. Il a quatre-vingts ans. Il faut convenir que les vertus religieuses sont la parure de la vieillesse..... mais aussi elles sont le fruit de la vie entière.

A côté de saint Thomas on voit un autre tableau de la même dimension, et que les peintres modernes préfèrent encore au premier : c'est une vision de saint Félix, moine de l'ordre des capucins. Ce saint vieillard, en priant un jour dans l'église, vit la Vierge descendre vers lui, et déposer l'enfant Jésus dans ses bras. Le peintre a choisi le moment où la mère se penche vers le cénobite pour lui redemander son fils. Rien n'égale la suavité de cette composition aussi poétique que catholique. Le beau vieillard, l'enfant, la mère, trois personnages bien différents les uns des autres, sont réunis par je ne sais quelle émanation de la béatitude céleste, qui brille en eux et autour d'eux. Une lumière surnaturelle les illumine tous les trois : la Vierge est une figure toute divine; elle n'est plus femme, elle est encore mère. Murillo, le fin, le séraphique, le délicat, l'aérien Murillo, s'est surpassé lui-même dans cette tête plus qu'humaine, dans ce col, dans ces épaules qu'un œil profane se reproche d'admirer. Il n'y a plus de contours, plus de lignes, tout est couleur et vapeur éclatante : on ne voit que de l'air, traversé par les rayons du soleil de l'Andalousie et par l'esprit de Dieu. C'est le songe d'un poëte amoureux, mais religieux. Une gaze plus légère que la poussière sépare la chair des vêtements qui l'encadrent : point de ligne marquée; on ne sait où rien finit, où rien commence; l'enfant divin nage dans l'air plutôt qu'il n'est porté sur les bras du saint vieillard. Il semble dormir et sourire en dormant; le religieux tâche d'adoucir sa physionomie habituellement trop austère. On voit qu'il voudrait remercier dignement la mère de son Dieu, et cette politesse chrétienne, cette grâce de vieillard, ce scrupule d'un saint, c'est-à-dire d'un courtisan du ciel, ont des charmes inexprimables. Il y a là plus que de l'art, sans doute; mais l'art seul porté au dernier degré peut donner les moyens de franchir heureusement ses propres limites. Dans les chefs-d'œuvre, la pensée ne commence qu'où le métier finit; c'est alors qu'elle produit tout son effet, et qu'elle passe immédiatement de l'âme du poëte ou du peintre dans l'âme qui écoute ou regarde : c'est alors que l'art opère des miracles sur les âmes, et qu'il seconde la Providence dans sa puissance de civilisation. Arrivé à ce point, l'art devient une autre nature, un créateur en second, qui répare les ruines de la création primitive.

Je suis revenu de ce couvent enivré, enchanté, visionnaire, et pendant longtemps je ne pourrai penser qu'à ces miracles de la foi prouvés par la peinture : oui, j'ai vu la Vierge mère se jouant saintement de l'extase d'un pauvre vieillard et du sommeil d'un enfant ! c'est plus qu'un tableau, c'est une évocation surnaturelle, c'est une apparition. Je défie, après avoir contemplé longtemps ce mystère où le fantastique commence, de dire où cesse le possible, dans une scène où les deux mondes, le réel et l'idéal, sont fondus ensemble comme l'esprit et la matière dans une âme passionnée, comme les couleurs dans le regard d'un peintre, comme le ciel et la terre dans la pensée d'un poëte !...

Il y a dans cette dernière œuvre de Murillo, où la conception égale l'exécution, une grâce si sublime qu'elle va plus loin que le jugement humain, plus loin que notre langue, que notre raison. J'ai besoin de me répéter que Séville est peu visitée par les Français, et que, par conséquent, les grands ouvrages de Murillo n'ont guère d'admirateurs chez nous, pour ne pas brûler tout ce que je viens de vous écrire sur ces trésors de l'école espagnole. Il faut voir de tels chefs-d'œuvre, s'en approprier l'esprit et se taire : mais c'est à vous que je parle, à vous qui n'avez point vu l'Espagne, et à d'autres qui sont condamnés à rester toujours chez eux, et qui n'ont que moi pour leur donner l'idée du grand Murillo de Séville!

Une fois résigné à substituer les paroles à l'intuition, les miennes en valent peut-être d'autres. Voilà ce que je me dis, et voilà pourquoi vous aurez cette lettre, sur le premier peintre de l'Espagne. Bien des gens de son pays lui disputent ce rang; je le lui assigne, moi, de mon autorité privée, même quand j'admire autant qu'ils le méritent, à ce qu'il me semble, Velasquez, Zurbaran Joanès, Campana, Cano, Ribeyra.

Lors de la première invasion, ses chefs-d'œuvre avaient été renvoyés à Cadix, où la junte les a sauvés du redoutable enthousiasme de nos généraux.

Je ne veux pas vous envoyer ma lettre sans la grossir encore de l'extrait que j'ai fait du dictionnaire historique des maîtres espagnols qui se sont le plus illustrés dans les beaux-arts. Ce livre a été écrit par don Juan Augustin Cean Bermudez, et publié par l'Académie royale de Saint-Fernando, Madrid, 1800, *voy.* pag. 68 et suivantes du vol. II.

Certes, jamais vie d'artiste ne fut plus simple et moins mêlée d'incidents. Cette histoire répondra à ceux qui croient que le germe des arts ne peut se développer qu'au milieu des troubles et de la fièvre des passions politiques.

VIE DE MURILLO.

« Don Antonio Palomino pense que le peintre Murillo était né dans la ville de Pilas; mais nous avons sous les yeux son extrait de baptême, par lequel il est prouvé que Bartholomeo-Esteban Murillo, a été baptisé dans la paroisse de Sainte-Marie-Madeleine de Séville, le lundi 1er janvier 1618 *. Ce qui a pu donner lieu à cette erreur, c'est que la femme de Murillo était de la ville de Pilas, où elle possédait quelque bien. Ses parents furent Gaspard-Esteban Murillo et Maria Perez; et comme tous ses ancêtres se sont appelés Esteban, on a conclu de là que ce fut le premier nom de cette famille.

» Il manifesta fort jeune son penchant pour la peinture. Aussitôt que son âge le permit, il fut

* L'école espagnole a fleuri en même temps que l'école hollandaise. (*Note de l'auteur.*)

conduit par son père à la maison d'un de leurs parents, Juan del Castillo, pour étudier cet art. Castillo était bon dessinateur, il lui enseigna les premiers principes; plus tard, il lui donna son coloris sec, et qui tenait de l'école Florentine. Ce style avait été apporté à Séville, par Louis de Vargas, Pedro de Villegas, et d'autres professeurs.

» Tels furent les débuts de Murillo, qui fit des progrès rapides, parce qu'il était doué de dispositions extraordinaires et d'un talent inné pour la peinture.

» Son maître s'étant établi à Cadix, Murillo commença à peindre de lui-même pour le marché de Séville, tous les sujets que lui commandaient les brocanteurs de tableaux qui passaient par cette ville *. Souvent on a vu l'artiste lui-même porter ses ouvrages à la foire, où ils se vendaient comme d'autres marchandises. A force de travail, tous les secrets du métier lui devinrent familiers. Il acquit une extrême facilité à peindre, et un coloris très agréable quoique encore maniéré. On conserve aujourd'hui à Séville **, trois tableaux de Murillo

* On m'a montré sur ce même marché la place où le grand homme exposait ses œuvres. (*Note de l'auteur.*)

** Il faut se rappeler que l'ouvrage dont cet article est tiré a paru en 1800. (*Note de l'auteur.*)

faits à cette époque, le premier est placé dans un coin du cloître du collége de la reine, le second se voit dans un autre coin du cloître principal, appartenant au couvent de Saint-François, et le troisième dans une chapelle de Notre-Dame du Rosaire, au collége de Saint-Thomas; il est au-dessus de l'autel.

» Murillo n'avait que vingt-quatre ans lorsqu'arriva à Séville, le peintre Pedlo de Moya, qui revenait de Londres à Grenade avec le style et le beau coloris qu'il avait pris à Van-Dick. Bartholomeo Murillo fut émerveillé de la douceur et du charme de cette manière, et conçut un vif désir de l'imiter. Cependant Moya resta peu de temps à Séville, et Murillo tomba dans le doute et dans le trouble touchant la route qu'il devait suivre pour devenir un grand maître.

» Il désirait passer en Angleterre, et pourtant il savait que Van-Dyck venait de mourir; il songeait aussi à se rendre en Italie; mais il s'affligeait de voir qu'il n'avait pas les moyens d'entreprendre des voyages si longs et si coûteux.

» A la fin il eut recours à un moyen dont son courage et son application seules pouvaient lui donner l'idée: il acheta une quantité de toile, la coupa en plusieurs tableaux, l'enduisit de ses mains, et y peignit des sujets de dévotion. Il les vendit ensuite à l'un des nombreux armateurs qui chargent leurs vaisseaux pour l'Inde, et qui se trouvent souvent à Séville. Avec le produit de cette industrie il se rendit à Madrid l'année 1643 sans prendre congé de personne, et sans avoir communiqué son projet à aucun professeur.

» Aussitôt qu'il fut arrivé dans la résidence royale, il se présenta chez don Diégo Vélasquez à titre de compatriote, et lui dit dans quel but et dans quelles espérances il avait quitté sa province. Vélasquez fut très-obligeant pour lui, et lui procura la permission de copier tous les tableaux qu'il désira étudier dans les collections du roi, tant dans les divers palais que dans le monastère de l'Escurial. D'après le résultat de ses travaux, on peut juger de la méthode qu'il suivit, de son application et de sa constance pendant les deux années employées par lui à copier et analyser les œuvres de Titien, de Rubens, de Van-Dyck, de Ribeyra et de Vélasquez.

» Il revint à Séville en 1645. Peu d'artistes s'étaient aperçus de son absence; mais tous s'émerveillèrent en voyant les tableaux qu'il se mit à peindre l'année suivante pour le petit cloître du couvent de Saint-François, situé dans cette ville.

Personne ne pouvait dire comment et auprès de qui il avait acquis ce nouveau style de grand maître, ce style inconnu jusqu'à lui, puisqu'on n'en trouvait pas de modèle, et qu'on ne connaissait aucun professeur capable de le lui avoir enseigné. Il rappelait néanmoins dans ses tableaux les trois maîtres qu'il s'était proposé d'imiter à Madrid; les anges qu'il représente auprès d'un bienheureux en extase dans une cuisine sont tout à fait dans le style de l'Espagnolet. On retrouve Van-Dyck dans le profil de la tête et dans les mains de la sainte Claire en fuite, et Vélasquez dans tout le tableau de saint Diégo avec les pauvres.

» Cet ouvrage lui acquit une réputation plus grande que celle de tous les autres peintres de Séville, et fit qu'on lui commanda d'autres tableaux, tant pour les établissements publics que pour des particuliers; ce qui le tira de l'indigence et lui donna le moyen d'épouser dona Béatrix de Cabrera e Sotomayor, personne de qualité de la ville de Pilas. Leur mariage se fit l'année 1648. Alors, soit par la facilité extraordinaire qu'il acquit en travaillant, soit pour complaire au grand nombre, il changea son style contraint et fort, en un style plus franc, plus doux et plus agréable même pour les connaisseurs. C'est dans ce nouveau style qu'il peignit les principaux tableaux de Séville, et les plus estimés.

» Tels sont le saint Léandre et le saint Isidore, plus grands que nature, revêtus de leurs habits pontificaux, et placés dans la sacristie majeure de la cathédrale. Il les peignit l'année 1655, par l'ordre de l'archidiacre de Carmona, don Juan Federigui, qui en fit présent au chapitre. On voit dans les manuscrits du temps, que le saint Léandre est le portrait du licencié Alonzo de Duera, chantre du chœur, et le saint Isidore, celui du licencié Juan Lopez Falaran. Il peignit en 1658, le célèbre tableau de saint Antoine de Padoue, placé sur l'autel du baptistère de la même cathédrale. Le chapitre le lui paya 10,000 réaux *. Les connaisseurs le vantent comme un de ses meilleurs ouvrages, soit pour l'accord et les oppositions de la lumière et de l'ombre, soit enfin pour l'expression de la figure du saint, représenté à genoux et les bras levés vers l'enfant Dieu, qui descend dans une gloire supporté par des anges, au son de divers instruments; soit enfin pour l'air qui environne chaque objet, ou, pour l'habile indécision des contours qui se perdent dans l'espace.

* Le real vellon vaut environ 5 sols de notre monnaie.

» L'année 1665, il peignit les quatre tableaux du milieu de l'église de Sainte-Marie la Blanche, aux frais du chanoine don Justino Noye. On vante beaucoup le cortége de petites figures dans le lointain d'un de ces tableaux, pour la vérité avec laquelle y sont représentées la poussière et jusqu'aux teintes chaudes de l'été.

» En 1667 et 1668, il dirigea la dorure de la salle capitulaire de la cathédrale. Il restaura les arabesques de Pablo de Cespedes, qui avaient souffert, et peignit à l'huile dans les huit ovales du milieu de la coupole de cette même salle les quatre archevêques du diocèse : puis saint Hermenegilde et saint Ferdinand, les saint Juste et Rufino représentés en buste, et une superbe Conception, figure entière, en face de l'entrée.

» Néanmoins, l'époque la plus glorieuse de la vie de Murillo commença vers l'année 1670, et finit en 1680. C'est alors qu'il fit ceux de ses ouvrages qui lui valurent sa grande célébrité. En 1674, il termina les huit grands tableaux qui se voient dans l'église de l'hôpital Saint-George, appelée de la Charité. Les six principaux avec des fonds de paysage sont placés très-haut : les figures sont plus grandes que nature et représentent des scènes de la bible, qui toutes font allusion à quelques œuvres de miséricorde. Les deux derniers placés plus bas, représentent saint Jean de Dieu, portant un pauvre sur ses épaules, et sainte Élisabeth, reine de Portugal, soignant les malades. Les personnes qui n'accordent a Murillo que la beauté du coloris pourront apprendre en voyant l'épaule du paralytique sortant de la piscine, comment ce maître entendait l'anatomie; et dans les trois anges qui apparaissent à Abraham, ils verront comment il avait étudié les proportions du corps humain; dans les têtes du Christ, du Moïse, du père de famille et des autres personnages, ils apprendront avec quelle noblesse il savait peindre les caractères. Elles admireront l'expression de la passion dans les figures qui composent le tableau de l'Enfant prodigue *, et dans les groupes de femmes qui se précipitent pour boire l'eau du rocher que vient de frapper Moïse. Elles reconnaîtront aussi la nature prise sur le fait, dans l'action d'un enfant galeux qui enlève l'appareil de dessus sa tête avec beaucoup de précaution pour se faire panser par sainte Élisabeth; enfin elles admireront dans ces excellents tableaux toutes les règles de la composition, de la perspective et de l'optique savamment

* Ce tableau fait aujourd'hui partie de la collection du maréchal Soult. (*Note de l'auteur.*)

mises en pratique, de même que la philosophie avec laquelle il analysait les vertus et les passions du cœur humain *.

» On lui paya pour le tableau des poissons et des pains, 15665 réaux vellon; pour celui de Moïse, 13300; pour les quatre autres plus petits, 32,000, et pour ceux de saint Jean et de sainte Élisabeth 16,840. Ces prix montrent l'estime qu'on faisait des ouvrages de Murillo, dans un temps où les choses nécessaires à la vie étaient plus de moitié meilleur marché qu'aujourd'hui.

Ces tableaux furent suivis de ceux de la Conception et de saint Pierre, qui se trouvent dans l'église des vénérables, celui de la sainte Vierge et de l'enfant Jésus, qui distribue du pain à un prêtre pèlerin, placé en face de l'entrée du réfectoire de cette communauté, et du côté opposé le portrait en pied de don Justino.

» La Conception est le meilleur échantillon que nous ayons de l'habileté de Murillo, de son goût délicat, et de sa science à employer l'opposition de la lumière et de l'ombre, ainsi que de son intelligence pour calculer l'effet général d'un tableau. Je crois que sous ce dernier rapport, c'est le meilleur

* L'auteur se glorifie de l'accord de son jugement avec celui qu'exprime ici un écrivain assez sec et renfermé dans le cercle étroit des expressions techniques.

des ouvrages sortis de sa main, il en est peu de l'école lombarde qu'on puissse lui comparer.

» C'est aussi pendant cette période qu'il peignit les 19 tableaux avec des figures de grandeur naturelle qui ornent les autels, et les bas côtés du couvent des capucins, ceux du grand tabernacle, et les trois qui se voient maintenant dans la cellule du père provincial des Augustins, ainsi que beaucoup d'autres dont je parlerai.

» Ayant terminé ces divers ouvrages, il se rendit à Cadix, afin d'y peindre le grand tableau des Fiançailles de sainte Catherine, pour le maître autel des capucins, mais avant de l'avoir fini, il se heurta violemment contre l'échaffaudage, ce qui lui causa une grave indisposition qui l'obligea de retourner à Séville, où il passa le reste de sa vie dans un état de maladie continuelle. Il demeurait alors près de la paroisse de Santa-Cruz. On dit qu'il restait souvent en oraison dans cette église, devant la fameuse descente de croix de Pierre Campana, et qu'un jour, le sacristain désirant fermer les portes plus tôt qu'à l'ordinaire, lui demanda pourquoi il demeurait si longtemps dans cette chapelle; à quoi il répondit : « Je suis là en attendant que ces figures s'inclinent devant le Seigneur. »

» Comme sa maladie s'aggravait de jour en jour,

il fut nécessaire de lui administrer le viatique; et en faisant son testament devant Juan Antonio Guerrero, écrivain public de cette ville, il expira le 13 avril 1682, dans les bras de son ami et disciple, don Pedro Nuñez de Villa Vicencio, cavalier de l'ordre de Saint-Jean. Il avait désigné pour ses héritiers ses deux fils, don Gabriel, alors en Amérique, et don Gaspard Esteban Murillo, clerc chez les minimes. Il fut enterré dans le souterrain de la chapelle ci-dessus nommé, de la descente de croix. On voit par le texte de son testament, qu'il fit copier lui-même, qu'outre ses deux fils, il avait une fille religieuse, nommée dona Francisca, qui avait fait profession huit ans plus tôt dans le monastère de la Mère de Dieu, à Séville. Il résulte également de cet acte, que celui qui avait passé aux Indes ne s'appelait pas Joseph, comme le dit Palomène, et qu'il n'avait pas obtenu par le crédit de son père, un bénéfice de 3,000 ducats.

» On apprend par ce testament d'autres circonstances curieuses : on voit dans l'inventaire de ses biens qu'il se trouvait chez lui divers tableaux de sa main très-soignés, d'autres ébauchés : l'un des plus remarquables de ces ouvrages était son portrait, que je crois être celui que possède l'illustre don Bernardo Priarte, parce qu'un autre fait à un âge plus avancé, a passé en Flandre, où l'on en tira une très-bonne gravure que je possède.

» L'amabilité du caractère de Bartoloméo Esteban Murillo s'accordait parfaitement avec la douceur et la suavité de son style en peinture. Il manifesta cette vertu et d'autres qualités dans les enseignements qu'il donnait à ses disciples, les dirigeant avec aménité par le bon chemin, qui est l'imitation de la nature. Il se distingua bien plus encore lors de la fondation d'une école publique de dessin à Séville : animé du désir patriotique de contribuer au progrès des beaux-arts dans son pays, il lutta contre le caractère hautain de don Juan de Valdèsleal, et contre l'envie de don Francisco de Herrera le jeune, tous deux ses rivaux en mérite. Afin de réunir les opinions et les offrandes des artistes de la ville pour l'aider à soutenir les frais de l'institut, il conféra avec l'assistance et le conseil des vingt-quatre, et, sur leur autorisation, la première séance eut lieu dans le palais de la Lonja, le 11 janvier 1660. Il fut le premier président ou directeur qui ait enseigné publiquement dans cette ville la manière d'étudier le nu, en indiquant les attitudes du corps, et en expliquant ses proportions et son anatomie.

» Il fut aussi l'inventeur du style nommé Sévillieu, qui se conserve encore aujourd'hui, quoique bien dégénéré. Ce style se distingue par la suavité du coloris et par l'imitation de la nature. Le caractère dominant des peintures de cette école est un accord général, une harmonie de teintes qui ne se retrouve nulle autre part. Murillo est remarquable par l'indécision des contours savamment et doucement perdus, par des ciels foncés, et qui donnent la teinte à la scène, par des attitudes pleines de sentiment et d'une expression toujours convenable, par l'air de grâce, d'amabilité et de pureté des personnages, par les plis des draperies franchement dessinées, par la force de la lumière jetée sur les objets principaux, et surtout par la vérité du coloris de la chair.

» Peu d'artistes espagnols égalèrent Murillo dans les paysages et dans les fleurs; Jean de Las Marinas put seul le surpasser dans la peinture des vaisseaux.

» Nous possédons un dessin à la plume qui représente douze navires vus de différents côtés; il le fit sans doute à Cadix, devant les bâtiments qui se trouvaient dans la rade, ce dessin devait lui servir d'étude, et lui fournir les modèles des navires qui pourraient se rencontrer dans ses compositions; on ne peut demander rien de plus que ce qu'il a fait dans ce genre. C'est alors qu'il peignit le fameux tableau de Jésus, Marie et Joseph, dont parle Palomino et qui se trouve aujourd'hui à Séville chez le marquis del Pedroso; il a quatre varas de haut et trois de large, et fut évalué huit cents pesos à Cadix, le 22 février 1708, lors du partage de la succession du marquis don Carlos Francisco Colarte, où il fut compté à l'un des héritiers pour une somme encore au dessus de cette estimation.

» On attribue à Murillo un petit saint François représenté seulement en buste et gravé à l'eau forte d'une manière pittoresque. Enfin, qui pourrait compter les tableaux de sa main qui sortirent de Séville et du royaume depuis que la cour de Philippe V y fut établie? Je me contenterai de nommer ceux que j'ai vus dans les établissements publics des villes que j'ai parcourues, etc., etc. »

Suit une nomenclature de peu d'intérêt qui termine cet article du dictionnaire. Je tenais à vous en donner l'extrait que je vous envoie afin de justifier mon enthousiasme par le froid jugement d'un homme du métier.

LETTRE XXXI.

SOMMAIRE.

Point de guide complet des voyageurs à Séville. — Exactitude consciencieuse de l'auteur à tout voir et à tout indiquer, si ce n'est à tout décrire. — La fabrique de tabac. — Magnificence de son architecture. — Plate-forme sur les combles de cet édifice. — C'est un jardin suspendu. — Nombre des travailleurs. — Difficulté qu'on éprouve à pénétrer dans les ateliers. — Caractère espagnol porté au refus. — Ce que rapporte cette fabrique au gouvernement. — Ateliers des femmes. — Le soin des âmes négligé dans les institutions comme dans les habitudes espagnoles. — Force morale que le gouvernement retire de cette disposition. — L'Espagne n'apprécie pas assez les avantages qu'elle a sur les autres nations. — Le manque d'intégrité des juges perdra le gouvernement du roi Ferdinand. — Les mécaniques de l'Espagne comparées aux machines employées dans les usines anglaises. — Deux cents mules travaillent aux moulins à râper le tabac. — Caractère de ces bêtes. — Couvent à Santo-Ponce. — Ruines de l'antique Italica, patrie de Trajan. — Elles n'ont qu'un intérêt historique. — Couvent des hiéronymites. — Tombeaux de Guzman le Bon et de sa femme. — Site du couvent. — Description des environs de Séville. — Caractère particulier de cette contrée. — La fonderie de canons. — Des moines assistaient à la fonte. — Richesse de la municipalité

LETTRE XXXI.

SOMMAIRE.

Point de guide complet des voyageurs à Séville. — Exactitude consciencieuse de l'auteur à tout voir et à tout indiquer ; si ce n'est à tout décrire. — La fabrique de tabac. — Magnificence de son architecture. — Plate-forme sur les combles de cet édifice. — C'est un jardin suspendu. — Nombre des travailleurs. — Difficulté qu'on éprouve à pénétrer dans les ateliers. — Caractère espagnol : porté au refus. — Ce que rapporte cette fabrique au gouvernement. — Ateliers des femmes. — Le soin des âmes domine dans les institutions comme dans les habitudes espagnoles. — Force morale que le gouvernement retire de cette disposition. — L'Espagne n'apprécie pas assez les avantages qu'elle a sur les autres nations. — Le manque d'intégrité des juges perdra le gouvernement du roi Ferdinand. — Les mécaniques de l'Espagne comparées aux machines employées dans les usines anglaises. — Deux cents mules travaillent aux moulins à râper le tabac. — Caractère de ces bêtes. — Course à Santo-Ponci. — Ruines de l'antique Italica, patrie de Trajan. — Elles n'ont qu'un intérêt historique. — Couvent des hiéronymites. — Tombeaux de Gusman le Bon et de sa femme. — Site du couvent. — Description des environs de Séville. — Caractère particulier de cette contrée. — La fonderie de canons. — Des moines assistaient à la fonte. — Richesse de la municipalité de Séville. — Son origine. — Corporations. — Leurs avantages et leurs inconvénients. — Mépris des lois. — Il y a une loi qui manque dans tous les pays. — Organisation de l'hospice de la Charité. — L'esprit du catholicisme anime tout en Espagne. — Inconvénient de l'aumône. — L'aubergiste et les mendiants. — Influence des journaux sur l'intelligence des peuples. — Les révolutions empêchent les réformes. — Conditions nécessaires à l'équilibre des facultés humaines. — L'Espagne veut sortir de son inaction. — Maladresse des esprits conservateurs. — Inconvénients politiques de l'exil. — Arrestation d'un négociant français à Séville. — Les consuls de Danemarck et de Hollande emprisonnés à Cadix. — Mauvais effet de ces mesures. — Scrupules de l'auteur, qui veut rester impartial. — Coup d'œil sur les diverses constitutions des sociétés. — Ce sont les révolutionnaires qui sont arriérés. — Stérilité des soi-disant novateurs. — Opinion d'un Anglais établi à Séville. — Elle s'accorde avec la mienne, et pourtant en Espagne il passe pour ultra libéral. — Mort du gouverneur de Cadix. — Intrigues des libéraux espagnols avec la propagande de Paris. — Révolutions européennes tramées chez nous. — Influence d'une personne de Paris que l'auteur ne veut pas nommer. — Crainte du parti modéré en Espagne. — Sa défiance contre les réfugiés espagnols. — Chaque opinion servie par les exagérations de ceux qui défendent l'opinion opposée. — A quoi se réduisent les difficultés qu'on m'annonçait à mon entrée en Espagne. — Les précautions de la police espagnole contre la circulation des voyageurs. — Loi qui interdit l'entrée de l'Angleterre à tout étranger qui n'a pas la caution d'un Anglais. — Les lois ne sont que ce qu'on en fait par l'application. — Les Espagnols veulent innover, par amour-propre plutôt que

par nécessité. — Ils craignent de passer pour arriérés en Europe. — Distance qu'il y a entre l'Espagne intérieure et l'Espagne maritime. — Fanfaronnade des Andaloux, coquetterie des Andalouses. — Influence de ce caractère sur les opinions politiques. — Richesse commerciale du pays. — Cadix foyer de révolutions. — L'Andalousie encore soumise au régime de la conquête depuis la défaite des Maures. — Post-scriptum ajouté à cette lettre sur l'ouvrage de M. de Tocqueville, intitulé : *De la Démocratie en Amérique*. — Réfutation de quelques passages extraits de l'introduction de ce livre.

À MONSIEUR

LE MARQUIS DE DREUX-BRÉZÉ,

PAIR DE FRANCE.

Séville, ce 14 mai 1838.

COMME il n'existe pas un bon guide des voyageurs à Séville, je ne puis vous renvoyer à lui, et je m'astreinds à vous dire minutieusement ce que je vois. C'est un travail de conscience; encore ma liste ne sera-t-elle qu'un catalogue fort incomplet des curiosités de cette ville, si riche en merveilles de tous les genres et de tous les siècles. Mais si vous y venez après moi, vous saurez ce que de mon temps on se croyait indispensablement obligé d'y voir.

A MONSIEUR

LE MARQUIS DE DREUX-BRÉZÉ,

PAIR DE FRANCE.

Séville, ce 14 mai 1831.

COMME il n'existe pas un bon guide des voyageurs à Séville, je ne puis vous renvoyer à lui, et je m'astreinds à vous dire minutieusement ce que je vois. C'est un travail de conscience, encore ma liste ne sera-t-elle qu'un catalogue fort incomplet des curiosités de cette ville, si riche en merveilles de tous les genres et de tous les siècles. Mais si vous y venez après moi, vous saurez ce que de mon temps on se croyait indispensablement obligé d'y voir.

Une de vos premières obligations sera d'aller visiter la fabrique de tabac; ne vous figurez pas une boutique ou même une manufacture comme une autre : c'est un édifice immense, une ville toute entière couleur de rhubarbe, et uniquement approvisionnée de cigares; on en voit des millions. L'architecture de cette fabrique est estimée. Toutes les parties en sont distribuées avec une rare intelligence et avec une magnificence royale. Ce qui m'a plu surtout dans ce luxe, c'est que chaque objet a son but et son application. J'ai admiré la terrasse qui règne sur le faîte de l'édifice : cette plate-forme est un *Alameda* suspendu qui pourrait servir de promenoir à la ville entière, tant les dimensions en sont grandes; l'effet de ce jardin est on ne saurait plus imposant.

Nous avons eu beaucoup de peine à nous faire montrer les ateliers. On a pensé nous renvoyer à un autre jour, selon l'usage, ainsi qu'on l'a déjà fait à la cathédrale et ailleurs. Les Espagnols aiment à dire non, comme les Italiens à dire : *Si, signor*..... Cette fois nous étions venus de trop bonne heure; pourtant il était huit heures et demie du matin : tout le monde dormait encore; trois heures plus tard nous les aurions trouvés à dîner, et le dîner est toujours suivi d'une sieste qui consume le temps et réduit le jour à rien. Enfin, après beaucoup d'hésitations, des allées et venues, des consultations, des colloques, des explications, on nous a fait voir une suite de galeries immenses. En passant la première porte, vous êtes saisi d'un besoin d'éternuer, pareil à celui du valet de Bartholo. Deux mille hommes travaillent journellement dans ces ateliers. La fabrication de cette précieuse *vilenie*, rapporte au roi quinze millions par an. Cependant les cigares de Séville ont perdu de leur prix, depuis la franchise du port de Cadix. Malgré cette diminution de valeur dans les produits de la fabrique, l'administration emploie encore outre les deux mille ouvriers, un égal nombre de femmes. J'ai été surpris du silence qui régnait dans les ateliers des hommes, tandis qu'un ouragan de paroles m'a étourdi quand je suis entré dans ceux des femmes. Deux mille langues andalouses remuaient, pour ainsi dire, involontairement, comme un ressort lâché. Ce n'est pas la moins curieuse mécanique de la manufacture. En sortant de ces galeries, vous êtes couvert de la tête aux pieds d'une poussière rouge, semblable à de la suie.

Il n'y a pas une des salles de ce palais de tabac, où l'on ne voie un autel, ou tout au moins une niche avec quelques signes religieux. En Espagne, le soin des âmes passe avant les besoins matériels de la vie ; rien n'est aussi capable d'ennoblir le caractère des peuples, que cette continuelle occupation de leur sort à venir ; une sollicitude toute morale ne rétrécit pas les cœurs, comme le soin grossier des intérêts purement temporels. L'élément religieux dans lequel vit le peuple espagnol, me paraît un précieux trésor. Mais cette nation à part des autres, n'apprécie pas assez les avantages qu'elle a sur nous ; je crains pour l'Espagne l'esprit d'imitation qui commence à faire des progrès, surtout à Madrid, et dans les parties méridionales du royaume.

Si le roi savait joindre l'exercice d'une justice austère à l'enseignement religieux que reçoit son peuple, il aurait fait pour sa nation tout ce qu'elle a raisonnablement le droit d'attendre du souverain qui la gouverne ; mais la vénalité de l'administration, et surtout des magistrats, est ce qui corrompt le plus profondément les populations ; cette corruption propagée par chaque transaction de la vie, détruit à peu près le bien que produit ici la pureté, la vivacité de la foi. La mauvaise administration de la justice est le principal tort du gouvernement actuel, et c'est par là qu'il périra.

Quiconque a vu l'Angleterre, ne saurait être

très-frappé de la perfection de machines employées à faire aller les usines de l'Espagne. Il y a pourtant dans celle-ci des mécaniques à râper qui m'ont paru ingénieuses ; elles sont mises en mouvement par des mules qui marchent à la sonnette ; mais l'entêtement natif de cet animal perce à travers son apparente soumission, et je me suis fort amusé à voir les mauvais tours que l'esclave indocile joue à ses maîtres, dès qu'il espère pouvoir échapper à la punition. En Espagne, il y a du naturel dans tout, comme du factice en Angleterre.

On m'a fait descendre dans des caveaux qui renferment deux cents meules à broyer le tabac : vous pouvez vous figurer les dimensions de pareilles voûtes ; c'est une ville souterraine, servie par deux cents chevaux ou mulets.

En sortant de là, on nous a fait voir des magasins qui renferment des richesses incalculables. Ce sont des salles où l'on entasse les sacs de ce fameux tabac d'Espagne si fin, si jaune, si aromatique, si précieux pour les vrais amateurs. Ils sont là rangés comme des volumes dans une bibliothèque. J'ai vu des files innombrables de sacs tous pareils : ils sont en toile blanche ; chaque sac pèse 120 livres, et se vend quinze cents francs. La valeur de la collection entière est effrayante.

Nous avons été passer le reste de la matinée à Santo-Ponci, village situé à une lieue et demie de Séville. Mais une lieue espagnole vaut deux lieues de poste de France.

C'est là qu'on trouve les ruines de l'antique Italica, patrie de Trajan. On descend dans l'enceinte d'un cirque romain, bâti moitié en briques, moitié en petits carreaux de pierres et ciment ; c'est ce qu'on appelle l'*ouvrage réticulaire.* Il est facile de reconnaître la forme et l'étendue de l'édifice antique. Cette ruine m'a rappelé les restes de Capoue. Il y a dans une des maisons du village moderne quelques fragments de mosaïque romaine; mais pour qui connaît l'Italie, cette course n'a qu'un intérêt purement historique.

Le couvent des hiéronymites, situé près du village, est un grand édifice qui n'offre aucun objet de curiosité, si ce n'est le tombeau de Gusman, surnommé le Bon, et de sa femme *. Ces monuments sont au milieu de l'église. Gusman fut le Brutus de l'Espagne. Les tombeaux des deux époux me paraissent plus remarquables comme documents historiques que comme œuvre de sculpture.

* Voyez lettre quarantième, de Tariffa, où est raconté le fait qui a donné lieu à ce titre de *bon* accordé à Gusman.

Du haut de la colline, qu'on franchit pour aller du village moderne aux ruines de l'amphithéâtre, on découvre un pays imposant. Ce même couvent de hiéronymites occupe le plan principal du tableau; on aperçoit dans le lointain Séville avec la campagne qui l'environne, et au fond les vaporeuses montagnes dont les cimes s'élèvent vers le royaume de Grenade, entre la plaine bleuâtre de Séville, où serpente le Guadalquivir, et l'horizon qui de ce point forme aux yeux du voyageur un immense et pompeux demi-cercle. Les inégalités imperceptibles produites par ces monts lointains et peu élevés, sur la ligne qui sépare la terre du ciel ressemblent à des traits faits au pinceau par une main tremblante.

Malgré les beautés de ce paysage, d'un style un peu sérieux, tout il est simple, malgré mon admiration pour Séville et la couleur de ses campagnes, je suis forcé de convenir que les environs de cette ville ne me paraissent pas dignes de leur réputation. Le terrain est plat et trop découvert, toujours à cause de l'aversion des paysans espagnols pour les arbres; enfin, si j'étais moins décidé à trouver tout bien ici, je dirais que ce pays célèbre par sa fertilité paraît cependant nu et aride à l'œil, et que sous le rapport des sites pittoresques cette partie de l'Andalousie est loin de pouvoir soutenir la comparaison avec les belles contrées de l'Italie.

Le même jour, à 11 heures du soir.

Nous avons vu en nombreuse compagnie la fonderie de canons, édifice remarquable par sa grandeur et par la magnificence avec laquelle il est pourvu de tout ce qui est nécessaire à l'artillerie.

On avait depuis longtemps annoncé que ce soir on coulerait une grande quantité de canons. La foule s'était portée dans les ateliers afin d'assister à cette opération. Elle est la même partout, et je n'ai rien trouvé de plus ni de moins remarquable ici qu'ailleurs. Cependant j'ai retenu une circonstance qui m'a paru singulière, parce qu'elle peint bien l'Espagne.

Des moines étaient venus là comme ils vont partout, se mêlant à la foule; mais ce qui m'a surpris, c'est que les officiers supérieurs d'artillerie leur faisaient les honneurs de la fonction; *funcion* est le nom qu'on donne ici à toute cérémonie profane. Ces moines se trouvaient là comme chez eux, et les respects que leur rendait l'autorité militaire n'étaient que l'expression exacte de l'esprit de la société. Les canons qu'ils voient fondre ce soir sont peut-être destinés à défendre un jour leur autorité contre les novateurs*... Parmi ces religieux se trouvait le révérend père général des franciscains, qui du fond de son couvent est devenu grand d'Espagne de première classe et seigneur très-puissant. Singulier pays que celui où l'ambitieux et le saint peuvent suivre le même chemin! En Espagne, le cloître, outre sa destination pieuse, est devenu ce qu'était le champ de bataille sous Napoléon, une arène où vont lutter tous les hommes qui se sentent capables de parvenir. Si cela ne vaut pas mieux qu'autre chose, ce n'est pas pire; plus je vois l'Espagne, moins je comprends la compassion et le mépris qu'inspire aux étrangers l'état de la société dans ce pays.

Quelque part que le général des franciscains se présente dans ses tournées, il est reçu comme le serait le commandant d'un corps d'armée. Je ne sors pas de surprise chaque fois que je vois rendre les honneurs militaires au froc de saint François**. Mais l'étonnement n'est pas du mépris.

Séville est une des municipalités les plus riches de l'Espagne et de l'Europe. Le roi saint Ferdinand, troisième du nom, la prit sur les Maures

* On ne les a pas même tirés pour les moines.

** Ce général d'ordre est le même père Cyrille, confesseur du roi, exilé à Séville, et que j'ai retrouvé plus tard à Grenade. Il en est parlé aussi dans la lettre de Tolède.

au treizième siècle. Et depuis cette époque elle a conservé les immenses propriétés qui lui ont été laissées par ce prince. Ce sont des îles du Guadalquivir, qui du temps de saint Ferdinand ne produisaient rien ; elles ont acquis une valeur extraordinaire par l'accroissement progressif des propriétés : l'une de ces îles a dix lieues de long ; la ville possède aussi des moulins assez productifs ; enfin, ses actions lui rapportent beaucoup. Elle a un conseil formé des chefs de diverses corporations et de plusieurs autres magistrats. Ce conseil propose chaque année au gouvernement la somme des impôts à lever sur la ville, et s'entend avec l'autorité supérieure pour fixer la quotité des contributions. Mode de recette qui me paraît simple et raisonnable ; on l'emploie dans les autres villes de l'Andalousie, ainsi que dans les bourgs et villages.

Le bourgeois de Séville ne jouit pas de moins de liberté réelle que le bourgeois de Paris, et pourtant l'Andalousie est de toutes les provinces d'Espagne la moins favorisée. Elle n'a point de priviléges reconnus, parce que les rois chrétiens l'ont toujours considérée comme une province mauresque, et l'ont tenue jusqu'à présent sous le régime de la conquête.

Il faut tout dire : les corporations qui subsistent à Séville ne se renouvellent point par droit d'élection. Les places sont héréditaires dans ces associations ; et cela donne lieu à beaucoup d'abus : les traditions font loi ; mais ici comme ailleurs, les traditions sont souvent favorables à la vénalité, et voilà comme la routine protège la corruption.

Les fonds spéciaux sont presque toujours détournés de leur destination primitive, et les comptes examinés, reçus et arrêtés par des hommes payés pour tout approuver ; c'est ce qui explique comment l'une des cités les plus opulentes de l'Europe en est aussi l'une des plus mal pavées. Ceci est un inconvénient assez grand, sans doute, mais si pour remédier à cet abus on va tout renverser comme on a fait chez nous, l'Espagne nous dira dans quelques années qu'elle n'a pas lieu de se féliciter de nous avoir pris pour guides et pour modèles. J'ai toujours trouvé les Français amusants chez eux, mais arrogants et étroits d'esprit chez les étrangers. Ils commencent leurs voyages par mépriser tout ce qui n'est pas Français ; mauvaise disposition quand on s'apprête à observer les autres peuples ; car la malveillance aveugle. Voilà pourquoi les Français jugent si vite et connaissent si mal les nations étrangères. Leur politique se ressent de cette suffisance et de cette frivolité.

La forme de leur gouvernement est bonne pour eux, puisqu'elle leur convient; mais les essais qu'on en a faits ailleurs n'ont guère répondu aux magnifiques promesses des novateurs, qui n'étaient que les échos lointains et affaiblis de la France. Presque tous les états de l'Europe, et l'on peut dire particulièrement la Prusse, sont préversés à moins de frais et plus sûrement que nous de la vénalité des administrateurs : pourtant on leur répète qu'ils ne sont pas libres..... Parce qu'il leur manque un titre que nous possédons : une Charte!.... Formalité constitutionnelle aussi risible que l'étiquette des cours. On dit que ce sont les institutions qui font les mœurs : pourtant l'Allemagne a des mœurs qui empêchent mieux que nos institutions les malversations des hommes payés pour protéger les peuples. Mais notre siècle aime mieux rire des vieux courtisans que de ses scribes et de ses avocats. C'est que les courtisans sont tombés et que les scribes et les avocats règnent. Le vulgaire respecte toujours ce qui règne, quitte à l'insulter le lendemain de la déchéance. Voyez comme il fait aujourd'hui sa cour aux journalistes!

Les diverses branches de l'administration municipale de Séville sont surveillées par des commissions spéciales, ou, comme je viens de vous le dire, par des corporations héréditaires. Ces espèces de comités sont ordinairement nommés, ou du moins dirigés, par quelque noble pauvre, et cette place devient de père en fils l'unique ressource d'une famille. Il résulte de ce bail féodal de graves inconvénients..... Quelle est l'autorité qui pourrait exercer le droit de surveillance sur les f... rs agents de ces administrations indépendantes? Soit qu'ils laissent tomber en désuétude les anciens réglements, soit qu'ils éludent l'action des hommes qui voudraient les faire revivre, s'ils sont responsables en principe, de fait ils trouvent toujours le moyen de se soustraire à la loi. Ici, comme ailleurs, c'est moins l'instrument q i manque à la justice que la main chargée de le diriger. Il y a peu de sociétés policées qui ne fussent gouvernées d'une manière tolérable, si les règlements constitutifs de ces sociétés étaient toujours en vigueur. Mais je vois une loi à faire partout, c'est celle par laquelle on obligerait un peuple à faire exécuter les lois. Je voudrais que la responsabilité pesât non-seulement sur les administrateurs et les magistrats, mais qu'elle s'étendît jusqu'aux témoins des délits. Ceux-ci seraient traités comme complices des coupables, s'ils ne s'opposaient de tout leur pouvoir au désordre dont ils sont spectateurs. Une telle loi, si elle était possible, ferait l'éducation des populations et la sécurité de leurs chefs. Le manque de respect pour la loi est aussi funeste aux nations qu'aux princes. Chez nous, aujourd'hui, la justice n'a aucun recours contre les individus qui entravent activement ou passivement l'action de la justice.

L'hospice de la Charité, à Séville, qui possède les chefs-d'œuvre de Murillo, est en lui-même un établissement curieux et intéressant par ses statuts et par la forme de son administration. Deux galeries immenses contiennent les lits des infirmes : l'une est destinée aux hommes, l'autre aux femmes. L'hospice recueille les fonds nécessaires pour l'entretien des pensionnaires. Ces fonds sont le produit des charités et des dons gratuits de la noblesse de Séville, qui apporte un grand soin à la surveillance de la maison. Les pauvres y sont servis et traités avec une propreté qui approche du luxe; ils sont bien nourris, bien soignés. En Espagne, dès qu'un devoir est consacré par la religion, il est rempli consciencieusement.... Je ne connais pas de peuple plus conséquent en toutes choses, mais surtout dans les choses de la foi, que les Espagnols.

Ici c'est à la religion catholique poussée jusqu'à ses dernières conséquences, que la société a dû jusqu'à présent sa forme et sa vie. Un protestant de bonne foi doit être au supplice en parcourant l'Espagne, de même que je me sens mal à mon aise dans un état comme l'Angleterre fondé uniquement sur des intérêts matériels.

Malheureusement la charité catholique n'est pas toujours aussi bien entendue et dirigée avec autant de prudence et d'intelligence que dans l'hospice de Séville. En Espagne, les mendiants sont le fléau des étrangers comme des habitants. Ils ont une insolence, une opiniâtreté que je n'ai vue qu'ici : les infirmes étalent à tous les yeux des difformités plus hideuses qu'aucune des plaies que le grand Murillo n'a pas dédaigné d'ennoblir par son pinceau, tandis que ceux qui ne sont ni estropiés ni invalides passent leur vie à se traîner de couvent en couvent; ce serait peu, mais on les voit en foule obstruer les portes des particuliers qui font consister la piété à nourrir cette honteuse nation de fainéants.

Le maître de l'auberge que j'habite est un homme riche : il est marié; il a la physionomie la plus douce et la plus calme. On reconnaît à la première vue un caractère heureux et pacifique. Pour se maintenir dans l'estime de ses concitoyens, ce digne homme paye tous les jours une messe au curé de sa paroisse, donne une petite pièce de monnaie à tous les pauvres qui passent devant sa porte, et chaque samedi il en admet chez lui *deux cents*, qu'il nourrit, qu'il sert lui-même, et qu'il renvoie avec quelque argent. Il prospère, il a le cœur bon, et il ne s'embarrasse pas de savoir si la manière dont il fait du bien est la plus profitable au prochain. En Espagne, où l'on ne raffine sur rien, les vauriens qui assiégent la maison du riche sont l'emblème dégoûtant, mais quelquefois pittoresque et poétique de la taxe des pauvres, de ce ver rongeur de l'Angleterre. Les pauvres de l'Andalousie, espèce de nation de rebut, abusent impudemment des droits qu'ils croient acquis à la misère dans une société chrétienne; ils s'imposent à l'état au nom de la religion, et ils font si bien valoir leur dénûment arrogant, qu'ils exploitent la charité des fidèles aussi régulièrement, aussi librement qu'un propriétaire toucherait ses fermages ou qu'un fermier ferait la moisson. Ils n'ont pas besoin d'huissiers pour exécuter leurs créanciers. Les âmes pieuses qui croient les bonnes œuvres utiles au salut sont dans la dépendance de cette population vagabonde, dont l'existence perpétuée par la religion est une dîme impérieusement levée sur les consciences; mais les consciences ne sont pas libres, car il serait aussi périlleux de ne point payer sa rente au mendiant que de refuser de s'acquitter des autres taxes publiques. Ces membres de Jésus-Christ, ces élus du Seigneur, menacent de la colère du ciel et du peuple quiconque n'engraisse pas leur paresse. Privilégiés de l'Évangile, ils connaissent leur force et en abusent; ils mettent à profit jusqu'à la répugnance physique qu'on éprouve à se laisser approcher par eux; quand ils ont vainement essayé d'exploiter à leur avantage la peur de l'enfer, ils vous menacent de leur lèpre et de leur vermine. Singulier renversement de tout ordre raisonnable! La misère devient pour eux un patrimoine, patrimoine plus productif que le bien ne l'est pour les autres; leur oisiveté est une industrie, leurs maladies sont des armes plus fortes que des épées, leur faiblesse fait violence, ce sont des bandits de rue associés trop souvent, je crois, aux voleurs de grands chemins, tel est le résultat honteux de la décomposition de l'état! L'Espagne a deux espèces d'oisifs : les riches et les pauvres!... Quoi de plus dégoûtant qu'un peuple qui ne vit qu'aux dépens d'un autre peuple, et cela au nom du ciel! Je ne connais au monde que certains journalistes de France et d'Angleterre dont le brigandage et l'hypocrite humanité soient aussi humiliants pour la nation qui les tolère que le sont l'insolence et le joug des mendiants espagnols. Peut-être nos spéculateurs de scandale, et les brigands en guenilles qui fourmillent dans les rues de Séville sont-ils l'inévitable produit des diverses constitutions des deux pays. S'il en est ainsi, tant pis pour l'humanité. Elle finira par conclure de sa propre histoire que tout bien est compensé par un mal plus grand; que tout avantage est trop chèrement payé; et par proscrire avec une égale justice la charité qui la dégrade et la philanthropie qui la vole, et de plus qui la rend imbécile. Car les opinions suggérées chaque matin à tout un peuple produisent l'engourdissement de la pensée. Ceci peut servir à expliquer le manque d'originalité et de sagacité qu'on commence à remarquer dans les individus de certaines nations endoctrinées par la presse quotidienne... Où donc chercher la lumière?... Le doute est un abîme au bord duquel l'esprit de l'homme joue le rôle du papillon autour de la flamme.

Il serait pourtant facile en Espagne de remédier au fléau de la mendicité, si l'autorité religieuse, d'où toute action émane, voulait s'entendre avec les agents civils et municipaux. Je m'étonne de voir que les ecclésiastiques, qui, en général, sont la classe la plus éclairée de ce pays, ne s'occupent pas d'une réforme si utile.

C'est que ce mot de réforme dans un siècle de révolution effarouche les amis de l'ordre. Un des plus graves inconvénients des bouleversements politiques est de retarder les améliorations administratives; non-seulement chez les peuples où ils arrivent, mais partout. Voici ce que disent ici les hommes les plus sages que j'ai pu interroger: « En Espagne, le monde moral est menacé d'une invasion étrangère; or, les idées d'un peuple sont plus intimement liées qu'on ne le pense aux habitudes, aux modes nationales; si l'on ouvre la porte aux innovations, l'antique foi espagnole sera remplacée par des systèmes empruntés aux nations qui priment dans l'Europe moderne, et se prétendent appelées à diriger la civilisation du genre humain. Néanmoins, l'ancien ordre de choses, avec ses mœurs, ses croyances, ses usages, ses costumes, se sent encore le plus fort en Espagne. Il repousse de tous ses moyens le gouvernement perfectionné que les novateurs veulent lui substituer: cette lutte, sourde jusqu'à ce jour, produira bientôt des éclats funestes, des tiraillements pénibles. La société tout entière souffre du malaise de quelques ardents partisants de la libéralité moderne et de quelques prudents mais opiniâtres dépositaires de l'héritage des temps passés. Tel est le nœud qu'on ne sait pas délier et que personne n'ose couper.

Ce combat, commencé depuis longtemps, est curieux, mais affligeant à observer. Je ne puis m'empêcher de croire que son issue plus ou moins reculée n'est pas douteuse, le temps seul suffit pour donner raison à la nouveauté ; déjà je crois voir le niveau révolutionnaire passer sur tout ce qui m'amuse et m'instruit dans ce pays, condamné comme le reste de l'Europe à subir les effets de cette manie d'épreuves politiques qui tourmente notre siècle. Combien de générations s'écouleront peut-être avant que la nature, dans sa richesse, ait pu reproduire, parmi tant de sociétés recomposées sur un même patron, les éléments nécessaires à la variété, sans laquelle il n'y a ni grâce, ni harmonie, ni poésie, sans laquelle, enfin, il n'y a point de vie!

Il faut deux conditions pour amener les belles époques du genre humain : les époques d'espérances, d'illusions.... Il faut d'abord l'unité de croyance, l'obéissance qui produit la force ; ensuite il faut la diversité des coutumes, la liberté individuelle qui alimente et produit les grands caractères ; c'est par cette combinaison difficile, par ce rare mélange du nécessaire et du superflu que les sociétés bénies du ciel atteignent pour un moment le point de perfection ; c'est-à-dire l'équilibre de toutes les facultés humaines. Phénomène trop rare, source d'enthousiasme, d'activité pour les contemporains, et de respect, d'admiration, d'éternelle jalousie pour la postérité la plus reculée : cet équilibre, plus ou moins parfait, a duré en Espagne peut-être plus longtemps que dans les autres nations de l'Europe ; mais l'admiration ingénue des Espagnols pour la forfanterie de leurs voisins l'a déjà détruit, car l'impulsion est donnée. La société espagnole, naguère immobile comme la Chine, veut marcher ; elle court d'un pas précipité dans la voie des révolutions : dans cette voie ouverte aux trop crédules nations livrées à l'influence des générations présomptueuses, envieuses, égoïstes, hableuses, calculatrices, sceptiques, matérialistes : générations qui ôtent au passé son influence sur l'avenir, qui promettent ce qu'elles n'ont pas et donnent... ce qu'elles ne connaissent pas... Aveugles exécutrices qu'elles sont des décrets de la Providence !

Par une fatalité qui semble s'attacher à ce qui doit périr, les vieux gouvernements, au lieu de prendre les symptômes de révolte qui les alarment pour ce qu'ils sont : pour des avertissements, ne voient le mal que chez leurs adversaires : dès lors, loin de remédier à la corruption de leurs propres agents, loin de se régénérer eux-mêmes en remontant à la cause du péril, ils se croient en sûreté quand ils ont retardé le jour du combat. Encore s'ils employaient bien le temps qui leur reste!.... Mais au lieu d'ôter tout prétexte à la sédition, ils ne pensent qu'à exiler les séditieux ; qu'arrive-t-il de là ? Ces hommes, malgré la police la plus vigilante, trouvent toujours le moyen de communiquer avec leur pays, même ils reviendront chez eux tôt ou tard, soit en secret, soit par suite de quelque transaction politique ; et leur bannissement n'aura servi qu'à leur fournir l'occasion de se confirmer dans des idées et des doctrines contraires à l'ordre de choses établi dans leurs pays. Supposé que le gouvernement pousse la vengeance jusqu'à les condamner à mourir sur la terre étrangère, ils y laisseront des enfants, ceux-ci obtiendront, enfin, la permission de retourner dans la patrie de leurs pères, où ils achèveront l'œuvre de la haine et de la destruction. C'est un problème difficile à résoudre, que de trouver la mesure de force et de prudence nécessaire aux vieux gouvernements, pour que leur défense ne ressemble point à une provocation....

Hier, l'*assistente* de Séville, espèce de préfet espagnol, a fait arrêter un négociant français, depuis longtemps établi dans cette ville. Les absolutistes prétendent que c'était un fou dangereux, un homme ardent à propager les idées étrangères, enfin un constitutionnel à la française. Les autres crient au despotisme, à la tyrannie.... Tous les Français qui habitent ce pays vont se réunir à leur consul pour réclamer contre de pareils actes auprès de l'ambassadeur de France à Madrid. On vient d'arrêter à Cadix les vice-consuls de Danemarck et de Hollande; ces nouvelles agitent, épouvantent le pays le moins fait pour s'occuper de discussions politiques. Hier, la salle de spectacle était vide..... Quel symptôme à Séville!... C'est comme à Paris lorsque je li[illegible]s journaux!... Mes amis savent alors que le monde est ébranlé jusque dans ses fondements.

Il me vient un scrupule... J'ai beau me dire que je n'altère jamais les faits, que je me borne à les résumer de mon point de vue, et à déduire de ces faits leurs conséquences, en poussant l'argument aussi loin que ma sagacité peut me conduire; travail permis à tout être intelligent et libre, et dès lors en droit de préférer ses opinions à celles des autres; malgré ce raisonnement, ma conscience d'apôtre passionné de la vérité n'est pas tranquille. Voici ce qu'elle répond toujours à mes spécieux raisonnements : « Tu es plus frappé de certains accidents que de certains autres : les choses humaines ont tant de faces qu'on ne les connaît pas si on ne les regarde que d'un côté; qui ne sait que l'effet des tableaux dépend du jour dans lequel on les place? Tu juges, tu écris avec le fond de ton âme, tel est le témoignage que tu peux te rendre à toi-même; mais cela ne suffit pas pour éviter l'erreur, au contraire; quand les perceptions sont dépendantes des affections personnelles, on se trompe avec chaleur, et l'on trompe les autres de la meilleure foi du monde. »

Vous le voyez, c'est la peur de vous convertir sans mission qui me détermine à vous transcrire ici ce colloque secret; je veux vous prémunir contre mes croyances en vous avouant les incertitudes qu'elles me laissent.

Partout où mon ardeur voyageuse me fait porter mes pas, je sens la terre trembler; le monde ancien me paraît prêt de s'écrouler, et je le pleure parce que les promesses des architectes démolisseurs ne m'ont pas persuadé que leur palais de l'avenir puisse valoir mon temple du passé.

L'aspect des sociétés les plus modernes de la terre

n'est guère propre à dissiper ma défiance. L'ennuyeuse Amérique, avec ses inquiétudes mercantiles, son indifférence religieuse ou son étroit puritanisme, qui tyrannise les esprits au nom de l'affranchissement de la pensée, peut-elle consoler une âme poétique de la décomposition de l'Italie, telle que l'avaient faite le moyen âge enté sur l'antiquité, ni de la ruine de la vieille Espagne, de ce produit, si pittoresque, si romantique, des luttes acharnées de deux religions et de trois peuples sur un espace de terre aussi borné que la Péninsule *? Ceux qui nous vantent sans cesse la prospérité matérielle des États-Unis, sans nous faire bien peser les sacrifices par lesquels nous pourrions obtenir de tels avantages, sont des hommes à grandes théories mais à vues courtes, des copistes, des philanthropes tant soit peu radoteurs, dont la doctrine est déjà plus surannée que celle des théocrates et des absolutistes rajeunis par l'oubli. Ces révolutionnaires arriérés, endoctrinant le monde qu'ils voudraient transformer, mot poli, pour dire bouleverser, me font l'effet d'un vieux tuteur qui prêcherait un jeune homme bien passionné; le jeune

* Ces trois peuples sont les anciens habitants de l'Espagne, déjà transformés eux-mêmes par la fusion de plusieurs races, puis les Visigoths et les Maures.

homme pleure la mort d'une femme adorée, le tuteur lui dit : « Elle était belle, sans doute, mais délicate ; regarde celle que je t'amène pour la remplacer ; quelle belle santé, que de nourrices elle t'épargnera ! »

Ne voilà-t-il pas un amoureux bien obstiné, s'il ne rend pas grâce à son tuteur?

Que d'autres élèvent la voix pour se réjouir, moi je ne découvre autour de nous que des sujets de crainte. Il est si triste de vivre dans un temps où ce qu'on admirait menace ruine, où ce qu'on admirera n'est pas né... Je ne pourrais espérer dans l'avenir que si je voyais les arts contribuer à la régénération des sociétés, comme ils ont présidé à leur naissance. Pourtant je me console en me répétant le lieu commun à la mode : tout le mal qui peut arriver n'arrive jamais, et rien n'arrive comme on le prévoit.

L'homme borné dans ses facultés ne peut concevoir la diversité des plans de la Providence. Ces plans sont infiniment riches, surtout en exceptions, en contradictions apparentes. Tandis que notre esprit étroit n'aperçoit et ne saisit facilement que l'image d'une chose impossible à réaliser en ce monde : de l'unité absolue ; l'œuvre de Dieu dépasse à chaque instant par son irrégularité bienfaisante la règle étroite de notre intelligence. Singulière loi des êtres, éternel sujet de surprise et de méditation ! Dieu, principe et source de l'unité, a fait un monde multiple, tandis que l'homme, bizarre composé d'éléments contraires, poursuit incessamment l'unité qu'il ne peut atteindre. C'est que ce monde est créé pour Dieu, et que Dieu n'est pas créé pour ce monde.

Quelle que soit la puissance des vainqueurs, la jalousie des bourreaux contre les victimes, rassurons-nous; il restera toujours dans quelques coins de l'univers des échantillons du passé, ils subsisteront jusqu'au milieu de l'avenir pour inquiéter les novateurs arrogants et consoler les conservateurs timides. C'est ainsi qu'au sein des villes les plus populeuses, il se trouve des points d'où l'on aperçoit la campagne, et cette vue rappelle l'esprit de l'homme trop civilisé aux simples délices des champs.

Là se réfugieront les caractères qui, tels que le mien, ne peuvent entrer dans aucun des cadres de l'orgueilleuse armée chargée d'achever la conquête du monde au nom de son nouveau maître : l'argent.

Le plus grand vice de nos constructeurs d'avenir me paraît leur stérilité. Quand je les verrai créer un véritable chef-d'œuvre dans un genre quelconque, pourvu que ce genre soit grand : politique, poésie, beaux-arts, je m'avouerai converti : je me ferai prôneur du temps actuel et même de l'avenir dont je reconnaîtrai le germe dans le présent ; en attendant cette heureuse révolution, je parcours négligemment les parties les plus fameuses de notre vieille terre pour y glaner les débris d'un passé à demi moissonné par l'orgueil et l'envie, et pour en emporter l'image dans ma mémoire comme un amateur de curiosités amasse dans ses voyages de quoi se former, au retour, un musée précieux.

Mon opinion sur la conduite des choses de ce monde est appuyée ici de l'avis d'un Anglais de beaucoup d'esprit. Cet homme, que je ne veux pas nommer, ne peut me paraître suspect de partialité. Son éducation, la place qu'il occupe, ses connaissances, ses préjugés d'enfance, tout devait le ranger parmi les esprits dont la direction est opposée à la mienne ; au lieu de cela, il m'a répété plusieurs fois, qu'après avoir passé beaucoup d'années dans ce pays, il s'était fixé à Séville comme dans le séjour le plus agréable de l'Espagne et peut-être du monde. Mais il ajoute que cette ville n'a pas joui d'un mois de tranquillité sous le règne de la constitution, tandis que, sous le gouvernement du roi, elle a toujours goûté une paix parfaite.

Voici une suite d'autres faits qu'il me paraît curieux de vous rapporter en bloc : depuis quinze ans la population de l'Espagne a considérablement augmenté ; l'industrie a été protégée lentement et prudemment, mais efficacement ; l'agriculture améliorée, l'inquisition, du moins dans ses formes extérieures, a été abolie, acte de courage personnel, égal peut-être à celui de la suppression des janissaires à Constantinople et accompagné de moins de cruauté, enfin le roi actuel aime et favorise les arts ! Malgré les reproches mérités qu'on fait au gouvernement de Ferdinand VII, on ne peut nier que, jusqu'aux derniers événements de Cadix, il n'ait été doux et même endurant ; trop endurant, peut-être, puis qu'il a fermé longtemps les yeux sur les conséquences de la dernière révolution française, au point qu'il y a trois mois que les philosophes de l'Andalousie parlaient sur les places publiques et dans les cafés de Séville et de Cadix, comme on écrit dans les journaux de Paris.

Ces prédications, destinées à presser le mouvement destructif de la vieille société, n'ont pas tardé à produire leur fruit : l'assassinat du gouverneur de Cadix. Il est mort deux fois martyr : martyr de l'honneur et martyr du devoir, les deux mobiles de sa vie. Par une bizarrerie de sa destinée, ces deux pouvoirs ordinairement si bien d'accord, se sont trouvés en opposition pendant quelque temps dans cette âme héroïque.

La noble mort de cet homme a répandu l'épouvante dans le royaume.

Ce crime est et sera longtemps un mystère, comme tous les crimes commis dans les temps de parti; mais l'opinion la plus généralement répandue l'attribue aux constitutionnels. Voici ce qu'on raconte :

* On sait qu'une révolution payée par des agents français, dont on a vu l'or se répandre dans Cadix, avait été préparée à Gibraltar. Les chefs de ce complot avaient séduit d'abord le gouverneur de Cadix, qui vient de tomber leur victime. Il paraît que ce malheureux avait le caractère confiant et l'esprit peu pénétrant : il s'aperçut trop tard des défauts du plan conçu par les révolutionnaires soi-disant patriotes, qui l'avaient séduit d'abord;

* J'ai entendu dire à Paris à l'ami intime d'un homme dont je veux taire le nom, que ce personnage tenait dans ses mains le sort de l'Espagne. Il ajoutait que le parti avait tenté, mais sans succès, de se rendre également maître du Piémont par Gênes.... Voilà les hommes qui voudraient nous faire crier au miracle populaire quand une révolution, bien ou mal préparée par de longues et sourdes menées, éclate un jour.

il reconnut trop tard, aussi, qu'en Espagne, l'opinion de la majorité n'était plus favorable aux novateurs. Il leur dit alors ce qu'il pensait de leurs desseins, et voulut se retirer; mais il savait le secret du complot, le nom des conjurés, leurs rapports avec la France, avec Gibraltar : on exigea qu'il tînt ses serments. Il répondit qu'il serait fidèle au roi par devoir, et tairait le nom des conjurés par honneur. Ainsi, martyr des deux religions, entre lesquelles son imprudence l'avait forcé de faire un choix momentané, il vient de mourir assassiné.....

On peut dire cette mort heureuse pour lui, car son caractère généreux, mais faible comme celui de tous les hommes de ce siècle enivrant, se refusait à soutenir le parti mitoyen qu'il avait cru devoir prendre.

A mon arrivée à Cadix, je tâcherai de recueillir plus de détails sur un événement aussi intéressant; mais vous savez qu'il est difficile et dangereux ici de parler de ce qui intéresse.

Depuis la fin tragique du gouverneur de Cadix, le roi, éclairé trop tard sur le danger qu'il court, a multiplié les arrestations à Séville, à Madrid, à Cadix, à Grenade. Des commissions militaires ont été formées dans tout le royaume, et quelques exécutions, commandées par cette justice si expéditive qu'elle en est barbare, ont exaspéré l'Espagne.

Voilà les faits tels que je les ai recueillis de la bouche d'un étranger, dont les opinions, parfaitement sages, *inclinent plutôt vers le libéralisme*; même on l'accuse en Espagne d'être ultra-libéral.

Il a terminé son intéressant récit en me disant que beaucoup d'Espagnols raisonnables aspirent à des réformes dans la politique et dans l'administration, mais que ces vrais patriotes ne veulent pas soutenir bien ardemment leur opinion, dans la crainte d'amener au pouvoir le parti surnommé révolutionnaire, et surtout de donner crédit aux Espagnols qui se sont réfugiés en France. Les constitutionnels d'Espagne craignent aujourd'hui l'exaltation de leurs émigrés, comme chez nous le parti royaliste modéré redoutait autrefois le retour aux idées de Coblentz.

Ce sont surtout les partisans de la seule aristocratie possible aujourd'hui, qui repoussent les exagérations nobiliaires, tandis que, dans l'autre parti, les défenseurs de la vraie liberté font tous leurs efforts pour n'être pas confondus avec les démagogues qui rendent les doctrines suspectes à force de passion. Le plus grand mal que puissent produire les têtes exaltées, c'est d'empêcher le bien que feraient leurs propres idées adoptées par des hommes sages.

Quand j'ai quitté Paris on m'a représenté l'Espagne comme un pays en combustion : vous serez persécuté, m'a-t-on dit, ou tout au moins espionné, contrarié partout ; j'ai méprisé ces avis, dont on me poursuivait encore même à mon passage par Bordeaux ; un Anglais, arrivant d'Espagne, me disait que les étrangers n'entraient plus à Cadix, et qu'on me refuserait des passe-ports pour l'Andalousie. Je n'ai pas voulu croire à ces exagérations : arrivé à Madrid, j'ai vu l'ambassadeur d'Angleterre qui m'a conseillé de me garder d'entrer à Gibraltar, parce qu'il craignait qu'on ne me laissât plus revenir de cette ville en Espagne ; il ajoutait, au reste, que Séville étant la capitale du midi de l'Espagne et le siége du gouvernement de toute cette partie du royaume, je m'informerais là de ce qu'il fallait éviter, et de ce que je pourrais faire sans inconvénient.

Maintenant je suis à Séville, et voici à quoi se réduisent tous ces obstacles, tant grossis par la distance et par la liberté d'exagérer sa pensée, qui me semble devenue le complément inévitable de celle de la publier.

Loin d'être en combustion, ce pays me paraît pour le moment plus tranquille qu'aucune autre contrée de l'Europe; quelques arrestations et les exécutions dont j'ai parlé épouvantent les libéraux. Mais c'est un petit nombre d'esprits perdus dans la foule; la masse des habitants échappe aux mesures de sévérité du gouvernement, et reste étrangère aux trames qui ont provoqué ces actes: le grand nombre vit ici dans un repos parfait et dans l'ignorance la plus complète de ce qui se passe ailleurs. Ce qui agite Paris est aussi loin d'un bourgeois de Séville que d'un habitant de Maroc. C'est au point que, depuis mon départ de Madrid, je n'ai pu savoir si la France est en paix ou en guerre avec le monde. Mon cœur français s'indigne et s'inquiète; mais je conçois que les graves et dédaigneux Espagnols demeurent indifférents aux effets de notre effervescence politique.

Il me suffira de faire viser mon passe-port à Séville pour avoir la permission d'entrer dans Cadix comme dans toute autre ville du royaume. Arrivés là, les étrangers qui veulent obtenir un permis de séjour sont obligés de fournir la caution d'un habitant du pays; ces formalités sont une innovation introduite seulement depuis l'assassinat du gouverneur.

Ce qui me paraît curieux, c'est que la même mesure de police, qui cause ici tant de frayeur, est exigée dans tous les ports de l'Angleterre. Nul étranger ne peut débarquer dans la Grande-Bretagne sans se faire cautionner par un Anglais*; mais, dans l'état d'équilibre où se trouve actuellement le pays, la précaution anglaise n'épouvante personne, et le premier venu rend aux voyageurs le service de les accréditer près de la police bretonne. J'ai donc sujet de répéter sans cesse que les lois ne sont que ce qu'on les fait par l'application. Pour revenir à l'Espagne, il en est du retour de Gibraltar comme de l'entrée à Cadix ; il paraît qu'au lieu de sortir de la forteresse anglaise par terre, je serai obligé de faire deux lieues en bateau, et de venir débarquer à Algésiras : l'autre communication n'a pas encore été rétablie depuis les derniers troubles.

Tant d'obstacles qui devaient m'arrêter se réduisent donc à quelques tracasseries d'agents subalternes ; elles m'impatientent par moments, mais je les supporte en général avec l'indulgence qu'on a pour les caprices des malades.

On dit si peu la vérité dans nos pays de publicité, qu'il semble que le mensonge y soit devenu une des prérogatives de la liberté. En bonne foi, je ne sais si le silence qui règne sous les gouvernements [illegible]

* Cette formalité n'a été abolie que cette année.

absolus est plus défavorable à la connaissance exacte des faits, que la lutte des masques qui fait la vie des gouvernements constitutionnels.

Beaucoup d'Espagnols influents, surtout parmi ceux qui ont voyagé, sont exposés à se laisser séduire par les partisans des idées réputées aujourd'hui utiles au genre humain. Ils ont entendu dire dans leurs courses que l'Espagne passait en Europe pour être restée en arrière de la civilisation moderne : leur vanité blessée par cette prévention du siècle veut la combattre à tout prix. Dès lors ils adoptent avec enthousiasme des plans révolutionnaires souvent exagérés et qu'ils s'efforcent de réaliser : ce n'est pas qu'ils soient convaincus des avantages positifs qui peuvent en résulter pour leur pays; mais ils veulent innover par une sorte d'amour-propre héroïque qui ne recule devant aucun sacrifice, pour prouver au monde qu'ils sont eux et leur nation à la hauteur des idées philanthropiques du siècle. L'Espagne pourrait bien finir par imiter ce valet suisse auquel son maître reprochait sa lenteur, et qui voulait se jeter par la fenêtre pour se rendre vif. Les peuples, comme les individus, sortent aisément de leur caractère quand on les offusque sans cesse par la crainte du blâme auquel les exposent les défauts inhérents à ce caractère.

Alors ils exagèrent, ils mentent, ils se font des vices qu'ils n'avaient pas, ils se dénaturent, ils se perdent enfin pour se réhabiliter devant le tribunal des nations, espèce d'aréopage chimérique dont les arrêts troublent les imaginations, quoiqu'il ne puisse légitimement autoriser personne à les promulguer. Siégeant partout et nulle part, ce tribunal public est devenu pour notre siècle le tribunal secret.

Certains Italiens pour montrer du courage politique, et certains Espagnols pour montrer de l'esprit, sont devenus aujourd'hui les hommes les plus dangereux de l'Europe, dont le repos leur paraît la confirmation de leur déshonneur. Ces hommes plus malades que méchants se sentent pour ainsi dire stigmatisés par le bien-être qui les environne; ils voudraient brûler le monde, non pas comme bien d'autres pour ramasser de l'or dans les cendres, mais pour effacer dans le feu les taches qu'ils croient imprimées sur leur front et sur le front de leurs aveugles compatriotes.

Jusqu'à présent les prétentions et la sottise de la bourgeoisie du Nord n'ont pas fait beaucoup de progrès chez les nations du Midi; mais ce qui bouleversera ces peuples, c'est la modestie révoltée de quelques-uns de leurs hommes supérieurs. Ces hommes humiliés dans leurs concitoyens brûleraient la terre pour communiquer ce qu'ils croient la lumière à quelques milliers d'ignorants. C'est un fanatisme philosophique aussi dangereux et moins excusable que le fanatisme religieux.

Le succès des idées étrangères est bien plus assuré dans l'Andalousie que dans le reste de l'Espagne : c'est toujours à Cadix et même aux environs que les esprits ont pris feu à la nouveauté. C'est que les Andaloux sont les gascons de l'Espagne. Il y a des siècles de distance entre l'intérieur du royaume et les parties maritimes du pays.

Dans l'Andalousie presque tous les hommes sont fanfarons et toutes les femmes coquettes. Ce mot est mis là faute de mieux; mais il est trop français, il exprime mal l'espèce de hardiesse à plaire qui distingue les Andalouses. C'est une verve de passion et de gaîté qui se décèle de mille manières : par les gestes, par le regard, par l'accent de la voix, tantôt voilé, tantôt éclatant, mais toujours expressif, et jusque dans les plis de la robe. Cette espèce de provocation au désir diffère réellement beaucoup de ce que nous appelons coquetterie : une Espagnole aimera, et elle récompensera l'amour qu'elle aura fait naître, tandis que la coquette trompera la passion qu'elle ne feint de partager que pour la désespérer : c'est la différence de l'homme de cœur au faux brave.....

Mais je me perds dans ce parallèle de la coquetterie française et de l'amour espagnol, et j'oublie de vous dire pourquoi le caractère des peuples de l'Andalousie les rend plus propres que les autres Espagnols à hâter par la destruction la réforme universelle. Les Andaloux sentent à leurs prétentions qu'ils ont autant d'esprit que les nations du Nord de l'Europe avec lesquelles ils sont plus en communication que les autres Espagnols, puisque la mer leur ouvre les chemins de tous les pays; n'est-il pas naturel que de tels hommes soient pressés de se laver aux yeux du *monde civilisé*, comme ils disent, de la honte attachée de nos jours à la fidélité des nations envers leurs institutions, à leur attachement pour les usages, les croyances, les traditions qui firent autrefois leur force et leur gloire? Une sorte d'émulation révolutionnaire s'empare des esprits les plus éclairés ou du moins les plus lettrés du pays. Ils lisent Voltaire déjà, ils lisent même l'histoire de notre révolution, ils lisent Bentham, auteur favori des Espagnols *régénérés*, car c'est à lui qu'ils ont écrit pour lui demander une constitution; leur esprit s'émeut aussi sous l'action du génie d'un héros adopté depuis sa mort par les amis de la liberté, moins comme un soutien de leur cause, que comme un épouvantail et un objet de comparaison honteux pour les pauvres souverains qui lui ont succédé; car il faut le dire, la vogue de Napoléon, chez les nations qu'il avait opprimées et combattues, vient moins d'un retour de ces nations vers le gouvernement du grand capitaine que d'un redoublement de haine contre les gouvernements établis avant et après lui; il résulte de toutes ces causes que les idées révolutionnaires germent plus facilement dans l'Andalousie que dans aucune autre province de l'Espagne.

Ajoutez à ce qui précède, l'immense richesse commerciale qui trouble l'équilibre social dans un pays où les fortunes, produites par le passage de l'or du Pérou versé sur l'Europe à Cadix, excite une avidité, une jalousie générale. Quand vous penserez à la prospérité soudaine de quelques familles parvenues à se tirer de l'obscurité par l'industrie particulière à ce pays, par le maniement de l'or en lingots, au goût du luxe répandu partout, avec l'espoir des rapides changements d'état, vous comprendrez pourquoi c'est toujours dans le midi de l'Espagne que les novateurs anglais et français ont trouvé d'ardents partisans... D'ailleurs, que ne comprenez-vous pas? Pardonnez-moi donc l'inutile longueur de mes explications..... Mais, en vous écrivant, je pense encore à d'autres qu'à vous.

Quoique le commerce de Cadix soit déchu, les relations continuelles établies entre cette ville, la France et l'Angleterre, ne laissent point de repos aux esprits andaloux qui s'exagèrent d'autant plus les avantages politiques dont ils sont privés qu'ils se trouvent à une plus grande distance des pays, où l'on jouit de ces mêmes avantages, payés plus ou moins chers, mais payés toujours.

Il faut aussi se répéter souvent que l'inquiétude des populations de l'Espagne méridionale est motivée par le vice des institutions politiques imposées à ces provinces les plus opulentes de la monarchie. L'Andalousie est, comme je vous l'ai fait observer, encore loin de jouir des libertés que possède le nord du royaume; elle s'indigne de se trouver encore aujourd'hui sous le régime de la conquête maintenu par les rois d'Espagne dans les pays arrachés à la domination des Maures. En vain ces contrées sont-elles devenues, malgré leur constitution incomplète, les plus belles et les plus opulentes provinces de la monarchie actuelle, elles restent comme frappées du sceau de la réprobation, et leur orgueil blessé, bien plus que leur malaise réel, augmente le besoin de la liberté que leur donne une prospérité matérielle toujours croissante, une culture d'esprit rare dans le reste de l'Espagne, et que renouvelle sans cesse le grand éloignement où elles sont de Madrid. Quand ce besoin de liberté politique aura prévalu, l'aurore de la félicité moderne luira sur ce pays; alors, si je suis au monde, je reviendrai demander à la gaie population de Séville ce qu'elle pense *du progrès* et des moyens inventés de nos jours pour le hâter.

POST-SCRIPTUM.

Saint-Gratien, ce 20 juin 1836.

Depuis que ces lettres sont écrites, un livre digne de faire époque a jeté la lumière sur plusieurs des questions qui m'occupaient l'esprit malgré moi pendant mon voyage en Espagne. Ce livre est intitulé : *De la Démocratie américaine*, par M. de Tocqueville. Mon intelligence s'était arrêtée devant quelques problèmes résolus depuis, ce me semble, par ce penseur profond, d'autant plus séduisant qu'il n'annonce pas l'intention de persuader, et qu'il ne se propose, dit-il, que d'exposer des faits : mais il les a coordonnés avec tant de logique et d'habileté que ce tableau simple et clair me paraît d'une éloquence plus puissante que ne le serait une longue et brillante discussion. Pourtant, je ne puis m'accorder avec l'auteur, touchant le but non exprimé de son travail. Son livre aboutit à prouver par l'histoire l'inévitable nécessité de la démocratie absolue et universelle vers laquelle M. de Tocqueville voit l'humanité irrésistiblement entraînée par l'action continue de l'égalité et de la liberté chrétiennes.

Du reste, en traçant cette route aux nations, il proteste contre toute affection personnelle; il s'efforce de montrer ce que Dieu voudra faire de nous d'après ce qu'il en a fait déjà; et, sans se permettre de prononcer sur les avantages de cet avenir nécessaire, il se borne à mesurer la marche des choses humaines en Europe pendant les sept siècles qui viennent de s'écouler, pour y reconnaître la preuve irrécusable d'un décret de la Providence en faveur de la démocratie universelle. Voici comme il s'exprime :

« Partout on a vu les divers incidents de la vie des peuples tourner au profit de la démocratie : tous les hommes l'ont aidée de leurs efforts; ceux qui avaient en vue de concourir à ses succès, et ceux qui ne songeaient point à la servir, ceux qui ont combattu pour elle, et ceux mêmes qui se sont déclarés ses ennemis; tous ont été poussés dans la même voie, et tous ont travaillé en commun, les uns malgré eux, les autres à leur insu, aveugles instruments dans les mains de Dieu.

» Le développement graduel de l'égalité des conditions est donc un fait providentiel. Il en a les principaux caractères : il est universel, il est durable, il échappe chaque jour à la puissance humaine; tous les événements, comme tous les hommes, servent à son développement.

»Serait-il sage de croire qu'un mouvement social qui vient de loin pourra être suspendu par les efforts d'une génération? Pense-t-on qu'après avoir détruit la féodalité et vaincu les rois, la démocratie reculera devant les bourgeois et les riches? S'arrêtera-t-elle, maintenant qu'elle est devenue si forte et ses adversaires si faibles?

» Où allons-nous donc? Nul ne saurait le dire; car déjà les termes de comparaison nous manquent: Les conditions sont plus égales de nos jours parmi les chrétiens qu'elles ne l'ont jamais été dans aucun temps ni dans aucun pays du monde; ainsi, la grandeur de ce qui est déjà fait empêche de prévoir ce qui peut se faire encore.

» Le livre entier qu'on va lire a été écrit sous l'impression d'une sorte de terreur religieuse, produite dans l'âme de l'auteur par la vue de cette révolution irrésistible, qui marche depuis tant de siècles à travers tous les obstacles, et qu'on voit encore aujourd'hui s'avancer au milieu des ruines qu'elle a faites.

» Il n'est pas nécessaire que Dieu parle lui-même pour que nous découvrions des signes certains de sa volonté : il suffit d'examiner quelle est la marche habituelle de la nature et la tendance continue des événements. Je sais, sans que le Créateur élève la voix, que les astres suivent dans l'espace les courbes que son doigt a tracées.

» Si de longues observations et des méditations sincères amenaient les hommes de nos jours à reconnaître que le développement graduel et progressif de l'égalité est à la fois le passé et l'avenir de leur histoire, cette seule découverte donnerait à ce développement le caractère sacré de la volonté du souverain maître. Vouloir arrêter la démocratie paraîtrait alors lutter contre Dieu même; et il ne resterait aux nations qu'à s'accommoder à l'état social que leur impose la Providence.

» Les peuples chrétiens me paraissent offrir de nos jours un effroyable spectacle; le mouvement qui les emporte est déjà assez fort, pour qu'on ne puisse le suspendre, et il n'est pas encore assez rapide pour qu'on désespère de le diriger : leur sort est entre leurs mains; mais bientôt il leur échappe.

» Instruire la démocratie, ranimer, s'il se peut, ses croyances, purifier ses mœurs, régler ses mouvements, substituer peu à peu la science des affaires à son inexpérience, la connaissance de ses vrais intérêts à ses aveugles instincts; adapter son gouvernement aux temps et aux lieux, le modifier suivant les circonstances et les hommes : tel est le premier des devoirs imposés de nos jours à ceux qui dirigent la société ».

De la Démocratie en Amérique, par Alexis de Tocqueville 2e *édition*. INTRODUCTION, pages 8, 9, 10; vol. I.

Ne pourrait-on pas employer des raisonnements semblables pour prouver le contraire de ce que voit M. de Tocqueville? et la même épreuve n'amènerait-elle pas des résultats différents en l'appliquant à d'autres époques et à d'autres peuples? On ne voit, dans l'antiquité, que des sociétés qui commencent par la démocratie, ou qui, ayant commencé sous la monarchie, passent à travers la démocratie pour finir dans la monarchie absolue. La Judée, la Grèce, Rome, ont suivi cette marche; quelle était donc la *politique providentielle*, selon votre expression, dans ces contrées?

Plusieurs des hommes supérieurs de notre époque, en s'efforçant d'appuyer leur nouvelle religion politique : l'égalité, sur les vieilles doctrines chrétiennes, se trompent à ce qu'il me semble : le christianisme prêche moins l'égalité des hommes que la spiritualité de l'homme. Mais l'égalité séduit les siècles avides, les peuples envieux, tandis que la spiritualité décourage leur concupiscence. Ce n'est pas d'aujourd'hui qu'on abuse du nom sacré de la religion pour satisfaire des passions politiques. Combien de grands esprits n'ont pu concevoir un christianisme séparé de la monarchie? La royauté, aussi bien que la souveraineté du peuple, sont des formes appliquées aux sociétés temporelles qui apparaissent pour un temps sur la terre; la religion chrétienne est le type de la société éternelle....

Quant à moi, qui ne suis ni démocrate ni royaliste, mais qui suis aristocrate dans l'acception la plus étendue et par conséquent la plus libérale du mot, je crois qu'il y a et qu'il y aura toujours plus de sagesse, plus de lumières dans les idées de quelques hommes supérieurs que dans les opinions de la foule, et pourtant je me crois chrétien.

Il me semble qu'il y a un fait plus général encore que la marche politique des sociétés chrétiennes pendant les sept derniers siècles de l'Europe (notez que jusqu'au douzième cette marche avait été différente). Le fait qui me frappe, c'est l'instabilité de toutes choses ici-bas, hors de la foi catholique.... Je vois clairement que Dieu ne veut la durée de rien sur la terre, excepté de ce qui peut élever l'âme au-dessus des biens temporels. Nous ne sommes pas créés pour ce monde ; quelle que soit l'ardeur de nos désirs à vues courtes, quelle que persévérance, quelle que sagacité que nous employions pour acquérir les moyens de les satisfaire, nous ne trouverons jamais le bonheur ici-bas ; Dieu ne veut pas que nous l'y trouvions et pour nous garantir de toute satisfaction complète, il nous donne le désir ; la fièvre du désir va et ira toujours au delà de ce qui peut se réaliser sur la terre.

Il suit de là que dès leur naissance les choses terrestres tendent invariablement vers la destruction, que toute société humaine, fondée sur un principe quelconque, marche à sa décadence ; c est-à-dire qu'elle s'approche insensiblement du principe contraire.

D'après l'inévitable loi de ces oscillations politiques et naturelles, les états démocratiques penchent vers la monarchie comme les monarchies vers la démocratie. Mais dans les temps modernes, une troisième combinaison a été essayée par des peuples ingénieux et calculateurs, comme moyen de retarder la chute des empires, en ralentissant du moins de quelques siècles le mouvement du pendule régulateur des destinées humaines. C'est le gouvernement mixte : faudra-t-il conclure de ces faits que Dieu est tantôt royaliste, démocrate, ou constitutionnel, ou qu'il ne s'est servi des formes anciennes que pour arriver à son type de prédilection, la démocratie absolue? Je pense, malgré mon admiration pour la haute raison de l'auteur de la démocratie américaine, que cette forme de gouvernement dont le genre humain n'a fait jusqu'à ce jour que de rares et courts essais, n'étant pas plus favorable que toute autre à la propagation des vertus surnaturelles, les seules dont le triomphe importe au dieu des chrétiens, ce Dieu regardera passer la nouvelle figure politique sans la protéger plus que les autres. L'épithète providentielle appliquée à la propagation de la démocratie moderne, ne me paraît donc pas juste, et je m'étonne de voir qu'elle revienne plusieurs fois sous la plume d'un auteur aussi sage et doué d'autant de sagacité que l'est M. de Tocqueville. Mais, tout en me défendant de l'exagération que je reconnais dans ce qu'il dit touchant l'avenir de l'Europe, je garde mon admiration pour son lumineux talent.

Les vieilles sociétés féodales tombaient dans la démocratie; on les a soutenues par le gouvernement mixte, forme qui me paraît plus propre à garantir les intérêts compliqués des nations vieillies, que ne le serait l'application intempestive de l'abstraction politique réalisée par une troupe de colons américains, qui se sont faits fondateurs d'une société toute naturelle sur une terre sans souvenirs; rôle toujours plus aisé que celui de réformateur des anciens gouvernements. L'histoire est si gênante pour les hommes à théories! Personne, je crois, pas même M. de Tocqueville, ne peut assigner l'époque où doit finir l'action du nouveau levier politique des peuples européens, je parle du gouvernement mixte, pour faire place à la démocratie pure que je regarde comme le chef-d'œuvre du puritanisme. Quel que soit le fond de la pensée à demi indiquée du judicieux auteur que je réfute, je ne puis voir dans un gouvernement analogue à celui des États-Unis le complément des desseins de Dieu sur les sociétés humaines.... J'y vois la rigoureuse, et dès-lors la redoutable conséquence des empiètements de la philosophie du dix-huitième siècle sur la religion de nos pères. Il y a loin de là au complément des desseins de Dieu sur l'homme. Ce complément sera le règne de la vérité éternelle qui ne se communique à l'homme sous aucune forme politique, mais qui se révèle au chrétien par la foi. L'égalité devant la loi humaine peut être proclamée, c'est une fiction politique comme une autre, et, comme une autre, elle peut servir à réaliser de grands avantages. L'égalité devant Dieu non-seulement n'existera pas, mais elle ne sera jamais jamais proclamée..... Le monde des esprits est une hiérarchie, et c'est mal interpréter l'Évangile que d'attribuer à la révélation le dogme politique de l'égalité. L'égalité n'existe dans aucune des œuvres immédiates du Créateur, ni matérielles, ni spirituelles. C'est l'ouvrage de l'orgueil humain, le produit de la jalousie populaire. Seulement le Christ nous a apporté d'autres mesures et d'autres poids que ceux de la terre pour apprécier les différences qui distingueront toujours entre eux les divers membres de la société humaine; quelle que soit la forme politique adoptée par les nations.

Je suis si loin de croire au règne d'un principe universel de gouvernement sur la terre, que si la démocratie revient d'Amérique, comme on nous l'annonce, j'irai alors en Amérique chercher des peuples qui, revenus de leurs illusions modernes, seront devenus aussi aristocratiques que moi, parce que je crois que la démocratie perdra ses derniers partisans aux Etats-Unis, aussi vite au moins que l'aristocratie perdra les siens en Europe. Ne voyons-nous pas tous les jours chez nous que les partis ne sont jamais si bien servis que par leurs adversaires?

Malgré la différence de ma manière de considérer la destinée humaine, j'avoue que le livre de M. de Tocqueville, m'a d'abord fait partager la peur dont il se dit atteint lui-même, lorsqu'il compare l'état de l'Europe à celui de l'Amérique.

Mais pour renouveler ce premier mouvement de terreur, il faudrait me prouver maintenant que non-seulement le gouvernement américain est le plus démocratique que la terre ait vu; mais qu'il est le plus durable, le plus fort et le plus solide.

Cette dernière conséquence est de rigueur, si l'on veut me persuader que toutes les autres formes politiques n'ont été jusqu'à ce jour employées par le Dieu des chrétiens que comme des préparations à la démocratie, but de ses desseins éternels sur l'homme. Patience!... Le monde va vite: nous arrivons à la *stretta* de la *fugue*, et la grande question qui nous occupe sera bientôt résolue peut-être par des faits; ce qui est toujours plus clair que des dissertations!...

Avant de finir cette note, je dois me rendre à moi-même la justice de dire, que si je tiens à conserver le plus possible la forme aristocratique dans les gouvernements, ce n'est pas par l'impuissance où je me sens de me montrer généreux, de vivre à la manière des philanthropes; ce n'est pas par la peur des sacrifices qui pourront être imposés dans les nouvelles sociétés aux prévilégiés des anciennes; ce n'est pas enfin par un attachement grossier aux biens matériels de la vie dévolus au petit nombre sous les gouvernements dont la base est l'inégalité des conditions; mais c'est par la conviction que si la masse d'un peuple est capable de conduire les affaires temporelles, elle ne le sera jamais de conserver intact le dépôt des idées essentielles à l'avenir du genre humain: ce qui ne veut pas dire qu'elle ne puisse pas concevoir ces idées, lorsqu'elles lui sont communiquées par des hommes éclairés et vertueux.

Si l'on me prouve par des faits que je suis dans l'erreur, je me convertirai; en attendant, je persiste à croire que du moment où les décrets de la foule régneront sur le monde, quelqu'avisée qu'on la suppose, le genre humain perdra ce que les masses appelleront toujours des idées, des sentiments vagues, c'est-à-dire des vues sur la science et sur les arts, des inspirations qui, ne pouvant avoir en ce monde, leur application immédiate, sont et seront toujours l'apanage du petit nombre; les pressentiments des hommes supérieurs sont encore ce qu'il y a de plus sublime dans le patrimoine de tous; le monde les perdra pour gagner du bien-être physique. Il faut que le gouvernement de la terre appartienne à quelques hommes à grands caractères qui sacrifient les choses aux idées, ou à la masse qui préfère et préférera toujours les plaisirs de la richesse à ceux de la pensée !...

C'est un choix à faire entre le règne de l'esprit de la volonté et celui de la matière de la nécessité. D'abord il ne m'est pas prouvé que le choix se fasse : puisque le combat que se livrent continuellement ces deux principes me paraît l'état naturel de l'homme ici bas : ensuite, et ceci m'est encore moins prouvé, s'il se fait, si le genre humain se décide pour une égalité politique, qui au moins sous le rapport de l'éducation doit s'étendre jusqu'au nivellement des intelligences, jusqu'à l'égalité des esprits, opération qui équivaut à fondre l'individu dans la masse, le genre humain renouvelé par une telle violence faite à ses penchants naturels, sera-t-il récompensé de cet effrayant sacrifice?

On peut prononcer et écrire de fortes paroles, les appuyer de faits nouveaux : l'esprit ni le talent ne m'éblouiront jamais assez pour me persuader qu'un peuple entier puisse être juge d'autre chose que de ses intérêts..... Encore ai-je pris ce mot dans son acception la plus restreinte, dans le sens que je lui donne, il ne peut s'étendre jusqu'aux relations extérieures de la politique. L'espèce de travail imposé sans distinction à tous les membres d'une société démocratique exclut le loisir indispensable aux plus hautes conceptions de l'intelligence. Dans la république américaine la contemplation, la méditation prolongée pendant une vie entière, passeraient pour de la paresse et seraient blâmées comme indignes d'un citoyen qui a l'honneur de faire partie d'un peuple de travailleurs.

Il est des hommes de talents qui, en appuyant la doctrine de l'égalité politique sur l'Évangile interprété par des législateurs, et non par des théologiens, croient réagir contre le matérialisme du dix-huitième siècle; ils se trompent : puisque tout en blâmant les excès de cette philosophie, ils accomplissent son œuvre.

L'Evangile, pris dans son ensemble, n'est rien moins qu'un moule à sociétés politiques : la spiritualité de l'association évangélique est un mystère révélé dans chaque parole du Christ, qui n'a cessé de répéter à ses disciples que les intérêts temporels et tous les biens de cette vie devaient être de peu de valeur à leurs yeux dessillés; qu'il fallait respecter les autorités établies sous quelque forme que le pouvoir se manifestât sur la terre; que son royaume n'était pas de ce monde; qu'on devait rendre à César ce qui est à César, et à Dieu ce qui est à Dieu.

Les apôtres du christianisme républicain ont méconnu cette sublime indifférence de la religion immatérielle pour un monde périssable, ils prostituent les lumières de l'esprit saint en appliquant les lois immuables du ciel aux rapports qu'ont entre elles des choses de peu de durée : ils ont matérialisé le christianisme et prétendent le renouveler quand ils l'exploitent au profit de l'avarice et de la vengeance populaire ; c'est-à-dire qu'ils l'ont tué autant que l'homme peut tuer Dieu, autant que les Juifs ont tué le Messie sans pouvoir toutefois l'empêcher de ressusciter. Ils recommencent en faveur de la nouvelle démocratie, l'œuvre trop longtemps poursuivie par la majorité du clergé gallican au profit de la royauté : œuvre impie comme tout ce qui s'efforce de circonscrire l'infini. Tout en se donnant encore pour disciples de Jésus-Christ, ils trompent les autres et se trompent eux-mêmes : erreur qui n'est pas moins funeste que le crime, dans un monde où les méchants se servent si habilement des armes qui leur sont fournies par les bons.

FIN DU DEUXIÈME VOLUME.

TABLE DES LETTRES

CONTENUES

DANS LES TOMES I ET II.

LETTRE Ire.

A MISS BOWLES.

Orléans, 23 mars 1831.

LETTRE II.

A MISS BOWLES.

Bordeaux, 26 mars 1831.

négociant. — La Bidassoa. — Séparation complète des deux Pays. — Auberges espagnoles. — Hernani. — Aspect des rues et des maisons. — Tolosa. — Le premier prêtre. Son costume. — L'estaffier. — Un brigand pour escorte. — Burgos. — La cathédrale en passant. — Les premiers moines. — Les geôliers aussi esclaves que les prisonniers. — Indépendance des Espagnols. — Sites de la Vieille-Castille. — Somo-Sierra. — Tourmente de neige. — Danger. — La venta. — La nuit d'auberge. — Chapitre de roman. — L'assassinat. — La femme grenadier. — Le vieillard égoïste et mystérieux. — La jeune fille et le muletier. — La voiture perdue dans la neige. — L'écurie d'auberge. — Le chocolat. — Manières respectueuses et nobles du peuple espagnol. — Description du défilé. — Caractère des paysans. — Figure des rochers. — La plaine de Madrid. — Arrivée dans cette ville.

LETTRE VI.

A MISS BOWLES.

Madrid, 7 avril 1831.

Ce qui, aux yeux de l'auteur, caractérise l'Espagne. — Cachet national imprimé partout. — Préventions trompeuses. — Parallèle entre l'Italie et l'Espagne. — Influence d'un peuple conquis sur ses vainqueurs. — Bonne foi espagnole. — Traits de cruauté pendant la guerre d'invasion. — Dévouement du moine d'Alicante. — Un Français maître de langue espagnole à Madrid. — Physionomie du peuple. — Assassinat en plein jour. — Les brigands à la porte de la ville. — L'escorte inutile. — Traces de l'influence étrangère dans l'aspect des rues et des édifices. — Esprit monarchique dans le peuple. — La chaîne de fer. — La reine. — Égalité réelle. — Le Prado. — La rue d'Alcala. — Aspect de la ville. — Costumes divers. — La mantille. — Plusieurs espèces d'habits de majo. — Désintéressement des Espagnols. — Singulière situation de la légation française à Madrid en 1831. — Les Français en quarantaine.

LETTRE VII.

A MONSIEUR BERSTECHER.

Madrid, 10 avril 1831.

LETTRE VIII.

A MONSIEUR LE COMTE ALFRED DE MAUSSION.

Madrid, 11 avril 1831.

moine criminel. — Arrestations pour délits politiques. — Minuties de la police de Madrid. — Effets contraires des mêmes institutions en Autriche et en Espagne. — Les gouvernements conséquents sont les pires.

LETTRE IX.

A MISS BOWLES.

Madrid, 12 avril 1831.

Musée d'artillerie. — C'est l'ancien palais du prince de la Paix. — Politesse des Espagnols. — Leur hospitalité même pour les Français, malgré les préjugés politiques qui règnent en ce moment contre nous. — Union du peuple et du roi. — Civilisation religieuse plus durable que la civilisation purement littéraire. — Les moines espions. — En France, la *gazette* remplace le catéchisme. — Pouvoir des libéraux espagnols moins fort qu'on ne le croit chez nous. — Révolutionnaires déguisés en royalistes. — De quoi se compose le parti des novateurs. — Impossibilité de se soustraire aux préoccupations politiques, même quand on voyage pour oublier le temps présent. — Arsenal de Madrid. — Épée de Rolland, du Cid, de François Ier, etc., etc. — Armures célèbres. — Belle ordonnance de tous les établissements royaux en Espagne. — Vue dont on jouit de la terrasse de l'Arsenal. — Aspect du pays. — Constructions romaines. — Réponse des Espagnols à tout ce qu'on leur demande.

LETTRE X.

A MISS BOWLES.

Madrid, 13 avril 1831.

Le musée de Madrid et l'académie de Saint-Ferdinand. — Le Spasimo de Raphaël. — Analyse de ce tableau. — Restauration qu'il a subie. — Vénus et Adonis, par le Titien. — Différence du style des deux maîtres italiens. — Ecole espagnole. — Murillo. — Rebecca. — Comparaison avec le tableau d'Horace Vernet sur le même sujet (en note). — La sainte Elisabeth de Mu-

— Dénoûment original. — Jeu des acteurs. — Parallèle des comédiens espagnols et des anglais. — Moyen de faire effet sur la scène. — Danse espagnole. — Différence de la vraie danse nationale et des boleros arrangés pour le théâtre. — La *sainete*. — Les choses saintes sur le théâtre. — La prière publique au spectacle. — Costume national trop rare. — Les galères pour tout homme qui pénètre dans l'amphithéâtre. — Prix d'un journal français à Madrid. — Promenade au Prado. — Voitures de tous les temps. — Le groom et le postillon. — Le *buen retiro* ancien et moderne. — Le palais du roi. — L'esprit français de trop à Madrid.

LETTRE XIII.

A MONSIEUR VICTOR HUGO.

Madrid, 17 avril 1831.

Climat de Madrid. — Adage castillan sur la nature pernicieuse de l'air. — La procession du grand bon Dieu. — Fête des mourants. — Foi populaire. — Son résultat moral. — Combat de taureaux. — Description de l'amphithéâtre. — Mouvement de la population de Madrid. — Dénombrement des combattants. — Leur costume. — Les picadores. — Le matador. — Le roi et le vieux picadore. — Le taureau. — Son entrée. — L'extrême-onction. — La vie humaine considérée du point de vue religieux. — Entrée du matador. — Le coup mortel. — Danger pour l'homme. — Cruauté des spectateurs. — Pourquoi les femmes sont-elles admises dans l'amphithéâtre. — Ce que perd la femme à vouloir être l'égale de l'homme. — Principaux traits du caractère des femmes espagnoles. — Les plaisirs cruels nuisent à l'amour. — Privilége accordé à l'hôpital. — Passion pour les combats de taureaux. — Dégoût de la reine pour ce plaisir. — Les aigles. — Retour de la foule. — La promenade qui précède le jour du combat. — Les femmes et les picadores d'autrefois. — Usage abandonné. — Ce qu'il avait de mauvais dure encore. — Inconséquence d'un vieux picadore ; dureté du roi. — Le matador tué par le taureau. — Une exécution à mort le jour de la fête.

LETTRE XIV.

A MADAME LA COMTESSE DE BRADI.

Madrid, 19 avril 1831.

LETTRE XV.

A M. BERTIN L'AINÉ.

L'Escurial, 23 avril 1831.

LETTRE XVI.

A MONSIEUR DE LAMARTINE.

Tolède, 26 avril 1831.

Le désert commence à la porte de Madrid.— Aspect du pays entre cette ville et Tolède. — Particularité du climat. — La porte d'Alcala. — Silence des rues de Madrid. — Sang-froid des Castillans. — Leur politesse. — Route de Tolède. — Manière de la parcourir. — La civilisation matérielle n'est pas tout. — Dépopulation de Tolède. — La cathédrale. — L'Alcazar. — Le Tage. — Aspect du pays.—Préjugé des paysans. — Monuments religieux. — Plusieurs couches de ruines. — Gaieté des habitants. — Parfums des plaines incultes au printemps. — Le pont du Tage. — La promenade du soir. — L'oratoire seigneurial. — Le prêtre domestique. — Son emploi. — Beaumarchais. — Le directeur de la police. — Ses agents sont espions, voleurs et brigands.

LETTRE XVII.

A MISS BOWLES.

Aranjuez, 28 avril 1831.

Parti des absolutistes. — Le roi leur paraît un révolutionnaire. — Origine du parti carliste. — Un mot sur l'infant don Carlos. — Le père Cyrille exilé comme absolutiste. — Cevallos exilé comme révolutionnaire. — Histoire du brigand Apolinario et d'un franciscain. — Conversion du voleur : sa rechute.

LETTRE XVIII.

A MONSIEUR BERSTECHER.

Andujar, 2 mai 1831.

Paresse du voyageur qui jouit mieux de ce qu'il ne décrit pas. — Aranjuez, jardins plantés d'arbres du Nord. — Tout y est factice. — Manière d'arroser les peupliers. — L'étiquette de la

LETTRE XIX.

A MADAME PAULINE DUCHAMBGE.

Andujar, 2 mai 1831.

LETTRE XX.

A MISS BOWLES.

Cordoue, 3 mai 1831.

— Ensemble du monument. — Son effet. — Le chœur. — La chapelle mauresque. — Manuscrit original de l'Alcoran. — Ce que les Maures disent de nous à Tanger. — A quoi tient la civilisation. — Seconde espèce de poésie propre aux temps avancés. — Points de vue pris dans l'intérieur de la mosquée. — Effet pittoresque du monument. — Troupe de mendiants qui l'habitent. — Paysans de Valence venus pour faire la moisson. — Leur costume, leur piété. — Prière du soir. — Le peuple et les chanoines. — Ce que c'est que l'Espagne. — Embarras du voyageur qui veut être vrai avant tout. — Insuffisance de nos langues modernes. — Points de vue des protestants. — Pourquoi on écrit. — L'amour de la vérité fait les martyrs. — Croix gravée sur le marbre par l'ongle d'un prisonnier chrétien. — Extérieur de l'église. — Constitution du clergé espagnol. — Le jardin de l'évêché. — Température. — Effet de l'air sur les affections de l'âme. — L'imagination ne s'accorde guère avec la bonté. — Le poëte. — On a toujours peint en beau ce caractère parce que ce sont les poëtes qui peignent. — L'inquisition. — La police a remplacé le saint-office. — Précautions de l'auteur pour cacher ses lettres. — Aspect de Cordoue. — Le pavé des rues. — Danses nationales. — Permission de porter des armes dans la ville. — Idée que les Espagnols se font de la liberté. — Chapeau à l'espagnole. — Le chapelier chantant. — Le commerce entravé. — Douane dans l'intérieur du royaume.

LETTRE XXI.

A MISS BOWLES.

Cordoue, 4 mai 1831.

Précautions à prendre pour faire une course de trois lieues aux environs de Cordoue. — Magnificence et population de cette ville du temps des Maures. — Les ermites de Cordoue. — Les difficultés du voyage sont un attrait de plus pour les curieux. — Dans les contrées poétiques on ne manque que du nécessaire. — Le jeune cavalier andaloux. — Son cheval, son costume. — Les mendiants. — Aspect des rues. — Les murs arabes. — Où est la poésie en Espagne ? — Elle n'est plus dans les livres. — Tour-

LETTRE XXII.

A MISS BOWLES.

Séville, 6 mai 1831.

intitulé *le Triomphe de l'Evangile.* — Sa conversion publiée. — Dernier acte de courage qui couronne sa vie.

LETTRE XXIII.

A MADAME LA COMTESSE DE KERCADO.

Séville, 7 mai 1831.

Route de Cordoue à Séville. — Végétation méridionale. — Aspect particulier des palmiers. — Environs de Séville. — Double usage d'une métairie. — Entrée de Séville du côté de Cordoue. — Les murailles de la ville sont dentelées comme une scie. — Ecija, ville située entre Cordoue et Séville. — Promenade du soir à Ecija. — Aspect des rues et des maisons. — Scène d'intérieur. — La cour du palais d'un riche. — La danse nationale. — Coiffure des jeunes femmes. — Vanité des Andalouses. — Prudence des hommes. — Comment j'explique cette réserve. — Les Espagnols comparés aux Normands.

LETTRE XXIV.

A MONSIEUR LE VICOMTE DE CHATEAUBRIANT.

Séville, 8 mai 1831.

Séville. — Première impression. — Mécompte. — La cathédrale surpasse l'attente. — Il faut l'étudier. — Description de l'intérieur de la nef. — Aspect de l'ensemble. — Le sentiment religieux seul peut accomplir de telles entreprises. — Effet des scènes de la nature analogues aux effets de l'art. — Présence de Dieu. — Disposition particulière du chœur dans les églises d'Espagne. — Hiérarchie ecclésiastique conservée dans le chapitre de Séville. — L'archevêque, les chanoines. — Frais du culte. — Rapport de ce temple avec celui des juifs. — Chapelles latérales. — Chapelle des rois. — Tombeau de Christophe-Colomb. — Archives nationales. — La Giralda. — L'architecte de cette Tour fut aussi l'inventeur de l'algèbre. — Vue de Séville. — Panorama vivant. — Effet de l'air. — Nom des principaux édifices de la ville. — Magnificence des couvents. — Promenade de la Christina. —

LETTRE XXV.

A MISS BOWLES.

Séville, 8 mai 1831.

LETTRE XXVI.

A MADAME DE VARNHAGEN D'ENSE.

Séville, 9 mai 1831.

rencontrer sur son chemin. — La sacristie-mayor. — Plusieurs peintres peu connus. — Deux saints évêques peints par Murillo. — Manière dont ils sont peints, rarement employée par l'artiste. — Salle du chapitre. — Tableau de l'ange gardien déposé dans une salle basse. — Analyse de ce chef-d'œuvre. — Expression poétique des deux figures. — Murillo : son talent particulier ; sans rival, même en Italie, quand il peint les enfants. — Il rend la métaphysique poétique. — Richesses enfouies dans Séville. — Le consul d'Angleterre.

LETTRE XXVII.

A MONSIEUR JULES JANIN.

Séville, 10 mai 1831.

Ce que c'est que la vie à Séville. — Manière d'habiter les maisons pendant l'été. — El patio (la cour) : imitation de l'atrium des anciens. — L'ennui impossible dans un pays où le repos est une jouissance. — Mariages par le balcon. — A quoi servent les grilles. — La *navaja*, couteau de poche des Espagnols. — Jose Maria, le brigand, traite avec le roi des Espagnes. — Ignorance de ce qui se passe en France. — Issue du procès des ministres ignorée du gouverneur de Séville. — Le combat de taureaux. — Les taureaux de Séville. — Fuite du cheval et du cavalier autour de l'arène. — Présence d'esprit de l'homme. — Mort d'un picadore. — Cet événement est rare. — Échappée de vue sur la ville à travers une brèche formée par l'ouragan dans l'amphithéâtre. — Coucher de soleil. — Scène vraiment espagnole. — L'homme compatriote des taureaux. — Ses transports frénétiques. — L'hôpital rempli dans la saison des combats. — Costume national remplacé par le frac européen. — Les combats de taureaux perpétuent les modes anciennes. — Les novillos. — Plaisir de la jeunesse de Séville. — Scènes burlesques à la fin du spectacle. — Soir d'été. — Art du toreador étudié par les jeunes gens de toutes les classes. — Un homme de vingt ans, libre, arrivant à Séville, y restera toujours s'il a de l'imagination. — Traductions en prose. — Dans la poésie, l'expression ne peut être séparée de l'idée. — Traduc-

LETTRE XXVIII.

A MADAME LA DUCHESSE D'ABRANTÈS.

Séville, 11 mai 1831.

LETTRE XXIX.

A MADAME GAY.

Séville, 11 mai 1831.

particulière aux peuples du midi de l'Europe. — Influence de la religion sur le ton de la société. — Le bon ton est dans la pensée plus que dans l'expression. — Véritable hospitalité. — Opinion de l'auteur sur les Espagnols. — Elle diffère de celle des autres voyageurs. — Diversité des mœurs dans les diverses provinces de l'Espagne. — La lutte entre les races étrangères et les indigènes du toujours. — Contradictions apparentes de l'écrivain. — Ce sont des compliments faits à l'esprit du lecteur. — La politesse gênante n'existe pas dans les petits cercles des habitants de Séville. — Promenade à la *Christina*. — Toute la ville réunie dans ce lieu. — Les jours d'été moins longs que chez nous. — Manière de faire connaissance avec les dames andalouses. — La galanterie en public. — Elle a ses règles comme le combat de taureaux. — L'angelus. — Contraste des plaisirs mondains et des sentiments religieux. — Unique intérêt des femmes du monde à Séville. — La chaussure des Andalouses. — Histoire d'une dame de Cadix. — Les souliers trop petits. — Ce que lisent les dames espagnoles. — Avantage de l'ignorance. — L'amour gagne ce que perd la science. — Esprit naturel. — Grâce particulière aux jeunes Andalouses. — Manière de faire connaissance à la promenade. — Amour platonique. — Histoire d'un curé de campagne. — Le cicerone de Séville. — C'est un prêtre. — A quoi il s'emploie. — Étonnement d'un voyageur anglais. — Ce qu'on appelle chez nous la vie du grand monde n'existe pas ici. — Différence qu'il y a entre l'Espagne et l'Italie. — Fâcheuse influence des modes françaises. — L'Espagne en est à l'état de transition où se trouvait l'Europe il y a trois cents ans.

LETTRE XXX.

A MONSIEUR LOUIS BOULANGER.

Séville, 12 mai 1831.

Murillo. — Il égale Raphaël sans lui ressembler. — Sa manière de peindre. — Rapport qu'il y a entre l'artiste et le pays. — Orgueil national justifié par les talents qui s'élèvent au milieu des peuples. — Conditions sociales nécessaires à la production des chefs-d'œuvre de l'art. — Talent particulier de Murillo

LETTRE XXXI.

A MONSIEUR LE MARQUIS DE DREUX-BRÉZÉ.

Séville, 15 mai 1831.

juges perdra le gouvernement du roi Ferdinand. — Les mécaniques de l'Espagne comparées aux machines employées dans les usines anglaises. — Deux cents mules travaillent aux moulins à râper le tabac. — Caractère de ces bêtes. — Course à Santo-Ponci. — Ruines de l'antique Italica, patrie de Trajan. — Elles n'ont qu'un intérêt historique. — Couvent des hiéronymites. — Tombeaux de Gusman le Bon et de sa femme. — Site du couvent. — Description des environs de Séville. — Caractère particulier de cette contrée. — La fonderie de canons. — Des moines assistaient à la fonte. — Richesse de la municipalité de Séville. — Son origine. — Corporations. — Leurs avantages et leurs inconvénients. — Mépris des lois. — Il y a une loi qui manque dans tous les pays. — Organisation de l'hospice de la Charité. — L'esprit du catholicisme anime tout en Espagne. — Inconvénient de l'aumône. — L'aubergiste et les mendiants. — Influence des journaux sur l'intelligence des peuples. — Les révolutions empêchent les réformes. — Conditions nécessaires à l'équilibre des facultés humaines. — L'Espagne veut sortir de son inaction. — Maladresse des esprits conservateurs. — Inconvénients politiques de l'exil. — Arrestation d'un négociant français à Séville. — Les consuls de Danemarck et de Hollande emprisonnés à Cadix. — Mauvais effet de ces mesures. — Scrupules de l'auteur, qui veut rester impartial. — Coup d'œil sur les diverses constitutions des sociétés. — Ce sont les révolutionnaires qui sont arriérés. — Stérilité des soi-disant novateurs. — Opinion d'un Anglais établi à Séville. — Elle s'accorde avec la mienne, et pourtant en Espagne il passe pour ultra-libéral. — Mort du gouverneur de Cadix. — Intrigues des libéraux espagnols avec la propagande de Paris. — Révolutions européennes tramées chez nous. — Influence d'une personne de Paris que l'auteur ne veut pas nommer. — Crainte du parti modéré en Espagne. — Sa défiance contre les réfugiés espagnols. — Chaque opinion servie par les exagérations de ceux qui défendent l'opinion opposée. — A quoi se réduisent les difficultés qu'on m'annonçait à mon entrée en Espagne. — Les précautions de la police espagnole contre la circulation des voyageurs. — Loi qui interdit l'entrée de l'Angleterre à tout étranger qui n'a pas la caution d'un Anglais. — Les lois ne sont que ce qu'on en fait par l'application. — Les Espagnols veulent innover, par amour-propre plutôt que

FIN DE LA TABLE DES LETTRES DES TOMES I ET II.

TABLE DES MATIÈRES

DU DEUXIÈME VOLUME.

FIN DE LA TABLE DU DEUXIÈME VOLUME.

www.ingramcontent.com/pod-product-compliance
Ingram Content Group UK Ltd.
Pitfield, Milton Keynes, MK11 3LW, UK
UKHW022055120726
13694UKWH00001B/157

9 782013 49304